MANUEL

DE

L'HISTOIRE DE LA PHILOSOPHIE.

TOME PREMIER.

Ouvrages de M. V. Cousin

QUI SE TROUVENT CHEZ LES MÊMES ÉDITEURS.

COURS DE L'HISTOIRE DE LA PHILOSOPHIE, par M. V. Cousin, 3 forts vol. in-8, comprenant : *Introduction à l'Histoire de la Philosophie*. 1 fort vol. in-8, en 14 livraisons (Cours de 1828). . . . . 11 fr.

HISTOIRE DE LA PHILOSOPHIE DU XVIIIe SIÈCLE. 2 vol. in-8, en 24 livraisons (Cours de 1829). Prix de chaque vol. . . . . 9 fr.

FRAGMENS PHILOSOPHIQUES, 1826. 1 vol. in-8. . . . . 7 fr. 50 c.

NOUVEAUX FRAGMENS PHILOSOPHIQUES, pour servir à l'histoire de la philosophie ancienne. 1 vol. in-8, 1828. . . . . 7 fr. 50 c.

OEUVRES COMPLÈTES DE PLATON, traduites du grec en français, accompagnées de notes, et précédées d'une introduction sur la philosophie de Platon. 5 vol. in-8 ; le sixième est sous presse. Prix du vol. . . 9 fr.

PROCLI PHILOSOPHI PLATONICI OPERA, e codd. Mss. biblioth. reg. Parisiensis, nunc primum edidit, lectionis varietate et commentariis illustravit V. Cousin. 6 vol. in-8. . . . . 42 fr.

OEUVRES COMPLÈTES DE DESCARTES, avec des augmentations importantes de Lettres nouvelles, et la traduction de plusieurs ouvrages jusqu'ici non traduits, 11 vol. in-8, avec planches. Prix du vol. . . . . . 8 fr.

LEÇONS DE PHILOSOPHIE de M. *Laromiguière*, jugées par M. *Victor Cousin* et M. *Maine de Biran*, 1829. 1 vol. 3 fr. 50 c.

IMPRIMERIE DE A. BARBIER,
RUE DES MARAIS S.-G. N. 17.

MANUEL

DE L'HISTOIRE

DE LA PHILOSOPHIE,

TRADUIT DE L'ALLEMAND DE TENNEMANN,

PAR V. COUSIN,

PROFESSEUR A LA FACULTÉ DES LETTRES DE L'ACADÉMIE DE PARIS.

TOME PREMIER.

PARIS.

PICHON ET DIDIER,
LIBRAIRES-COMMISSIONNAIRES, SUCCESSEURS DE BÉCHET AÎNÉ,
QUAI DES AUGUSTINS, N° 47.

SAUTELET ET Cie, RUE DE RICHELIEU, N° 14.

1829.

PRÉFACE.

La philosophie n'a aujourd'hui que l'une de ces trois choses à faire :

Ou abdiquer, renoncer à l'indépendance, rentrer sous l'ancienne autorité, revenir au moyen âge,

Ou continuer à s'agiter dans le cercle de systèmes usés qui se détruisent réciproquement,

Ou enfin dégager ce qu'il y a de vrai dans chacun de ces systèmes, et en composer une philosophie supérieure à tous les systèmes, qui les gouverne tous en les dominant tous, qui ne soit plus telle ou telle philosophie, mais la philosophie elle-même dans son essence et dans son unité.

Le premier parti est impossible. D'abord

la philosophie n'est qu'un effet et non pas une cause. L'indépendance et pour ainsi dire la sécularisation de la pensée viennent du progrès général de l'esprit d'indépendance et de la sécularisation de toutes choses, état, science, art, industrie. Ainsi posée, la question est aisément résolue. Quel vent pourrait aujourd'hui déraciner cet arbre qui a poussé au milieu des orages, et qui a grandi arrosé du sang et des larmes de tant de générations? La civilisation moderne ne peut reculer, ni par conséquent la philosophie qui la représente. Là est la vanité de l'école théocratique. La théocratie est le berceau légitime des sociétés naissantes, mais elle ne les accompagne point dans le progrès de leur développement, progrès nécessaire qui dérive de la nature des choses; et comme la nature des choses ne peut pas être séparée des desseins de la providence, il suit que toute lutte contre la nature des choses est dirigée contre la providence elle-même; et qu'ainsi l'entreprise d'arrêter la civilisation et d'éteindre la philosophie est une gageure contre Dieu lui-même que tout l'esprit du monde ne saurait gagner. Et puis, quel est le fondement de l'altière polémique de la théocratie contre la philosophie ? Tout le monde le sait aujourd'hui : un paralogisme. C'est avec la raison qu'ils attaquent la raison, invoquant ainsi l'autorité même qu'ils combattent et qu'ils entreprennent de convaincre d'impuissance. Un peu de rigueur et de conséquence a conduit l'école théocratique à réprouver non plus tel ou tel système philosophique, mais l'esprit commun de tous les systèmes, savoir la libre réflexion, c'est-à-dire la philosophie elle-même. Plus de rigueur et de conséquence encore la pousserait au scepticisme absolu ou la ramènerait à la philosophie. Sans doute après les grands mouvemens qui, dans ces derniers temps, ont si profondément et si diversement agité la société et la pensée humaine, sans avoir pu remplir encore l'inquiète espérance de ceux qui veulent semer et récolter en un jour, l'appel au moyen âge et à la foi aveugle pouvait séduire des esprits fatigués par l'appât de la nouveauté et le faux semblant d'une conséquence parfaite. De là ces abjurations philosophiques, nées du découragement et du désespoir, et qui à des yeux mal exercés semblaient le signal de la défaite de la philosophie et du retour à l'ancienne autorité. Mais aujourd'hui le secret est divulgué : la paix et l'innocence du moyen âge sont bien connues, et l'appel à la foi aveugle contre la raison par la raison même est convaincu de n'être qu'un paralogisme pusillanime; et cette seule vérité rendue manifeste protège désormais la philosophie et arrêtera les déserteurs.

D'un autre côté, laisser la philosophie dans l'état où le xixe siècle l'a reçue des siècles précédens, c'est faire de la raison un usage très-peu raisonnable, c'est consentir au décri de la philosophie par elle-même, c'est prêter à ses ennemis et à la théocratie qui l'observe, leurs armes les plus redoutables; ce n'est pas combattre l'esprit du temps, mais c'est rester au-dessous. En effet, la qualité qui nous distingue, que nous recherchons le plus et dont nous sommes le plus fiers, c'est l'étendue. De toutes parts, en politique, dans les arts, en littérature, on aspire au complet;

on refuse de se laisser éblouir par une seule face des choses, si brillante qu'elle soit; on veut les regarder toutes successivement pour se faire de la chose en question une idée complète et fidèle. Voilà le bien; le mal est dans l'affaiblissement ou l'absence de l'enthousiasme et de la grande originalité; je dis la grande, car pour la petite, elle surabonde. Dans cette disposition générale des esprits, quelle peut être la séduction de systèmes vieillis que la philosophie moderne produisit à sa naissance, et qu'elle a reproduits cent fois depuis deux siècles, sans qu'aucun d'eux ait pu se soutenir? Il est évident que chacun des systèmes que nous ont légués le xviie et le xviiie siècle, n'est pas absolument faux puisqu'il a pu être, mais il est de toute évidence aussi que nul de ces systèmes n'est absolument vrai puisqu'il a cessé d'être, à l'encontre de la vérité absolue qui, si elle paraissait, éclairerait, rallierait, soumettrait toutes les intelligences. Il n'y a pas un de ces systèmes sur lequel n'ait passé une polémique accablante. Il n'y en a pas un qui ne soit percé à jour en quelque sorte, atteint et convaincu de contenir d'intolérables extravagances. Qu'il se présente quelqu'un de ces principes qui dans le temps ont séduit tant de bons esprits ; il n'y a personne aujourd'hui qui, à l'instant même, n'impose à ce principe la longue chaîne des conséquences qu'il a successivement produites, et qui l'ont trahi et décrié. Proposez-vous d'expliquer l'intelligence par le principe célèbre de la sensation, qui naguère, entre les mains de Locke et de Condillac, exerçait sur les esprits un charme irrésistible? Aujourd'hui, sans grands frais de sagacité et de dialectique, il suffit d'un peu de lecture pour voir à découvert derrière l'attrayant principe ses terribles conséquences, à côté de Locke Mandeville et Collins, à côté de Condillac d'Holbach et Lamétrie et toutes les saturnales du matérialisme et de l'athéisme. Proposez-vous d'expliquer toutes les connaissances humaines par la seule force de l'âme, de la pensée et de ses lois, ce qui paraît assez naturel? Ce noble spiritualisme a contre lui la réputation équivoque des sublimes et chimériques abstractions auxquelles, si sage à son point de départ, il a fini par conduire plus d'une illustre école. Essayez-vous du doute? le fantôme du scepticisme est là. Êtes-vous tenté de vous réfugier dans le sentiment? mais qui ne vous signale d'avance la pente qui déjà vous précipite vers le mysticisme? Ainsi, principes et conséquences, il n'y a plus rien d'imprévu, par conséquent rien qui puisse faire illusion; car, il ne faut pas s'y tromper, la raison comme l'imagination ne s'élance guère qu'après l'inconnu et l'infini. Or, quel système possède encore aujourd'hui ce charme? C'est l'honneur de la raison humaine de ne se rendre, je ne dis pas qu'à la vérité absolue, mais qu'à ce qu'elle croit la vérité absolue; et aujourd'hui, il n'y a pas un esprit un peu bien fait qui ne sache de reste que tous les systèmes, que présente la philosophie moderne, ne sont en dernière analyse que des systèmes particuliers, qui peuvent bien renfermer plus ou moins de vérité, mais qu'il serait ridicule de donner et de prendre pour la vérité toute entière.

Reste donc le troisième parti. A défaut

du fanatisme pour tel ou tel système particulier, que le penchant à l'enthousiasme et une vue incomplète des choses produiraient peut-être et dont il faut à peu près désespérer avec nos qualités comme avec nos défauts, je ne vois pas d'autre ressource à la philosophie, si elle ne veut pas passer sous le joug de la théocratie, que l'équité, la modération, l'impartialité, la sagesse. C'est, j'en conviens, une ressource un peu désespérée, mais, pour moi, je n'en vois pas d'autre. Il serait bizarre qu'il n'y eût plus que le sens commun qui pût faire quelqu'effet sur l'imagination des hommes. Mais il est certain que tout autre prestige paraît bien usé. Tous les rôles fanatiques en philosophie, tous les rôles d'injustice à la fois et de sottise, c'est-à-dire encore tous les rôles inférieurs ont été dérobés au xixe siècle par les siècles précédens; il est comme condamné à un rôle nouveau, le plus humble en apparence, mais en réalité le meilleur et le plus grand, celui d'être juste envers tous les systèmes sans être dupe d'aucun d'eux; de les étudier tous, et au lieu de se mettre à la suite de l'un d'eux, quel qu'il soit, de les enrôler tous sous sa bannière, et de marcher ainsi à leur tête à la recherche et à la conquête de la vérité. Cette prétention de ne repousser aucun système et de n'en accepter aucun en entier, de négliger ceci, de prendre cela, de choisir dans tout ce qui paraît vrai et bon, et par conséquent durable, d'un seul mot, c'est l'éclectisme.

L'éclectisme! Je n'ignore pas que ce nom seul soulève toutes les doctrines exclusives. Mais faut-il s'étonner qu'une opinion qui paraît un peu nouvelle, rencontre une vive résistance? surtout une opinion comme l'éclectisme. Proposez donc aux partis, je vous prie, de déposer leurs prétentions tyranniques dans le service de la commune patrie? tous les partis vous accuseront d'être un mauvais citoyen. Les doctrines exclusives sont dans la philosophie ce que les partis sont dans l'état. L'éclectisme tend à substituer à leur action violente et irrégulière une direction ferme et modérée, qui emploie toutes les forces, n'en néglige aucune, mais ne sacrifie à aucune l'ordre et l'intérêt général. Supposez encore que parmi ces opinions qui toutes aspirent à la domination exclusive, il y en ait une qui, depuis plus d'un demi-siècle, soit en possession d'une autorité universelle et incontestée, habituée à ne recevoir que des hommages, traitée presque comme une religion. Avisez-vous de contester la souveraineté de l'altière idole ; proposez-lui, le plus poliment du monde, de descendre de son trône, de paraître dans la mêlée, d'y faire valoir ses droits à la sueur de son front, de n'être enfin qu'une opinion tout comme une autre, ayant comme une autre du vrai et du faux, acceptée par ceux-ci, repoussée par ceux-là ; en un mot, proposez-lui de consentir au droit d'examen, et vous verrez éclater un bel orage. J'avais donc compté sur une polémique ardente, mais je l'avais espérée sérieuse. Au lieu d'objections, je n'ai rencontré que des déclamations, des calomnies. En vérité j'avais cru l'école sensualiste plus forte. Loin de l'affaiblir, s'il était en mon pouvoir, je la fortifierais au contraire, je lui donnerais un représentant sérieux et digne d'elle ; car elle renferme de grandes vérités, elle doit tenir un rang élevé dans la science, et je regarde en conscience comme un véritable malheur l'état déplorable où elle est tombée parmi nous. Je regrette bien sincèrement que M. de Tracy, désarmé par l'âge, ne puisse entrer dans la lice avec la philosophie nouvelle. Ce n'est point à l'arsenal du jésuitisme qu'un pareil adversaire demanderait des armes. Il les trouverait dans l'étude approfondie des matières philosophiques, dans le talent d'analyse et la logique sévère dont il a donné tant de preuves ; et alors pourrait s'établir une polémique loyale et scientifique. Nous sommes les premiers à la solliciter, dans l'intérêt général de la science. En attendant, ni mes amis ni moi, nous n'avons pas le cœur assez faible pour nous laisser arrêter par les obstacles que l'on sème autour de nous. Nous ne sommes pas entrés dans la route où nous sommes pour y recueillir des applaudissemens frivoles, mais pour y servir la philosophie. Pour moi, il y a déjà long-temps qu'après avoir étudié et traversé plus d'une école, essayant de me rendre compte de l'attrait que chacune avait tour-à-tour pour moi, et du crédit de systèmes très-différens, de celui de Condillac et de celui de Reid par exemple, auprès des meilleurs esprits et des hommes distingués dont j'avais reçu les leçons, M. Laromiguière et M. Royer-Collard, je m'aperçus que l'autorité de ces différens systèmes venait de ce que tous ont en effet quelque chose de vrai et de bon ; je soupçonnai que tous n'étaient pas au fond aussi radicalement ennemis les uns des autres qu'ils le prétendent ; je m'assurai peu à peu que tous pouvaient très-bien aller les uns avec les autres à certaines conditions, et je leur proposai un traité de paix sur la base de concessions réciproques. Je prononçai dès lors le mot d'éclectisme. S'il effarouche, je le retire bien volontiers pourvu qu'on me cède la chose. Ce mot pourtant, exact en lui-même, déjà employé par ceux qui, dans le cours des siècles, ont eu à peu près la même idée, généralement accepté dans la langue de l'histoire de la philosophie, me paraît tout aussi bon qu'une étiquette peut l'être, et je ne vois aucune raison pour l'abandonner. Quant au fond de l'entreprise, la réflexion et l'étude m'y attachent plus que jamais. La vue même du fanatisme auquel peut conduire une opinion exclusive, recommande plus que jamais à mes yeux la modération et la sagesse; et c'est mon vœu bien réfléchi, sinon mon espérance, que l'éclectisme serve de guide à la philosophie française du xixe siècle.

Si cette philosophie doit être éclectique, elle doit s'appuyer sur l'histoire de la philosophie. En effet, il est évident que toute philosophie éclectique a nécessairement pour base une connaissance profonde de tous les systèmes dont elle prétend combiner les élémens essentiels et vrais. Qu'est-ce d'ailleurs que l'histoire de la philosophie, sinon une leçon perpétuelle d'éclectisme? Qu'enseigne l'histoire de la philosophie, sinon que tous les systèmes sont aussi vieux qu'elle et inhérens à l'esprit humain lui-même qui les produit au premier jour et les reproduit sans cesse; que vouloir établir la domination d'un seul est une tentative vaine, qui, si elle réussissait, serait le tombeau de la philosophie; que par conséquent, il n'y a rien à faire qu'à honorer l'esprit humain, à respecter sa liberté, à constater les lois qui la règlent et les systèmes fondamentaux qui émanent de ces lois, à perfectionner sans cesse ces divers systèmes l'un par l'autre, sans tenter d'en détruire aucun, en recherchant et en dégageant la portion immortelle de vérité que chacun d'eux renferme, et par laquelle chacun d'eux est frère de tous les autres et fils légitime de l'esprit humain. L'histoire de la philosophie eût suffi toute seule pour enfanter l'éclectisme, c'est-à-dire la tolérance philosophique; et, aussitôt que cette tolérance se fait jour, après le long règne du fanatisme, elle amène nécessairement le besoin et le goût de l'étude approfondie de tous les systèmes.

Telle est la raison de l'extrême importance que j'attache à l'histoire de la philosophie. C'est là ce qui m'a engagé et soutenu dans tous les travaux que j'ai entrepris pour connaître moi-même et faire connaître aux autres certaines époques, certains systèmes, certains hommes. C'est encore là ce qui m'a déterminé, l'hiver dernier, avant d'entrer dans l'exposition et la discussion détaillée de toutes les écoles du xviiie siècle, à présenter à mes auditeurs, dans un cadre resserré, le tableau de toutes les écoles antérieures, modernes et anciennes, y compris même celles de l'Orient; et je serais heureux si cette courte introduction (1) pouvait éclairer l'obscur labyrinthe des systèmes et fournir à la philosophie contemporaine quelques directions utiles. Mais je ne me dissimule pas que ce n'est point là une base suffisante à l'étude de l'histoire de la philosophie. Je me suis donc décidé à demander à l'Allemagne, si riche en travaux de ce genre, un ouvrage qui pût remplir mes vues et satisfaire les besoins de mon auditoire. Or, je n'en pouvais

---

(1) Leçons de 1829, t. 1" p. 133—510.

trouver un qui, tout compensé, jouît d'une réputation plus générale et plus méritée que celui de Tennemann.

Brucker est le père de l'histoire de la philosophie ; Tennemann est le véritable successeur de Brucker. Comme lui, il a consacré sa vie entière à l'histoire de la philosophie, et il a préludé à la composition de son grand ouvrage par une foule de dissertations spéciales qui attestent ces études détaillées dans lesquelles seules peut se former l'esprit critique et se fonder l'alliance féconde de la philologie et de la philosophie. Comme Brucker, Tennemann a donné une histoire complète de la philosophie qu'il a conduite jusqu'à son temps; comme lui encore, il a fait de ce long ouvrage un abrégé plein et substantiel qui le reproduit dans ce qu'il a de plus excellent, avec cet avantage de ne point accabler l'intelligence sous un trop grand nombre de détails, tout en lui fournissant des données solides, sur lesquelles elle peut s'appuyer avec confiance. C'est cet abrégé que je présente au public français.

PRÉFACE.

Je me suis déjà expliqué ailleurs (1) sur Tennemann, sur ses mérites et ses défauts. En résumé, ses mérites sont : 1º L'érudition, la connaissance des sources, des monumens originaux où sont déposés les systèmes, et des travaux de tous les temps et de tous les pays auxquels ces systèmes ont donné lieu. 2º La critique, l'emploi raisonné des matériaux amassés par l'érudition, le discernement des sources pures et de celles qui le sont moins, la prudence qui ne s'appuie que sur des textes certains, bien examinés et bien constitués. 3º L'intelligence philosophique arrivée assez haut dans la science elle-même pour voir clair dans son histoire. Tennemann est assez fort pour être impartial ; il veut l'être et il l'est généralement. Toutefois son impartialité historique pourrait être plus grande encore, car sa philosophie pourrait être plus élevée. Tennemann est un élève de Kant ; et l'école de Kant est une grande école sans doute ; mais ce n'est enfin qu'une école

---

(1) Leçons de 1828. Introduction à l'Histoire de la Philosophie, leçon 12º.

particulière, trop étroite encore pour comprendre et dominer tous les systèmes philosophiques. Ce n'est guère, comme je crois l'avoir déjà dit, que l'école écossaise élevée à sa plus haute puissance. Ce qui caractérise la philosophie de Kant est d'avoir séparé fortement l'ontologie et la psychologie, d'avoir placé le fondement de toute spéculation philosophique dans l'étude préalable de la faculté de connaître et de ses lois. Voilà bien en effet le point de départ de la philosophie, mais son point de départ seulement et non pas sa fin. Il faudrait aller du point de départ à la fin, de la *Critique de la Raison* aux objets de la raison, aux êtres. Mais Kant s'est si bien établi dans le point de départ, dans la psychologie, qu'il reste en route et n'arrive que par des détours et plus ou moins légitimement à une ontologie incertaine. Anti-sensualiste en psychologie, il est presque sceptique en ontologie, et dans la Théodicée il est si loin du mysticisme qu'il est presque injuste à son égard et ne le comprend pas. Tel est aussi à peu près Tennemann. Il s'arme d'une sévérité excessive, toutes les fois qu'il arrive à des systèmes auxquels sa mesure psychologique s'applique moins aisément, et qui lui présentent des parties ontologiques dont il ne se rend pas bien compte, un mysticisme réel ou même la seule apparence du mysticisme. Il eût été désirable que cet habile homme eût vu et jugé de plus haut les systèmes philosophiques; mais il s'en faut qu'il tombe jamais dans la partialité et l'injustice, et il est impossible de reproduire avec plus de fidélité et de précision les vrais caractères des systèmes et leurs tendances générales. D'ailleurs, je l'avoue, j'aime mieux que Tennemann pèche par un excès de sévérité psychologique que par le défaut contraire, par la trop grande facilité à s'engager sans critique dans les voies périlleuses de l'ontologie. La psychologie n'est pas la philosophie toute entière, mais c'en est le commencement légitime. De même l'ouvrage de Tennemann n'est pas le dernier terme de l'histoire de la philosophie, mais c'en est une base excellente. Tel qu'il est, il me paraît parfaitement convenir à l'état de la philosophie parmi nous, et pouvoir concourir efficacement par ses qualités et par le défaut même que je viens de signaler, à la régénération des études philosophiques, régénération dont la condition première est une forte culture de la psychologie, l'importance de la psychologie dans la science et dans l'histoire dût-elle être d'abord un peu exagérée.

Comme l'esprit philosophique de l'ouvrage de Tennemann rappelle trop l'école à laquelle l'auteur appartient, les formes de cet ouvrage rappellent trop aussi les formes, la terminologie et la langue de la philosophie Kantienne. Or, je suis loin d'approuver de tout point la langue de cette philosophie prise en elle-même, bien moins encore quand on la transporte dans l'histoire. Elle n'est point assez simple et assez générale pour traduire tous les systèmes; mais enfin elle est précise, et par conséquent suffisamment claire. Il ne faut pas oublier non plus que ce livre est un manuel fait pour être étudié, et non pour être parcouru légèrement. Il est partout substantiel, concis, sévère. Il repousse la curiosité superficielle ; il ne peut profiter qu'entre les mains du travail et de la patience.

Le succès de ce manuel a été tel en Allemagne, que, publié pour la première fois en 1812, l'auteur fut obligé d'en donner une seconde édition dès 1815, déjà fort améliorée; et il en préparait une troisième lorsque la mort vint interrompre ses travaux. Heureusement les matériaux qu'il avait rassemblés furent confiés à un homme très-capable de les bien employer, M. Am. Wendt, alors professeur à Leipsig, aujourd'hui professeur à Göttingen, qui rendit cette troisième édition bien supérieure encore à la précédente. Les notes laissées par Tennemann étendaient l'exposition de quelques systèmes, par exemple celle des systèmes allemands qui sont venus après celui de Kant. M. Wendt a lui-même ajouté quelques articles sur plusieurs philosophes de son pays qui vivent encore. J'ai gardé de ces articles la partie bibliographique, pour donner à la France une idée de la philosophie allemande contemporaine ; mais j'ai supprimé l'exposition des doctrines, comme beaucoup trop courte pour être intelligible ailleurs qu'en Allemagne, et comme sujette à erreur et à changement, les doctrines de ces philosophes se modifiant et se développant sans cesse. C'est la mort qui fait entrer un homme dans le domaine de l'histoire : on ne peut bien le juger, que quand il a fait toute son œuvre. Je n'ai excepté que M. Schelling, une grande renommée ayant à peu près les droits de la mort. Il serait superflu de rendre compte de la meilleure disposition de quelques parties et d'une foule de petites améliorations que l'on doit à M. Wendt, et qui enrichissent l'édition de 1820. Ces améliorations se sont encore considérablement accrues dans la quatrième édition qui parut en 1823, et que la cinquième, celle de 1825, n'a plus fait que reproduire. Ainsi ce livre est à peu près parvenu à toute la perfection dont il est susceptible. C'est donc sur la cinquième et dernière édition, que cette traduction a été faite. Je saisis cette occasion pour remercier publiquement mon ami et ancien collègue à l'école Normale, M. Viguier, qui a bien voulu m'aider dans cette tâche ingrate. Il n'y a que les personnes qui connaissent l'original qui pourront se faire une idée de la peine que nous a coûtée cette traduction, toute imparfaite qu'elle soit encore.

Je termine en offrant ce Manuel à la jeunesse qui fréquente mes leçons. Puisse-t-il nourrir en elle l'amour de la vraie philosophie, le goût de la réflexion et de l'étude, et ces habitudes laborieuses et viriles qui seules en tout genre assurent les véritables succès, et seules peuvent préparer la génération nouvelle à remplacer dignement, sur la scène du monde, la forte génération qui l'a précédée, qui a fait ou qui a vu de si grandes choses !

Paris, ce 1er septembre 1829.

V. COUSIN.

ERRATA.

Tome Ier, page 32. Heidenreich, *lisez* : Heydenreich.
— page 33 à 49, au haut de la page. Introduction, *lisez* : Introduction générale.
— page 73, ligne 14, § 76, *lisez* : § 75.
— page 111, note 2. Bhet, *lisez* : Rhet; mando, *lisez* : mundo.
— page 117, ligne 9. Teios, *lisez* : Téos.
— page 128, à la fin. Alefed, *lisez* : Alefeld.
— page 167, ligne 1. la conscience des idées, *lisez* : a la conscience.
— page 169, vers la fin. Tendemann, *lisez* : Tennemann.
— page 222. est exempt et de passions, *lisez* : est exempt de passions.
— page 247, ligne 3. Musonicus, *lisez* : Musonius.
— ibid. ligne 4. Cornatus de Leplis, *lisez* : Cornutus de Leptis.
— page 264, ligne 8. πυρρονείων *lisez* : πυρρωνείων.
— page 277, ligne 18. Corinthus, *lisez* : Cerinthus.
— page 341, à la fin. anect., *lisez* : anecd.
— page 350, ligne 18. Palleyn, *lisez* : Pulleyn, (même faute, page 351, ligne 20).
— page 368, ligne 15. fratas, *lisez* : fatras.

Tome 2me, page 2, ligne 10. pédantesque, *lisez* : pédantesques.
— ibid. ligne 16. nouvau, *lisez* : nouveau.
— page 3, ligne 7. assiduement, *lisez* : assidument.
— page 6, ligne 16. Aligieri, *lisez* : Alighieri.
— page 7, ligne 5. Gemistius, *lisez* : Gemisthus.
— ibid. ligne 16. Ces trois derniers, *lisez* : ; ces trois derniers.
— ibid. ligne 24. linguarum, *lisez* : linguæ.

Suite de l'errata.

Tome 2me, page 9, ligne 14. de rendre son étude, *lisez* : d'en rendre l'étude.

— page 10, ligne 7. point de vue, *lisez* : points de vue.

— page 11, ligne 14. Ioniques et atomistiques, *lisez* : Ionique et atomistique.

— page 12, ligne 7, italia, *lisez* : Italia.

— *ibid.* ligne 23, *ajoutez* : 11 volumes.

— page 16, ligne 24. VXIII, *lisez* : XVIII.

— page 20, ligne 26. Einsielden, *lisez* : Einsiedeln.

— page 25, ligne 13. sont dûs, *lisez* : sont dus.

— page 37, ligne 2. *Cosantina*, *lisez* : *Cosentina*.

— page 41, ligne 10. s'éjourna, *lisez* : séjourna.

— page 63, ligne 22. *Beitrage*, *lisez* : *Beitræge*.

— page 86, ligne 13. *Podarge*, *lisez* : *Pordage*.

— page 96. Martin Scook, *lisez* : Martin Schook.

— page 97. Au lieu de 337, *lisez* : 336, sqq.

— page 110. Tratatus, *lisez* : Tractatus.

— page 116, à la fin. 1671, *lisez* : 1621.

— page 121, ligne 26. humanorum, *lisez* : humanarum.

— page 123, ligne 3. 1491, *lisez* : 1791.

— page 153, ligne 21. which, passed, *lisez* : which passed.

— *ibid.* ligne 24. by sam. Clarke, *lisez* : published by sam. Clarke.

— page 234, ligne 13. sensible, temps et espace). *lisez* : sensible (temps, et espace).

— page 239, ligne 3. à l'intérieur, bien que, *lisez* : à l'intérieur. Bien que.

— page 273, ligne 17. *Wissenchaftlehre*, *lisez* : *Wissenschaftslehre*.

— page 276, ligne 24. non-moi, limite l'activité, *lisez* : non-moi, qui limite l'activité.

Suite de l'errata.

Tome 2ᵐᵉ. page 285, ligne 5. *Bewustseyn*, *lisez* : *Bewusstseyn*.
— page 302, ligne 5. A—A, *lisez* : A=A.
— page 309, ligne 19. mystique, *lisez* : mythique. (même faute, page 311, ligne 20).
— page 311, ligne 25. Diss. (retrancher ce mot).
— page 321, ligne 24. *Beaumgarten*, *lisez* : *Baumgarten*.
— page 323, ligne 28. la métaphysique à laquelle, *lisez* : la métaphysique, à laquelle.
— page 329, ligne 3. *Berg.* (retrancher le point).
— page 333, ligne 11. perceptin, *lisez* : perception.
— page 334, ligne 20. *Gefülh lisez* : *Gefühl*.
— page 476, ligne 22. déterminables par l'autre, *lisez* : déterminables l'un par l'autre.

MANUEL
DE L'HISTOIRE
DE LA PHILOSOPHIE.

§ 1.

L'histoire de la philosophie, pour être bien conçue, exige une recherche préalable sur l'idée de cette science, et en même temps sur sa matière, sa forme et son but; ensuite sur son étendue ou sa compréhension, sur sa méthode, son importance et les diverses manières dont elle peut être traitée. Tous ces objets, joints à l'histoire et à la bibliographie de l'histoire de la philosophie, formeront, avec quelques considérations préliminaires sur la marche de la raison philosophique, le sujet d'une introduction générale.

L'introduction particulière devra nous amener à la première période de cette histoire par une revue rapide des idées religieuses et philosophiques des peuples orientaux, ainsi que des premiers progrès de la Grèce.

INTRODUCTION GÉNÉRALE.

CHAPITRE PREMIER.

Idée, étendue, méthode, importance, division, histoire et bibliographie de l'histoire de la philosophie.

I. *Idée de l'histoire de la Philosophie.*

Ch. Leonh. *Reinhold*, Sur l'Idée de l'Histoire de la Philos., dans le recueil de Fülleborn, 1er cahier (all.).

Georg. Fréd. Dan. *Goess*. Traité sur l'Idée de l'Histoire de la Philos., et sur le système de Thalès. Erlangen, 1794, in-8° (all.), et Coup-d'œil sur le domaine de l'Histoire de la Philos. Leips. 1798; in-8° (all.).

J. Christ. Aug. *Grohmann*, Sur l'Idée de l'Histoire de la Philos. Wittenberg, 1797, in-8° (all.).

Guill. Gottl. *Tennemann*, Hist. de la Philos. t. 1er. Leips. 1798, in-8° (all.).

Dan. *Boethius*, de idea Historiæ Philosophiæ rite formanda. Upsal, 1800, in-4°.

Fréd. Aug. *Carus*, Idées pour l'Hist. de la Philos. Leips. 1809. (all.).

Ch. Fréd. *Bachmann*, Sur la Philos. et son histoire, trois lectures académiques; Jena, 1811, in-8° (all.). Sur l'Histoire de la Philos., 2e édit., refondue avec une dédicace à Reinhold, Jena, 1820, in-8°.

Christ. Aug. *Brandis*, De l'Idée de l'Hist. de la Philos. Copenhague, 1815, in-8° (all.).

§ 2.

En vertu de sa raison, l'homme tend à la connaissance sous les conditions de quantité, qualité, relation et modalité; de plus, il aspire à une science des principes derniers et des lois dernières de la nature et de la liberté, ainsi que de leurs rapports réciproques. D'abord il ne fait qu'obéir à un besoin aveugle, sans se rendre compte suffisamment de ce mouvement instinctif de sa raison, et sans savoir ni le chemin à prendre, ni les moyens à employer, ni la distance qui le sépare de son objet. Insensiblement ce mouvement devient plus réfléchi, et se règle sur le progrès de la raison qui apprend de jour en jour à se mieux connaître. Ce mouvement réfléchi est ce que nous nommons la philosophie.

§ 3.

De là naissent diverses tentatives pour réaliser cet idéal de la raison, tentatives plus ou moins différentes entre elles par leurs principes, leurs méthodes, leurs conséquences, leur étendue et en général leurs objets propres. Dans ces tentatives qui prennent le nom de systèmes philosophiques lorsqu'elles se produisent sous une forme scientifique, et dont la valeur est relative à l'état des lumières au milieu desquelles s'est trouvé chaque philosophe en particulier, c'est la pensée elle-même, c'est la raison humaine qui se développe d'après ses propres lois.

§ 4.

Mais le développement de la raison humaine est lui-même soumis à des conditions extérieures, et il se trouve tantôt secondé, tantôt retardé ou suspendu par suite des différentes impulsions qui viennent du dehors.

§ 5.

Faire le récit des divers travaux produits par le développement de la raison, favorisés ou contrariés par des causes extérieures, travaux qui ont pour objet de réaliser l'idée même de la raison, quant à la matière et à la forme, en d'autres termes de constituer la philosophie comme science, c'est en général faire l'histoire de la philosophie.

§ 6.

La matière de l'histoire de la philosophie est interne et externe. La matière interne ou immédiate comprend : 1° le travail continu de la raison dans la recherche des derniers principes et des lois de la nature et de la liberté (car c'est en cela que consiste la philosophie, § 2); et ici on trouve à observer une grande variété de faits relativement au sujet et à l'objet, à l'extension et à l'intensité du mouvement philosophique, à ses divers buts et motifs intérieurs, soit intéressés, soit désintéressés, enfin à ses causes et occasions extérieures ; 2° les produits de la philosophie, ou les doctrines, méthodes et systèmes philosophiques, produits aussi variés que le mouvement même qui les fait naître : on voit ici la raison mettre à profit, soit des matériaux de jour en jour mieux éprouvés pour fonder la philosophie comme science, soit des règles et des principes pour assembler les matériaux en un tout scientifique, soit enfin des maximes sur la manière de procéder dans l'établissement de la philosophie ; 3° en dernier lieu, le développement de la raison, comme instrument de la philosophie, c'est-à-dire le progrès de la raison vers des recherches où elle ne dépende plus que d'elle-même, à travers le mouvement composé que lui impriment sa propre énergie et les circonstances extérieures ; c'est-à-dire encore la marche graduelle vers la plus haute indépendance, marche que l'on peut apercevoir chez les individus, chez les nations et dans toute l'humanité.

Remarque. L'histoire des systèmes philosophiques n'est pas encore l'histoire de la philosophie.

§ 7.

La matière externe consiste dans les causes, événemens et circonstances, qui ont exercé de l'influence sur le développement de la raison philosophique et la nature de ses productions. A cet ordre de faits appartiennent : 1° l'individualité des philosophes, c'est-à-dire le degré, la proportion et la direction de leurs forces intellectuelles; la sphère de leurs études et de leur vie, l'intérêt qui les a mus, et même leur caractère moral; 2° l'influence des causes extérieures, savoir: le caractère et le degré de culture de la nation, l'esprit dominant de l'époque, et en remontant plus haut encore, le climat et les propriétés du pays; l'éducation, la constitution politique, la religion et la langue; 3° l'influence de quelques hommes par l'admiration et l'imitation, la doctrine et l'exemple; influence qui se manifeste dans le fond comme dans la forme des écrits, selon le génie d'une école, l'autorité ou la réputation dont elle jouit (*Bacon, Locke, Leibnitz*).

§ 8.

La forme de l'histoire de la philosophie, consiste dans la manière d'assortir convenablement ces deux ordres de matériaux, en un ensemble scientifique. Or, cet ensemble est déterminé en partie par la forme de toute histoire en général, en partie par le but spécial de l'histoire de la philosophie.

§ 9.

L'histoire proprement dite se distingue sous le rapport de la forme des simples Annales, des Mémoires, etc., par l'ordonnance des événemens, et la manière de présenter les faits.

§ 10.

Si l'histoire de la philosophie doit satisfaire une curiosité réfléchie, et non pas seulement une vaine et oiseuse curiosité, son but doit être essentiellement de connaître à fond dans ses alternatives continuelles soit de progrès, soit de décadence, la marche de l'esprit philosophique, et le développement graduel de la philosophie comme science. Ce but ne peut être atteint par une simple connaissance des faits qui ont eu lieu, mais bien par l'étude de leur enchaînement, par celle des causes et des effets.

§ 11.

Les efforts de la raison philosophique sont les événemens intérieurs de la pensée; mais par la manière dont ils se produisent et dont ils influent dans le monde, ils entrent dans le cercle et dans l'enchaînement des faits extérieurs. Il y a donc lieu de concevoir pour les faits qui composent l'histoire de la philosophie un enchaînement intérieur et un enchaînement extérieur; car, 1° ils présentent, comme événemens, des rapports chronologiques en tant que successifs ou simultanés; 2° ils ont leurs causes et leurs effets extérieurs; 3° ils ont leurs premiers fondemens dans la constitution de l'esprit humain, d'où ils se développent d'eux-mêmes, en un ensemble plein de variété, et selon une foule de rapports les uns à l'égard des autres; 4° ils se rapportent à un but rationel.

§ 12.

La forme de l'histoire de la philosophie consiste donc dans la représentation de ce quadruple enchaînement, et dans cet esprit, à la fois réel et scientifique, qui montre comment telle chose s'est faite, à quoi elle conduit, et quels bons résultats elle a amenés.

Remarque. La représentation réelle ne consiste point dans la simple observation de la série des faits selon le temps, mais elle se fonde sur cette série et la prend en quelque sorte pour texte. Elle n'est pas non plus incompatible avec le caractère scientifique de l'histoire de la philosophie; toutefois l'histoire de la philosophie n'est pas la philosophie elle-même. Voyez l'ouvrage de Grohmann cité ci-dessus en avant du § 2.

§ 13.

En conséquence, l'histoire de la philosophie est la science qui expose les travaux de la raison humaine pour réaliser l'idée de la philosophie, en les racontant dans leur enchaînement; c'est la représentation par les faits du développement toujours progressif de la philosophie, comme science.

Remarque. Différence de l'histoire de la philosophie d'avec l'histoire de l'Humanité, l'histoire de la Culture de l'Esprit humain et l'histoire des Sciences. Les biographies des philosophes, l'analyse de leurs ouvrages, l'énumération de leurs opinions, et l'histoire bibliographique de la philosophie en général, sont ou des notions préalables et des secours utiles, ou des élémens essentiels de l'histoire de la philosophie.

II. *Étendue de l'histoire de la philosophie.*

Voyez, outre les ouvrages cités en avant du § 2 : *Bœrge Riisbrigh*, sur l'antiquité de la Philosophie, et l'idée de cette science, trad. du danois en all., par *J. Amb. Markussen.* Copenh., 1803, in-8.

§ 14.

L'histoire de la philosophie ne saurait admettre toutes les idées, les hypothèses et les caprices qui ont pu entrer dans des esprits occupés à philosopher; cela serait à la fois impraticable et inutile; mais les seules opinions philosophiques qui doivent y trouver place, sont celles qui le méritent par leur originalité, leur valeur intrinsèque, et leur influence sur les époques contemporaines et subséquentes.

§ 15.

Il faut admettre que la philosophie a eu son commencement, car elle n'est autre chose qu'un degré supérieur dans l'activité de la raison, qui a dû venir à la suite d'un moindre degré antérieur. Mais il n'est pas nécessaire que l'histoire de la philosophie comprenne même ces degrés antérieurs, ni qu'elle remonte jusqu'au berceau de notre espèce. Elle s'en réfère à cet égard à l'histoire de l'humanité et de l'intelligence humaine.

Appliquez ceci à ce qu'on a appelé la philosophie antédiluvienne.

§ 16.

On n'a donné aucune raison suffisante pour admettre un peuple philosophique primitif, en ce sens que non-seulement la philosophie aurait commencé avec lui, mais encore que toute connaissance philosophique en serait venue ; car l'aptitude à la philosophie est naturelle à l'esprit humain, et n'a été réservée exclusivement à aucun peuple. Cette supposition d'un peuple primitif ne fait que reculer un peu plus loin la première origine de la philosophie. Enfin l'esprit symbolique des premiers âges qui ne saisit pas encore son objet avec une conscience réfléchie, ne peut encore être appelé philosophie.

Remarque. La supposition d'un peuple philosophique primitif se fonde : 1° sur la fausse hypothèse que toute instruction est venue par révélation ; 2° sur un besoin qu'éprouve l'intelligence de ramener à l'unité les causes de faits analogues ; 3° sur la prétention de rendre certaines doctrines plus imposantes par leur haute antiquité. Tout cela vient de la paresse naturelle à l'esprit humain, et de la confusion des opinions qui ont une apparence philosophique avec la philosophie proprement dite. Les écrivains qui se sont livrés à la critique de l'histoire dans le sens théologique, ont déclaré peuple primitif, les uns les Hébreux, d'autres (comme *Plessing*) les Égyptiens, et ces derniers ont fait place récemment (depuis Fréd. *Schlegel*) aux Hindous.

§ 17.

Quoique nous retrouvions chez tous les peuples des traces de l'esprit philosophique, néanmoins cette disposition générale ne se voit point chez tous développée au même degré : la philosophie ne s'est pas partout élevée jusqu'à former une science. En général, la nature semble employer la civilisation d'un peuple, comme moyen de civilisation pour beaucoup d'autres, et n'accorder qu'à un petit nombre l'originalité en fait de philosophie. Aussi tous les peuples n'ont-ils pas des droits égaux à occuper une place dans l'histoire de cette science. Le premier rôle appartient seulement à ceux chez qui l'esprit philosophique, à la suite d'une faible impulsion venue du dehors, a trouvé en soi-même assez de force pour se porter vers des recherches indépendantes, et avancer dans les voies de la science ; le second rang est à ceux qui, sans avoir eu autant d'originalité et de spontanéité, ont reçu des autres les idées philosophiques, les ont naturalisées, et par là ont exercé de l'influence sur les destinées de la philosophie.

§ 18.

Le peuple grec est celui dont le génie original a fait époque dans l'histoire de la philosophie. En effet, bien qu'il ait été dans sa première civilisation dépendant d'autres peuples, et qu'il ait reçu de l'étranger quelques données et quelques exemples en matière de philosophie, on le voit manifester par lui-même un intérêt sérieux et animé pour les recherches de la raison; chez lui, cette curiosité se développe, prend un caractère scientifique, et le transmet à la langue elle-même. C'est donc chez les Grecs que nous trouvons pour la première fois un véritable esprit philosophique uni avec le bon goût, un travail scientifique dont le point central était l'homme, disposition qui, même dans ses méprises, pouvait aisément ramener l'esprit de recherche à la véritable source de toute investigation philosophique : γνῶθι σεαυτόν; là on s'efforce d'approfondir et de consolider sans cesse les bases de ces études (origine du scepticisme); là enfin on voit se former une langue et une méthode philosophiques. Nous avons d'ailleurs des témoignages positifs et sûrs pour pouvoir suivre sur un terrein tout historique l'origine et les développemens des travaux philosophiques de cette nation. Enfin, la philosophie et en général la science des Grecs se coordonnent naturellement dans un même ensemble avec celles des nations postérieures.

§ 19.

Les peuples orientaux qui, pour l'antiquité et la date de leur civilisation, se placent avant les Grecs, ne s'élevèrent jamais à la même hauteur, autant du moins que nous pouvons en juger. Toute leur sagesse porte encore le caractère d'une révélation divine, représentée par l'imagination sous mille formes diverses. La forme extérieure de la pensée est, même chez les Hindous, toute mystique et symbolique. L'esprit de ces peuples revêtit des couleurs de l'imagination les croyances de la raison, et un certain nombre d'opinions spéculatives, plus ou moins arbitrairement conçues, afin de se les rendre plus claires, mais sans revenir en arrière, sans se demander compte des procédés de la raison et de son principe, sans observer enfin l'ordre progressif et regressif, condition de la vraie connaissance. Les idées sur Dieu, le monde, et l'humanité, qu'on ne peut contester à ces peuples, n'ont été chez eux l'ouvrage réfléchi d'aucune philosophie. Le climat, la constitution politique, le despotisme et la division par castes, y ont souvent fait obstacle au libre développement de l'esprit. Au reste, l'histoire de ces nations est encore couverte de ténèbres; on manque de renseignemens positifs et certains; et les rapports de leur marche intellectuelle avec l'histoire de la philosophie ne peuvent encore être observés avec assez de suite ni d'ensemble.

Remarque. On trouve d'intéressantes observations sur le caractère grec et oriental, et sur les causes de leur diversité dans l'ouvrage de J. Aug. *Eberhart*, intitulé Esprit du Christianisme primitif, tom. 1, p. 63 et suiv. (all.). — Qu'entend-on communément par ce qu'on appelle la philosophie barbare ? Voyez Diog. Laert. I. 1. sq.

§ 20.

Le vrai commencement de l'histoire de la philosophie se trouve donc chez les Grecs, et particulièrement à cette époque où par suite des progrès de l'imagination et de l'intelligence, l'activité rationnelle se développe en un plus haut degré ; époque où les esprits devenus plus indépendans de la religion, de la poésie et de la politique, se mirent à la recherche de la vérité, et se livrèrent à des études régulières. Cet événement date du temps de Thalès. Les diverses directions et les formes qu'a prises dans le cours des âges cet esprit de recherche philosophique, et les effets de toute espèce qu'il a produits, transmis par divers canaux des Grecs aux peuples modernes, sont ce qui constitue le domaine de l'histoire de la philosophie.

Remarque. La circonscription du véritable domaine de l'histoire de la Philosophie, n'a été un objet d'examen que dans ces derniers temps ; précédemment l'idée de l'Ethnographie s'opposait à toute détermination précise, et il n'y a rien encore de bien convenu à cet égard ; seulement Tiedemann est pour l'exclusion des peuples orientaux. Les motifs que donnent pour les maintenir *Carus*, Idées sur l'histoire de la Philos., p. 143 (all.), et *Bachmann*, Sur la Philos. et son Histoire (all.) ; le même : Dissert. philos. de peccatis Tennemanni in historia Philosophiæ, Jen. 1814, in-4°, ne prouvent pas encore qu'ils appartiennent nécessairement à l'histoire de la Philosophie. On ne prétend pas nier par là qu'un grand intérêt ne s'attache à la recherche de leurs doctrines, mais il faut le séparer entièrement de l'intérêt propre de l'histoire de la Philosophie. En ce sens on peut ne pas trouver inutile de placer avant l'exposition de la philosophie grecque, une courte revue des idées philosophiques et religieuses des principaux peuples qui ont été plus ou moins en rapport avec les Grecs.

III. *Méthode.*

Consultez, outre les ouvrages cités en tête du § 2, Christ. *Garve*, De ratione scribendi historiam philosophiæ. Lips., 1768, in-4° et: Legendorum veterum præcepta nonnulla et exemplum. Lips. 1770, in-4°, (l'un et l'autre dans le recueil de *Fülleborn*, *Beitræge*, etc.), cahiers xi et xii.

Georg. Gust. *Fülleborn*, Plan pour une histoire de la Philosophie, dans le iv° cahier de son recueil (all.); et: Qu'est-ce qu'on appelle représenter l'esprit d'une philosophie? dans le v° cahier (all.).

Christ. *Weiss*, Sur la manière de traiter l'histoire de la Philosophie dans les universités. Leips. 1800 (all.).

§ 21.

La méthode, déterminée par le but de la science (§ 10), consiste dans les règles suivant lesquelles les matériaux doivent être recherchés, recueillis, travaillés, et assemblés en un même tout.

§ 22.

Les matériaux pour l'histoire de la philosophie peuvent être ou fortuitement rencontrés, ou recherchés avec méthode. Dans le dernier cas, il faut se demander quels sont les sources, et les procédés d'une bonne recherche. Les sources auxquelles on peut recourir sont de deux sortes, savoir : les ouvrages mêmes des philosophes conservés jusqu'à nous, et les renseignemens donnés par d'autres écrivains, sur la vie et les doctrines de ces philosophes; témoignages qui doivent être soumis à la critique, relativement à leur authenticité et à leur vraisemblance. Moins un philosophe a écrit, ou moins on a conservé de ses écrits, plus il faut rassembler de renseignemens d'après les autres écrivains, mais aussi plus la précaution devient nécessaire dans la manière de s'en servir (1). Quand on n'a que des fragmens, il importe de les rapprocher d'après le double point de vue philologique et philosophique.

§ 23.

Au soin de rassembler les propositions des philosophes, se joint l'étude de leur vrai sens, de leur étendue, de leur origine et de leur harmonie entre elles (2), afin qu'on puisse se placer dans le vrai point de vue du philosophe, et apprécier le mérite de son travail sans exagération, comme sans injustice. Ce qui peut y amener, c'est une connaissance

---

(1) Voy. H. *Kühnhardt* De fide historicorum recte æstimanda in Hist. philosophiæ. Helmst. 1796, in-4.

(2) Appliquez ceci par exemple au *naturæ convenienter vivere* des stoïciens, et à leur ἀκαταληψία.

exacte de l'époque contemporaine, des usages de la langue, de la direction des idées, ainsi qu'une comparaison des autorités et des témoignages, selon les degrés de la vraisemblance. Comparer une doctrine philosophique avec des doctrines analogues, contemporaines et postérieures, déterminer avec soin ses points de contact et de divergence, rechercher la place qui lui appartient dans tout le système connu d'un philosophe, et la manière dont il a été conduit à cette doctrine (et ici on doit avoir soin de distinguer les motifs intérieurs des causes externes) : telles sont les conditions indispensables pour parvenir à une fidèle et véridique représentation du sens et de la valeur des diverses philosophies.

§ 24.

L'emploi des matériaux ainsi épurés par la critique, demande un soin particulier dans le choix des expressions, surtout des termes techniques, qu'il faut rendre avec clarté sans leur donner pourtant une forme et une physionomie trop étrangères, (par exemple, l'ἕξις, *habitus*, de Chrysippe). Quant au lien de ces matériaux, il sera donné par cet ensemble chronologique et systématique dont nous avons parlé (§ 2), et principalement par leur rapport commun avec la fin de la raison (§ 3). Au surplus, le but particulier d'un tel ouvrage peut déterminer de nombreuses variétés dans la manière de le traiter.

Remarque. On demande si l'exposition doit se borner à raconter, ou si elle doit être accompagnée de jugemens ; comment, et dans quelles limites il convient de porter des jugemens sur les faits de l'histoire de la Philosophie. — Impartialité de l'Histoire.

§ 25.

Dans la composition de ces matériaux en un tout, il faut apporter une forte et constante attention au développement de la raison, et à la marche progressive de la science. C'est aussi d'après ce principe qu'il faut établir les points de repos et les divisions principales et secondaires, lesquelles doivent servir non-seulement à faire mieux parcourir l'ouvrage d'un coup-d'œil, mais encore à donner une vue plus claire de l'ensemble et du rapport des parties.

Remarque. La méthode ethnographique qui a dominé jusqu'à Tiedemann, est utile pour former un recueil complet des matériaux destinés à l'histoire générale ou spéciale de la Philosophie, mais non pas pour composer cette histoire générale elle-même. Cette méthode est essentiellement à sa place dans une histoire bibliographique universelle.

§ 26.

D'après cela, voici les conditions auxquelles il convient de former des époques distinctes : 1° lorsqu'il s'est opéré un progrès sensible dans le développement de la raison ; 2° lorsque des points de vue et des principes nouveaux s'introduisent dans la philosophie elle-même, où dans la manière de concevoir le rapport et l'ensemble de ses parties; 3° lorsque de grands événemens extérieurs ont exercé une puissante et durable influence sur la philosophie (1).

§ 27.

On peut établir trois périodes principales pour l'histoire de la philosophie. Première période : Mouvement libre de la raison vers la connaissance des premiers principes et des lois de la nature et de la liberté, sans une conscience claire d'une méthode qui puisse la conduire vers cette connaissance; philosophie grecque et romaine. — Seconde période : Efforts de la raison vers le même but, mais sous l'influence d'un principe supérieur à elle-même, donné par la révélation; puis mouvement pour s'affranchir de ce joug étranger, suivi d'un nouvel asservissement à une autre forme arbitraire, esprit exclusivement dialectique : philosophie du moyen âge. — Troisième période : Mouvement indépendant vers la recherche des premiers principes, et dans le but d'ordonner toute la connaissance humaine d'après un ensemble plus complet et plus systématique, époque principalement remarquable par la manière dont elle a approfondi, fondé, et délimité la science philosophique : philosophie moderne.

---

(1) Dan. *Boethius* De præcipuis philosophiæ epochis. Lund. 1800, in-4°.

Krug, dans son Histoire de la Philosophie ancienne, page 28, n'admet que deux parties, l'ancienne et la moderne philosophie. Il prend pour point de séparation la décadence de l'état politique, des mœurs, des arts et des sciences pendant les cinq ou six premiers siècles depuis J.-C.

IV. *Importance de cette histoire.*

Fr. Ant. *Zimmermann*, Dissert. sur l'utilité de l'histoire de la philosophie. Heidelb., 1785, in-4° (all.).

Geo. Gus. *Fülleborn*, Quelques résultats généraux de l'histoire de la philosophie, dans son recueil, iv° cahier (all.); et : De quelques avantages qui résultent de l'histoire de la philosophie ancienne, xi° cachier (all.).

H. *Ritter*, Sur les progrès que la philosophie peut devoir à l'histoire de la philosophie; supplément à son ouvrage, Sur l'influence de Descartes. Leips. 1816, in-8° (all.).

§ 28.

Si la philosophie peut prétendre au plus haut intérêt, comme étant la plus élevée de toutes les sciences humaines, son histoire doit par la même raison avoir une grande importance. Quiconque s'intéresse à la philosophie ne doit point rester étranger à son histoire.

§ 29.

L'histoire de la philosophie présente d'ailleurs un mérite qui lui est propre : elle dispose la pensée au libre usage d'elle-même, lui fournit d'utiles résultats sur la méthode scientifique, rend plus sensibles ses faux pas et ses aberrations, avec leurs causes et leurs conséquences, et par là lui offre de précieux secours pour établir les règles d'une bonne investigation, afin d'arriver à de nouvelles vues et d'entrer dans de nouvelles routes; toutes instructions dont la philosophie ne peut se passer, tant qu'on la conçoit comme n'étant pas achevée, mais étant encore en progrès.

§ 30.

L'histoire de la philosophie se rattache à toutes les autres sciences et à leur histoire; particulièrement à l'histoire de la religion et de l'humanité; parce que la raison est la base de tout savoir et qu'elle contient en soi le but dernier de tout développement théorique et pratique de nos facultés.

§ 31.

Comme genre d'étude, elle peut beaucoup contribuer au perfectionnement de l'intelligence, dont elle met en jeu toutes les forces pour la recherche et l'exposition des systèmes. Elle n'agit pas moins puissamment sur les habitudes de l'esprit, car elle enseigne le dégagement des préjugés, la modestie dans les jugemens, la tolérance; elle préserve des admirations exagérées, et tempère l'attachement aux opinions admises sur la foi de l'autorité.

Remarque. D'un autre côté, l'étude de l'histoire de la philosophie n'a-t-elle pas aussi ses inconvéniens? Quels sont-ils? Quand se font-ils remarquer? — L'indécision, les habitudes chancelantes du jugement, l'indifférence à l'égard de la vérité et de la dignité de toute recherche rationnelle ne peuvent naître que d'une étude légère et superficielle où l'on n'envisage que la variété des opinions, sans s'occuper de leurs principes, et où l'on ne saisit que les divergences des doctrines sans remonter aux points de ralliement qui leur sont communs. Ici s'applique ce que Bacon dit de la philosophie.

V. *Diverses formes dont l'histoire de la philosophie est susceptible.*

§ 32.

L'histoire de la philosophie se divise en universelle et particulière, selon l'étendue des objets qu'on se propose d'embrasser. La première est l'exposition par les faits des progrès continus de la philosophie, considérée comme la science en général, dans ses directions principales et ses résultats les plus éminens. Elle s'étend aux principes de toute philosophie, aux systèmes les plus remarquables des philosophes, et aux progrès qu'ils ont fait faire aux diverses branches des sciences philosophiques. La seconde s'occupe des développemens de la raison, en les bornant à certaines limites de temps ou de lieux, ou à certaines directions particulières ou à certaines matières spéciales de la philosophie.

Remarque. Carus, Idées pour l'histoire de la Philosophie, p. 106 (all.), définit l'histoire universelle de la

Philosophie, *l'histoire naturelle de la Raison humaine, de ses directions et de ses produits.* Mais il entend cette définition dans un sens si général, qu'il ne laisse plus subsister de traces des faits historiques, et qu'abstrayant toujours les résultats généraux, il les fait dominer exclusivement dans la science. Cette vue ne répond point à la véritable idée de l'histoire de la Philosophie; elle ne nous a donné que le second chapitre de cette introduction générale.

§ 33.

L'histoire universelle de la philosophie peut être présentée ou sous une forme développée ou en abrégé. La loi d'un bon abrégé est d'offrir une revue de tous les objets essentiels aussi complète qu'il est possible, en observant la clarté et la brièveté. La vérité, l'impartialité, et l'unité de manière y sont des conditions de rigueur comme dans tout autre ouvrage historique.

§ 34.

On peut concevoir plusieurs sortes d'histoires particulières, telles que : 1°. Par rapport à certaines limites de temps et de lieux, histoires de la philosophie pour des époques particulières, savoir, histoire ancienne, moyenne, moderne, susceptibles d'autres subdivisions nombreuses ; histoires de la philosophie de tel ou tel peuple particulier. 2°. Par rapport à certaines directions particulières ou à certains objets spéciaux de la philosophie, histoires de systèmes ou d'écoles prises séparément, des diverses méthodes philosophiques, des langues techniques de la philosophie ; histoires de certaines branches de la philosophie ; histoires de certaines idées, principes et théories philosophiques. Si une histoire particulière qui ne laisse pas d'être toujours très-complexe, est réduite à un objet unique, on a une histoire spéciale, une monographie.

Remarque. Quelques-uns désignent sous ce nom d'histoire *spéciale*, toutes les espèces d'histoires particulières ; d'autres réduisent l'application du mot *spéciales* aux histoires désignées sous le n° 2 de ce paragraphe.

§ 35.

Il existe une étroite correspondance entre l'histoire particulière et l'histoire universelle. La première offre d'abord à la seconde une matière utile et variée ; mais celle-ci développe à son tour les vues générales et les données supérieures qui peuvent servir à l'examen et à l'exposition des matières particulières. Il suit de là que l'une et l'autre ne peuvent se perfectionner que par leur mutuelle assistance.

VI. *Histoire de l'histoire de la philosophie.*

§ 36.

L'histoire de la philosophie n'a point été traitée à part comme une science distincte par les anciens philosophes. Ils n'ont touché les points historiques qu'en exposant leurs propres doctrines, et qu'autant que ces points se trouvaient en rapport avec ce qu'ils enseignaient eux-mêmes. Un recueil de renseignemens historiques relatifs aux développemens de la philosophie, fut le premier pas que l'on fit vers une histoire de la philosophie. Même dans les temps modernes on ne s'occupa d'abord de cette histoire que dans la forme d'une compilation, et l'on prit pour modèle celle de Diogène de Laërte. L'idée dominante alors était celle d'un peuple philosophique primitif (§ 16), et de l'origine de toute philosophie par voie de révélation; dans l'exécution on suivait la méthode ethnographique; (Cf. § 25. Rem.). — Première période : *Bayle* éveilla l'esprit de la critique en ce genre de travaux; *Jac. Thomasius* étendit le cercle des études qu'ils exigent, et *Leibnitz* montra ce que devait être l'histoire de la philosophie. — Seconde période depuis *Brucker* jusqu'à *Kant :* la philologie et la critique rendirent les matériaux plus complets; quelques-unes des imperfections des travaux de l'époque précédente furent corrigées, et la science prit des prétentions plus élevées. *Brucker* publia un ouvrage complet qui, par un laborieux assemblage de documens, par le jugement qui les accompagne, et principalement pour tout ce qui regarde la biographie des philosophes, est encore utile aujourd'hui; mais il lui a manqué l'esprit philosophique. *Gurlitt* et *Tiedemann* travaillèrent dans une meilleure méthode : de grands services furent rendus pour l'histoire spéciale. —Troisième période depuis *Kant* jusqu'à nos jours : on a travaillé avec zèle au perfectionnement de la théorie et de la méthode, et, par les nouvelles questions auxquelles ce travail a donné naissance, on est arrivé à l'examen des sources, à la révision des documens, et à une exposition plus habile de détails mieux constatés, sous l'influence plus ou moins sensible d'un système philosophique (1). La nation allemande est celle qui a le plus fait pour cette histoire, sous le double rapport de la forme et de la matière, mais il reste encore beaucoup à travailler dans ce vaste champ.

VII. *Bibliographie de l'histoire de la philosophie.*

§ 57.

La bibliographie comprend les ouvrages relatifs à l'histoire générale et particulière. Nous renverrons à une place séparée les écrits spéciaux à mesure qu'il en devra être question. Les ouvrages sur l'histoire universelle de la philosophie, se classent sous cinq titres : *a)* traités de bibliographie et de méthode; *b)* recueils ; *c)* mélanges ; *d)* histoires développées ; *e)* esquisses.

---

(1) Revue des principaux services rendus à l'histoire de la philosophie depuis 1780, dans le journal philosophique de *Niethammer*, 1795, VIIIe et IXe cahiers.

a) Traités bibliographiques.

J. *Jonsius*, De scriptoribus hist. Philosophicæ libri IV. Francof., 1659. — Recogniti et ad præsentem ætatem usque perducti, cura J. Chr. *Dorn*. Jen. 1716, in-8°.

J. Andr. *Ortloff*, Manuel bibliographique de l'histoire de la Philosophie. Erlangen, 1798, in-8°, 1re partie (all.).

N. B. Les Traités de méthodes ont été cités aux paragraphes précédens.

b) Recueils.

Jac. *Thomasii* Schediasma historicum, quo varia discutiuntur ad historiam tum philosophicam tum ecclesiasticam pertinentia. Lips. 1665, in-4°. Le même ouvrage sous ce titre : Origines historiæ philos. et ecclesiast., cura Chr. *Thomasii*. Hal. 1699, in-8°.

J. Franc. *Buddei* Analecta historiæ Philosophiæ. Hal. 1706, in-8°; 2e édit. 1724, in-8°.

Acta philosophorum, ou recherches approfondies sur l'histoire de la Philosophie, par Chr. Aug. *Heumann*, XVIII cahiers en 3 vol. in-8°. Hal. 1715-23 (all.).

Jac. *Bruckeri*, Otium Vindelicum, sive meletematum historico-philosophicorum triga. Aug. Vind. 1729, in-8°. Miscellanea historiæ philosophicæ, litterariæ, criticæ, olim sparsim edita, etc. Aug. Vind. 1748, in-8°.

Chr. Ern. de *Windheim*, Fragmenta historiæ philosophicæ, etc. Erl. 1755, in-8°. On y trouve plusieurs dissertations d'autres écrivains.

Mich. *Hissmann*, Magasin pour la philosophie et son histoire, Gœtting. et Leips. 1778-83, 6 vol. in 8° (all.). On y trouve beaucoup de dissertations traduites de l'Académie royale des Inscriptions, etc.

Geo. Gust. *Fülleborn*, Recueil de pièces pour servir à l'histoire de la philosophie. Züllichau, 1791-99, XII° cahier, in-8° (all.).

Guill. Traugott *Krug*, Symbolæ ad histor. Philosophiæ, 1re part. Leips. 1813, in-4.

Jacq. Fred. *Fries*, Pièces pour l'histoire de la Philosophie, 1er cah. Heidelberg (all.).

c) Mélanges contenant des recherches et remarques sur l'histoire de la philosophie.

The true intellectual system of the universe, by Ralph. *Cudworth*, etc. Lond. 1678, in-fol.; 2° édit. 1743, 2 vol. in 4°. Traduct. latine par Mosheim : *Cudworthi* Systema intellectuale hujus universi, seu de veris naturæ rerum originibus commentarii, quibus omnis eorum philosophia qui Deum esse negant, funditus evertitur : accedunt reliqua ejus opuscula. Jen. 1733, in-fol.; 2° édit. Leyd. 1775, 2 vol. in-4.

Huetii Demonstratio evangelica. Par. 1679, in-fol. Plusieurs éditions.

Dictionnaire historique et critique, par P. Bayle. Rotterd. 1697, 2 vol. in-fol. La meilleure édition est la quatrième, revue et augmentée par Desmaizeaux, Amst. et Leid. 1740, 4 vol. in-fol. Nombreuses traductions et extraits.

Ern. *Platner*, Aphorismes philosophiques, avec quelques essais d'introduction à l'histoire de la philosophie. Leips. 1782, 2 vol. in-8°; 2° édit. 1793-1800, in-8° (all.).

d) Histoires développées.

The history of Philosophy by Thom. *Stanley*. Lond. 1655, in-fol. 3° édit. 1701, in-4. Traduction latine avec des corrections par Godefr. Olearius : historia Philos. Lips. 1711, in-4. et Venise 1733, in-4.

Histoire critique de la Philosophie, où l'on traite de son origine, de ses progrès et des diverses révolutions qui lui sont arrivées jusqu'à notre temps, par M. D***. (Andr. Fr. *Boureau Deslandes*). Paris, 1730-1736, 3 vol.; nouv. édit. Amsterd. 3 vol. in-8.

J. Jacq. *Brucker*, Questions sur l'histoire de la philosophie. Ulm., 1731-36, 7 vol. in-12; avec supplément, 1737, in-12. *Du même* : historia critica Philosophiæ a mundi incunabulis, etc. Lips. 1742-44; 5 vol. in-4. Nouv. édition sans changemens, mais augmentée d'un supplément, 1766-67, 6 vol. in-4. Extraite en anglais par Will. *Enfield:* history of Philos. from the earliest times, etc. Lond. 1791, 2 vol. in-4 (all..

Agatopisto Cromaziano (*Appiano Buonafede*), Della istoria e della indole di ogni filosofia. Lucca, 1766-1771, 5 vol. in-8; et Venise, 1782-83, 6 vol. in-8. Pour la continuation de cet ouvrage, voyez sous le § 38, *a*). Histoire de la Philosophie pour les amateurs, par J. Christophe *Adelung*. Leips. 1786-87; 2ᵉ édit. 1809 3, 3 vol. in-8 (all.).

J. Gottlieb *Buhle*, Histoire de la raison philosophique. Lemgo, 1793, in-8, 1 vol. (all.). A la place de cet ouvrage non continué, *Buhle* publia : Traité de l'histoire de la Philosophie et d'une Bibliographie critique de cette science. Goetting. 1796-1804, 8 vol. in-8 (all.). On peut joindre ici le livre cité au § 38 sur la philosophie moderne, lequel est précédé d'une revue des anciens systèmes philosophiques jusqu'au xvᵉ siècle.

Guill. Gottlieb *Tennemann*, Histoire de la Philosophie. Leips. 1798-1819, 11 vol. in-8 (all.).

Degerando, Histoire comparée des systèmes de la philosophie, 1804, 3 vol. in-8; 2° édit. augmentée, 4 vol. in-8, Paris 1822. Traduction allemande par Tennemann, Marburg, 1806-7, 2 vol. in-8.

J. Henr. Mart. *Ernesti*, Manuel encyclopédique d'une histoire générale de la Philosophie et de sa bibliographie. Lemgo. 1807, in-8 (all.).

Fred. Aug. *Carus*, Idées pour servir à l'histoire de la Philosophie. Leips. 1809, 2 vol. in-8 (all.); (dans le 4° vol. de ses œuvres posthumes.)

e) Esquisses.

Nous omettons les esquisses de l'histoire de la Philosophie qui, depuis Buddeus, se trouvent en tête de beaucoup de traités de philosophie; et nous ne désignerons que les abrégés suivants :

Ge. *Hornii* historia philosophica. Lugd. Bat. 1655, in-4°.

Laur. *Reinharti* Compendium hist. philo   Lips. 1724, in-8.

Jo. Gottl. *Heineccii*, Elementa hist. philosophicæ. Berlin, 1743, in-8.

Jac. *Brucker*, Extrait des questions sur l'histoire philosophique. Ulm, 1736, in-12, des nouveaux supplémens, 1737, même sujet sous le titre : Principes élémentaires de l'histoire philosophique. Ulm, 1751, in-8 (all.).

Du même : Institutiones hist. philosophicæ. Lips. 1747, in-8; 2° édit. 1756; 3° édit. par Fred. Gottlob. *Born*. Leips. 1790, in-8.

Ch. Georg. Guill. *Lodimann*, Courte esquisse de l'histoire de la Philosophie. Helmst. 1754, in-8 (all.).

Formey, Abrégé de l'histoire de la Philosophie. Amstd. 1760, in-8.

Fred. Ant. *Büsching*, Esquisse d'une histoire de la Philosophie. Berlin, 1772-74, 2 vol. in-8 (all.).

Christoph. *Meiners*, Esquisse de l'histoire de la Philosophie. Lemgo. 1786, in-8; 2ᵉ édit. 1789 (all.).

Jo. *Gurlitt*, Esquisse de l'histoire de la Philosophie. Leips. 1786, in-8 (all.).

J. Aug. *Eberhard*. Histoire générale de la Philosophie. Halle, 1788; 2ᵉ édit. 1796, in-8 (all.). Extrait de l'histoire générale. Halle, 1794, in-8.

Geo. *Socher*, Esquisse de l'histoire des systèmes philosophiques, depuis les Grecs jusqu'à Kant. Munich, 1802, in-8 (all.).

Fred. *Ast*, Esquisse de l'histoire de la Philosophie. Landshut, 1807, in-8 (all.).

Ch. Aug. *Schaller*, Manuel de l'histoire des vérités philosophiques, etc., 2ᵉ partie du Magasin pour les exercices de l'intelligence. Halle, 1809, in-8 (all.).

Phil. Louis *Snell*, Courte esquisse de l'histoire de la Philosophie, 1ʳᵉ partie : histoire de la Philosophie ancienne. Giessen, 1813, in-8; 2ᵉ partie : histoire de la Philosophie du moyen âge; ibid. 1819, in-8 (all.).

Gaetan *Weiller*, Esquisse de l'histoire de la Philosophie, Munich, 1813, in-8 (all.).

Jos. *Hillebrand*, Histoire de la Philosophie, 2ᵉ partie de son introduction à la philosophie. Heidelberg, 1819, in-8 (all.).

§ 38.

Ouvrages sur l'histoire particulière de la philosophie, classés d'après les distinctions données au § 34.

1. Histoires d'époques particulières.

Guill. Traugott *Krug*, Histoire de la Philosophie de l'antiquité principalement chez les Grecs et les Romains. Leips. 1815, in-8 (all.).

Christoph. *Meiners*, Mémoires sur l'histoire des opinions répandues pendant les premiers siècles après la naissance de J.-C. Leips. 1782, in-8 (all.).

Agatopisto Cromaziano (*Appiano Buonafede*), Della ristaurazione di ogni Filosofia nei secoli xv, xvi, xvii; livre qu'on peut considérer comme la suite de l'ouvrage du même auteur mentionné au § précédent. Venise, 1789, 3 vol. in-8. Traduction allemande avec des rectifications et des additions, par Ch. *Heidenreich*. Lips. 1791, 2 vol. in-8.

J. Gottlieb *Buhle*, Histoire de la Philosophie moderne, depuis le rétablissement des sciences. Goetting. 1800-05, 6 vol. in-8. Cf. § 37 d) (all.).

A. *Kayssler*, Mémoires pour servir à l'histoire critique de la Philosophie moderne. Halle, 1804, grand in-8° (all.).

Ch. Fred. *Bachmann*, Sur la philosophie de mon temps. Jena, 1816, in-8 (all.).

Histoire de la philosophie de peuples particuliers. (Pour les écrits sur la philosophie des plus anciens peuples, voyez ci-dessous § 68 et suiv.)

Ciceronis Historia Philosophiæ antiquæ; ex omnibus illius scriptis collegit, etc. *Frid. Gedike*. Berlin, 1782; 2ᵉ édit. 1801, in-8.

Fr. Vict. Lebrecht *Plessing*, Recherches historiques et philosophiques sur les opinions, la théologie et la philosophie des plus anciens peuples et particulièrement des Grecs jusqu'au temps d'Aristote. Elbing, 1785, 1re part. in-8 (all.).

Du même, Memnonium ou recherches pour dévoiler les secrets de l'antiquité. Leips. 1787, 2 vol. in-8 (all.).

Du même, Recherches pour éclaircir la philosophie de la plus haute antiquité. Leips. 1788, 2 vol. in-8 (all.).

Berchètti, Filosofia degli antichi popoli. Perugia, 1812, in-8.

Christoph. *Meiners*, Histoire de l'origine, des progrès et de la décadence des sciences en Grèce et à Rome. Lemgo, 1781-82, 2 vol. in-8 (all.). Non achevé.

The philosophy of ancient Greece investigated by Wt. *Anderson*. Lond. 1791, in-4.

Fr. *de Salignac de la Mothe Fénelon*, Abrégé des vies des anciens philosophes, etc. Paris 1795, in-8, 1796, in-12.

Deffendente Sacchi, Storia della Filosofia greca. Pavia, 1818-20, 4 vol. in-8. (Jusqu'au temps des sophistes).

Geo. Fred. Dan. *Goess*, La science de l'éducation d'après les principes des Grecs et des Romains. Anspach, 1801, 1re partie, in-8 (all.).

J. Laur. *Blessig*, Dissert. de origine philosophiæ apud Romanos. Strasb. 1770, in-4.

Paganinus Gaudentius, De philosophiæ apud Romanos origine et progressu. Pisa, 1643, in-4. Réimpr. dans le recueil : Nova rariorum scriptorum collectio. Fasc. II, III. Halæ, 1717.

II. Histoire des diverses méthodes, systèmes et écoles philosophiques.

J. Gerh. *Vossii* De philosophiæ et philosophorum sectis lib. II. Hag. Com. 1658, in-4; contin. atque supplementa adjecit. Jo. Jac. *a Ryssel.* Lips. 1690, in-4, et Jenæ, 1705, in-4.

Ch. Fred. *Stæudlin*, Histoire et esprit du Scepticisme, principalement sous le rapport de la morale et de la religion. Leips. 1794-95, 2 vol. in-8 (all.).

Imman. Zeender, De notione et generibus scepticismi et hodierna præsertim ejus ratione. Bern. 1795, in-8.

Pour les écrits relatifs aux écoles particulières de philosophie, voyez aux endroits où il est parlé de ces écoles.

Histoire des sciences philosophiques particulières.

B. T. *(Bas. Terzi.)* Storia critica delle opinioni filosofiche, etc. intorno all' anima. Padova, 1776-78, in-8.

Fr. Aug. *Carus*, Histoire de la Philosophie. Leips. 1808. 3° vol. de ses œuvres posthumes (all.).

* . * *

Jo. Alb. *Fabricii* Specimen elenchticum historiæ logicæ. Hamb. 1799, in-4.

Joh. Ge. *Walch*, Historia logicæ, dans ses Parerga academica, p. 453, sq. Leips. 1721, in-8.

Joach. Geo. *Daries.* Meditationes in Logicas veterum. Appendix à sa Via ad veritatem. Jena, 1755, in-8.

Fülleborn, Courte histoire de la Logique chez les Grecs; dans son recueil, IV° cahier, n° 4 (all.).

* * *

J. Gottlieb *Buhle*, De veterum philosophorum græcorum ante Aristotelem conaminibus in arte logica invenienda et perficienda. Dans les Commentatt. soc. Goetting. tome x.

W. L. G. *von Eberstein*, Essai d'une histoire de la logique et de la métaphysique chez les Allemands depuis Leibnitz jusqu'à nos jours. Halle, 1794-99, 2 vol. in-8 (all.)

* * *

Jac. *Thomasii* Hist. variæ fortunæ, quam disciplina metaphysica jam sub Aristotele, jam sub scholasticis, jam sub recentioribus experta est; en tête de ses Erotemata metaphysica. Lips. 1705, in-8.

Sam. Fred. *Buchner*, Historia metaphysices. Wittemb. 1723, in-8.

Lud. et *Wachlin*, Diss. de progressu philos. theoreticæ, sec. XVIII, 1796, in-4.

B. T. (*Bazil. Terzi*), Storia critica delle opinioni filosofiche, etc.; intorno alla cosmologia. Pad. 1788, in-8, t. 1.

Dietrich *Tiedemann*, Esprit de la Philosophie spéculative. Marburg, 1791-97, avec la table, 7 vol. in-8 (all.), jusqu'à Berkeley.

Résultat des recherches philosophiques sur la nature de la connaissance humaine, depuis Platon jusqu'à Kant, par Th. Aug. *Suabedissen*. Ouvrage couronné. Marburg, 1808, in-8 (all.).

Ouvrages couronnés sur la question: Quels progrès la métaphysique a-t-elle faits en Allemagne depuis le temps de Leibnitz et de Wolf; par J. Christoph. *Schwab*, Ch. Leonh. *Reinhold*, J. H. *Abicht*. Berlin, 1798, in-8 (all.).

Fréd. *Ancillon*, Mélanges de littérature et de philosophie, 2 vol. Paris, 1809, in-8.

* * *

De Burigny, Histoire de la Philosophie payenne, ou

sentimens des philosophes et des peuples payens, etc., sur Dieu, sur l'âme et sur les devoirs de l'homme. La Haye, 1723, 2 vol. in-12. Même ouvrage sous ce titre : La Théologie payenne, etc. Paris, 1753, 2 vol. in-12.

J. Achates Fel. *Bielke*, Histoire de la Théologie naturelle. Leips. et Halle, 1742, in-8 (all.). Nouvelle histoire de la Théologie naturelle, 1re part. 1749; 2e part. 1752, in-4 (all.).

Mich. Fr. *Leistikow*, Mémoire pour servir à l'histoire de la Théologie naturelle. Jena, 1750, in-4 (all.).

J. Ge. Alb. *Kipping*, Essai d'une histoire philosophique de la Théologie naturelle. Brunswich, 1761, 1re partie in-8 (all.).

Chr. Fr. *Potz*, Histoire de la Théologie naturelle; dans sa Théologie naturelle. Jena, 1777, in-4 (all.).

Ph. Christ. *Reinhard*, Esquisse d'une histoire de l'origine et des développemens des idées religieuses. Jena, 1794, in-8 (all.).

Emman. *Berger*, Histoire de la Philosophie religieuse. Berlin, 1800, in-8 (all.).

* * *

Chr. Godefr. *Ewerbeck*, Super doctrinæ de moribus historia, ejus fontibus, conscribendi ratione et utilitate. Halle, 1787, in-8.

Ge. Sam. *Francke*, Réponse à la question proposée par la société des sciences de Copenhague : Quinam sunt notabiliores gradus per quos philosophia practica, ex quo tempore systematice pertractari cœpit, in eum quem hodie obtinet statum pervenerit. Altona, 1801, in-8 (all.).

Nic. Hieron. *Gundling*, Historia philos. moralis, part 1. Hal. 1706, in-4.

Gottlieb *Stolle*, Histoire de la Morale payenne. Jena, 1714, in-4 (all.).

J. *Barbeyrac.* La préface de sa traduction française du *Jus Naturæ* de Puffendorf, Bâle, 1732, in-4, contient une histoire de la Morale et du droit naturel.

J. *England,* Inquiry into the moral of ancient. Lond. 1735, in-8.

Christoph. *Meiners,* Histoire générale critique de la Morale chez les anciens et les modernes. Goetting. 1800-1; 2ᵉ part. in-8 (all.).

Ch. Fred. *Stæudlin,* Histoire de la philosophie morale. Hanover, 1818, in-8 (all.).

J. Christ. Fr. *Meister,* Sur les raisons des graves dissentimens qui existent entre les philosophes, par rapport aux principes fondamentaux de la philosophie morale, quoiqu'ils se réunissent sur les points de détail de cette philosophie, 1812, in-4 (all.).

Jac. Fr. *Ludovici* Delineatio historiæ juris divini naturalis et positivi universalis. Halle, 1701; 2ᵉ édit. 1714, in-8.

Chr. *Thomasii* Paulo plenior historia juris naturalis. Züllichau, Halle, 1719, in-4.

Adr. Fr. *Glafey,* Histoire complète du droit de la Raison; édit. corrigée. Leips. 1739, in-4 (all.).

J. Jacq. *Schmauss,* Histoire du droit naturel; dans le 1ᵉʳ livre de son nouveau système. Goetting., 1753, in-8 (all.).

Essai sur l'histoire du droit naturel. Lond. 1757, in-8.

G. Christ. *Gebauer,* Nova juris naturalis historia quam auxit Ericus Christ. *Cleveshal.* Wetzlar, 1774, in-8.

G. *Henrici,* Idées pour servir à établir la doctrine du droit sur une base scientifique. Hanovre, 1809-10; 2ᵉ part. in-8 (all.). L'histoire est dans la 1ʳᵉ partie.

c) Histoire d'idées, de principes, de doctrines particulières.

Christoph. Godefr. *Bardili*, Epoques des principales idées philosophiques; 1re partie. Halle, 1788, in-8.

Chr. Fr. *Polz*, Fasciculus commentationum metaphysicarum quæ continent historiam, dogmata atque controversias dijudicatas de primis principiis. Jena, 1757, in-4.

Ch. *Batteux*, Histoire des causes premières. Paris, 1769, 2 vol. in-8.

Historia philosophica doctrinæ de ideis; par J. Jacq. *Brucker*. Augsb. 1723, in-8; Cf. Miscell. hist. phil., p. 50, sqq.

Guil. Gotthilf *Salzmann*, Commentatio in qua historia doctrinæ de fontibus et ortu cognitionis humanæ ita conscripta est, ut illorum potissimum ratio habita sit quæ Plato, Aristoteles, Cartesius, Lockius, Leibnitius et Kantius de his fontibus probare studuerunt. Goetting. 1821, in-4.

* * *

Christoph. *Meiners*, Historia doctrinæ de vero Deo. Lemgo, 1780, in-8.

G. Frid. *Creuzer*, Philosophorum veterum loci de providentia divina, itemque de fato, emendantur, explicantur. Heidelb. 1816, in-4.

* * *

Jenkin *Thomasii* Hist. atheismi breviter delineata. Bas. 1789; Alt. 1713. Ed. auct. Lond. 1716, in-8.

Jac. Fr. *Buddei* Theses de Atheismo et superstitione. Jena, 1717, in-8.

Jac. Frid. *Reimanni* Historia universalis atheismi. Hildes, 1725, in-8.

J. Gottlieb *Buhle*, De ortu et progressu pantheismi inde a Xenophane Colophonio primo ejus auctore usque ad

Spinozam, commentt. soc. reg. Gotting; vol. x, p. 157.

Hugo *Grotius*, Philosophorum sententiæ de fato et de eo quod in nostra est potestate. Amst. 1648, in-12.

* * *

J. Ch. Günther *Werdermann*, Essai d'une histoire des opinions sur la destinée et la liberté humaine, depuis les temps les plus anciens jusqu'aux philosophes les plus récens. Leips. 1793, in-8 (all.).

Jos. *Priestley*, History of the philosophical doctrine concerning the origine of the soul, and the nature of matter, dans ses Disquisitions relating to matter and spirit. London, 1777, in-8.

* * *

Joach. *Oporini* Historia critica de immortalitate mortalium. Hamb, 1735, in-8.

Adam. W. *Franzen*, Histoire critique de la doctrine de l'Immortalité de l'âme dans les temps antérieurs à J.-C. Lubeck, 1747, in 8 (all.).

J. Frid. *Cottæ* Historia succincta dogmatis de vita eterna. Tüb., 1770, in-4.

Chr. Guill. *Flugge*, Histoire de la croyance à l'immortalité, la résurrection, etc., Leips. 1794-95, 2 parties, in-8 (all.).

Essai d'un examen historique et critique des doctrines et opinions des principaux philosophes modernes sur l'immortalité de l'âme humaine. Altona, 1796, in-8 (all.).

Dan. *Wyttenbach*, de questione, quæ fuerit veterum philosophorum sententia de vita et statu animarum post mortem corporis, 1783.

Struve, Hist. doctrinæ græcorum ac romanorum philosophorum de statu animarum post mortem. Altona, 1803.

Ch. Phil. *Conz*, Destinées diverses de l'hypothèse de la condition errante des âmes. Kœnigsb., 1791, in-8 (all.).

* * *

Stellini, De ortu et progressu morum atque opinionum ad mores pertinentium specimen, dans ses Dissertat. Padova, 1764, in-4.

Christ. *Garve*, Traité sur les divers principes de la philosophie morale depuis Aristote jusqu'à nos jours. Breslau, 1798, in-8 (all.). Et comme continuation de cet ouvrage : Considérations spéciales sur les principes les plus généraux de la philosophie morale. Ibid. 1798, in-8 (all.).

Geo. *Drewes*, Résultats de la raison philosophique sur la nature de la moralité. Leips. 1797, 2 parties, in-8 (all.).

Ch. Christ. Ehrh. *Schmid*, Histoire de la doctrine de l'indifférence, dans son ouvrage intitulé : *Adiaphora*. Jena, 1809, in-8 (all.).

* * *

Gottlieb *Hufeland*, Essai sur le principe du droit naturel. Leips. 1785, in-8 (all.).

J. Chr. Fr. *Meister*, Du serment, d'après les idées de la raison pure, ouvrage couronné. Leipzig et Züllichau, 1810. in-4 (all.). Autre ouvrage couronné du même auteur sur les diversités d'opinion parmi les philosophes à l'égard des principes fondamentaux de la morale et du droit naturel. Ibid., 1812, in-4 (all.).

* * *

Mich. *Hissmann*. Histoire de la doctrine de l'association des idées. Gœtting., 1776, in-8 (all.).

Même sujet plus développé : J. Geo. Ehrenfr. *Maas*, Essai sur l'imagination. 2° édit. Halle, 1795, in-8 (all.). Et dans son ouvrage précédent : Paralipomena ad historiam doctrinæ de associatione idearum. Hal. 1787, in-8.

Pour le reste, voyez les traités des diverses sciences philosophiques spéciales.

CHAPITRE SECOND.

Quelques observations préliminaires sur la marche de la raison philosophique.

§ 39.

L'esprit humain est le théâtre des actes et des changemens dont se compose la vie intérieure, et ces phénomènes sont soumis aux lois de l'esprit humain. D'abord, c'est du dehors que lui viennent ses impulsions; ensuite il obéit, dans sa marche et dans ses travaux, à un instinct aveugle, jusqu'à ce qu'enfin il arrive à la conscience de lui-même, et devienne capable de se développer avec liberté et réflexion. La philosophie (*cf.* § 2) est l'œuvre de la raison appliquée au besoin de connaître, et cette raison est unie aux autres facultés de l'esprit humain par le rapport le plus intime.

§ 40.

Connaître c'est se représenter un objet déterminé, ou avoir conscience d'une représentation et de son rapport à quelque chose de déterminé, et distinct de la représentation elle-même. Toute connaissance a deux termes, le sujet et l'objet, ce qui peut être aperçu immédiatement, et ce à quoi se rapporte l'apperception. La sensation et la pensée font aussi partie de la connaissance; dans la sensation, nous nous représentons l'objet tel qu'il nous est donné par la sensibilité; dans la pensée, cet objet se complique de notions et de jugemens, et cette complexité se rattache à une unité supérieure par le moyen d'idées et de principes.

§ 41.

La faculté de penser se produit comme entendement et comme raison. En vertu de l'entendement nous voulons savoir et nous cherchons les raisons, les causes, les conditions de nos conceptions, de nos sensations, de nos volontés ou désirs, et des objets qui s'y rapportent. En vertu de la raison nous nous occupons des raisons, des causes et des conditions premières; cette faculté tend à rattacher toute connaissance à son principe le plus élevé et qui ne dépend de nul autre principe. Par l'entendement nous nous proposons des règles pour la conduite de notre volonté; par la raison nous soumettons toutes ces règles à une règle suprême, qui prescrit à l'acte libre sa forme absolue et son but le plus élevé. Enfin, c'est la pensée qui établit l'unité, la liaison, l'ensemble dans toutes nos connaissances, soit spéculatives, soit pratiques.

Remarque. Les philosophes sont très-partagés sur l'idée de la raison et de ses rapports avec l'entendement. Selon les uns ce n'est qu'une faculté purement formelle; selon d'autres c'est un moyen de connaissance à la fois matérielle et formelle, spéculative et pratique. Voyez le programme de *Bachmann*, sur les confusions de mots et d'idées parmi les philosophes allemands relativement à l'entendement et à la raison. Jena, 1814, in-4 (all.) ; et plusieurs écrits à l'occasion du débat entre Jacobi et Schelling.

§ 42.

Par la réflexion et l'abstraction nous distinguons dans nos connaissances, perceptions et désirs, quelque chose d'essentiel qui nous appartient, d'avec la matière à laquelle ils se rapportent; or, ce n'est que pour ce qui concerne la partie propre au sujet pensant que l'on peut espérer une réponse satisfaisante à toutes les questions que la raison soumet à la philosophie. En effet, la partie objective est purement contingente, variable, indéterminable, tandis que la philosophie est essentiellement positive, et s'occupe des principes supérieurs de la connaissance, des raisons des choses, de leurs lois, de leurs fins universelles et nécessaires; telles qu'elles sont déterminées d'après la constitution fondamentale de l'esprit humain.

§ 43.

Toute connaissance est quelque chose de subjectif contenu dans la conscience, et, comme telle, elle a sa réalité subjective; la conviction qui lui attribue aussi une réalité objective, a pour fondement, outre les notions que nous acquérons par l'expérience, la conception immédiate de quelque chose à quoi se rapporte la connaissance, conception attachée à toute sensation. Et comme cette conception repose sur la constitution de l'esprit humain, son universalité et sa nécessité emportent la certitude de sa réalité, non-seulement subjective mais encore objective. Nous sommes obligés, en notre qualité d'êtres raisonnables, de tenir pour objectifs et pour vrais les principes universels liés aux faits positifs de notre conscience.

§ 44.

La philosophie, comme science, aspire à une connaissance systématique des conditions, raisons et lois premières de toute connaissance. Un tel système doit présenter un développement complet des lois premières de l'esprit humain, et une déduction complète de tout ce qui résulte de ces lois, sans lacune ni omission. Hors de là, jamais on ne pourrait établir une théorie de la connaissance humaine qui fût entière, solide, et bien liée dans toutes ses parties.

§ 45.

Toute connaissance doit être prouvée et rapportée à

un ensemble solide, par la philosophie. En effet, toutes vérités exigent une preuve, c'est-à-dire une déduction de principes supérieurs, excepté les plus hautes vérités, lesquelles ne peuvent être démontrées par voie de preuve, mais seulement (selon Fries) par la décomposition de la faculté de connaître, comme étant la preuve première et immédiate, en rapport évident avec ces vérités élémentaires. La philosophie comme science se fonde donc sur quelque chose d'immédiatement vrai ou certain, et sur l'unité et l'harmonie parfaite des conséquences dans leur rapport avec ce qui est certain en soi (1). Il appartient à la raison d'être la source la plus élevée de toute certitude, et de contenir un système de principes et de conséquences, qui soit vrai par lui-même et par l'harmonie qui lui est propre.

§ 46.

Mais avant que la raison parvienne à se connaître ainsi elle-même, il faut qu'elle passe, dans son développement et dans l'étude qu'elle fait de sa propre nature, par beaucoup de degrés intermédiaires; et dans ce passage, comme elle ne connaît pas encore le principe le plus élevé, et qu'elle ne le cherche point

---

(1) Quelques philosophes (Spinosa, Wolf) ont méconnu ces vérités; d'autres ont été partagés sur la question de savoir ce que c'est que la vérité et la certitude immédiate.

du côté par où seulement on peut le trouver, il arrive qu'elle prend pour ce principe quelque chose d'inférieur et de subordonné, qu'elle cherche la certitude hors de la raison, qu'elle fait plus d'un faux pas dans la démonstration de la connaissance philosophique, qu'elle prétend scruter ce qui est hors de sa portée, et qu'ainsi elle se trouve en désaccord avec elle-même.

§ 47.

Le développement de la raison (§ 46 et § 4) présuppose celui des autres facultés de l'esprit (§ 49). Sans doute, dès ce premier développement des facultés, la raison commence à poindre; mais pour que son action soit complète, et accompagnée de conscience et de liberté, il est nécessaire que les autres puissances de notre esprit se soient déjà mises en mouvement; et ce n'est qu'à la fin, que la raison détermine elle-même sa sphère, sa direction, et sa constitution propre.

§ 48.

Ce dernier développement, qui, en petit comme en grand, a lieu d'après une marche semblable, présuppose un principe d'activité, et en outre certaines causes particulières. L'homme a une disposition naturelle à exercer sa raison : en même temps cette disposition est sous l'influence de diverses causes internes qui lui font subir une infinité de modifications et de degrés, lesquels, par une extrémité, vont jusqu'aux dernières limites de l'activité, et de l'autre aboutissent à l'inaction.

§ 49.

Cette activité rationnelle qui a conscience d'elle-même et que nous appelons la philosophie (§ 2), présuppose à son tour, considérée comme exercice de la pensée, l'attention, la réflexion et l'abstraction. Ce sont là encore des facultés qui se produisent à divers degrés et qui dépendent de la diversité des forces intellectuelles.

§ 50.

Les diverses causes qui influent (§ 48) sur le développement de la raison, sont : l'organisation de l'esprit humain, certains besoins, des doutes, des sentimens, des aperçus de l'esprit, des connaissances acquises, des efforts de curiosité, l'émulation qui naît de la concurrence et de la variété des esprits engagés dans une même carrière, l'influence du génie, l'exemple, l'exhortation, la libre communication des pensées.

§ 51.

Avant de rechercher les principes, les lois, les fins des phénomènes, l'esprit humain les soupçonne ou les rêve en quelque sorte, et ce rêve s'opère selon les lois de l'imagination, c'est-à-dire par des assimilations et des personnifications. C'est ainsi que l'homme naturel conçoit toutes choses comme vivantes et semblables à lui; il existe pour lui, ou plutôt il apparaît vaguement à sa pensée un monde d'esprits, d'abord sans lois, ensuite sous l'empire d'une loi étrangère et extérieure (la fatalité). Il conçoit l'unité et l'harmonie, d'abord moins dans le monde intérieur que dans le monde extérieur, moins dans le tout que dans les parties, moins par la réflexion rigoureuse que par une création poétique par laquelle son imagination objective et réalise en dehors ce que sa raison a soupçonné; enfin, d'une manière de voir toute arbitraire, il s'élève à la conception d'un ordre régulier.

§ 52.

Le développement de la raison commence par le sentiment religieux. Plus l'homme par la réflexion étend et élargit le domaine de sa conscience, plus il s'élève, à l'égard de l'objet qu'il révère, de la sensation à la conception, et des conceptions de l'entendement à celles de la raison même. L'esprit humain cherche le principe de sa croyance religieuse, d'abord dans l'extérieur, dans l'objet; et plus tard, il le cherche davantage dans l'intérieur, dans le sujet rationnel.

§ 53.

C'est ainsi que l'homme passe, d'un état de conscience obscur et enveloppé, à une connaissance claire, de la poésie à la pensée, de la foi à la science, de l'individuel à l'universel; ainsi, guidé par un sentiment confus de la vérité, de l'ensemble, de l'harmonie et de la proportion, il va cherchant quelque chose de certain et de nécessaire à quoi toutes les croyances auxquelles il s'intéresse doivent se rattacher, et qui lui serve à s'en rendre raison. Il fait de la philosophie d'abord pour son propre compte, ensuite plus en grand, pour le compte de la raison même. Dans l'ordre naturel de ses progrès, la philosophie saisit d'abord les objets compliqués qui lui sont offerts du dehors, et qui sont de nature à exciter vivement l'attention; ensuite elle passe par degrés aux objets plus difficiles à saisir, plus cachés, plus internes et plus simples.

Remarque. Cette marche peut s'observer plus ou moins et avec des modifications diverses, chez tous les peuples. Il y a pourtant cette différence, qu'un petit nombre seulement ont élevé la philosophie de l'esprit humain au rang d'une science formelle. — D'où provient cette différence ?

§ 54.

La philosophie, lorsqu'elle prend un caractère scientifique, tend par la recherche des raisons, des lois et des fins dernières des choses, à constituer la connaissance humaine en un système entier, indépendant et solidement établi (§ 2 et 44). Telle est la tâche de la raison philosophique; mais il faut en outre distinguer dans la direction, la méthode et le résultat de ses travaux, des différences que nous allons observer.

§ 55.

Quant à la direction, la philosophie vient, soit

d'un motif de curiosité isolé et partiel, borné à un seul point de vue, soit d'un intérêt scientifique plus large, à la fois spéculatif et pratique. Quant à la méthode, la philosophie procède soit en général des principes aux conséquences (ordre synthétique), soit des conséquences aux principes (ordre analytique); et spécialement, pour ce qui regarde le point de départ réel de ses recherches, elle procède soit d'un examen complet et approfondi de la faculté de connaître à la connaissance des objets, soit de la connaissance présupposée des objets à la théorie de la connaissance. Cette dernière manière de procéder s'appelle, depuis Kant, la méthode dogmatique, ou le dogmatisme; l'autre, la méthode critique.

§ 56.

La philosophie non-critique s'efforce, soit en vertu d'une confiance aveugle dans la raison, d'établir (*thetice vel antithetice*) et de faire prévaloir certains points de doctrine, ou dogmes; soit en vertu d'une défiance aveugle envers la raison, de détruire les opinions dogmatiques adoptées par d'autres, et, sans rien substituer à ce qu'elle détruit, de consacrer l'incertitude et le doute comme ce qu'il y a de plus rationnel. La première de ces deux écoles donne le dogmatisme positif, la seconde le scepticisme ou dogmatisme négatif.

Remarque. Le dogmatique suit une idée vraie de la raison, mais par un chemin faux. Le sceptique combat la croyance du dogmatique et cherche à établir une ignorance méthodique au moyen de laquelle il détruit toute idée de la raison. Ainsi il y a du vrai et du faux dans l'une et l'autre doctrine également. Voyez Christ. *Weiss*, De scepticismi causis atque natura. Lips. 1801, in-4, et les écrits indiqués ci-dessus § 38 II.

§ 57.

Le dogmatisme prétend, ou que la raison humaine est en soi capable d'arriver à la connaissance des lois et de l'essence des choses, ou qu'elle n'y peut parvenir sans le secours d'un enseignement et d'une protection supérieure. La première de ces doctrines est le naturalisme ou le rationalisme dans son sens le plus étendu ; l'autre est le supernaturalisme.

§ 58.

Le rationalisme dans le sens le plus étendu, part tantôt d'une connaissance, tantôt (comme celui de *Jacobi*) d'une croyance, et démontre soit par la réalité des choses la véracité des perceptions et de la connaissance humaine, soit au contraire par cette véracité la réalité des choses. Dans le premier cas, on a le réalisme, lequel prend pour principe la réalité des choses ; dans le second cas, l'idéalisme qui se fonde sur la véracité de nos apperceptions. Plusieurs systèmes philosophiques prétendent au contraire qu'il y a unité primitive entre la connaissance et l'être, et ils reconnaissent ou présupposent cette unité, soit dans un sens plus spéculatif, comme dans le système de l'identité absolue, soit à titre de fait psychologique, comme dans le synthétisme critique, et d'autres théories fondées sur la dualité.

§ 59.

Le dogmatisme relativement au moyen de la connaissance, est ou sensualisme, ou rationalisme dans un sens plus étroit, ou composé de l'un et de l'autre. Quant à l'origine de la connaissance, le dogmatisme devient ou l'empirisme ou le noologisme, ou leur composé. Enfin, quant au nombre des principes fondamentaux, il devient le dualisme ou l'unitarisme, et à cette dernière forme appartiennent le matérialisme et le spiritualisme, ainsi que le système de l'identité absolue.

§ 60.

Le supernaturalisme admet que Dieu est non-seulement le principe actif de tout ce qui est, mais encore le principe de toute vérité par la révélation, et il établit ainsi une source surnaturelle de connaissance, à laquelle on ne peut arriver par les procédés de la science. Les variétés de ce système se déterminent d'après la manière de considérer la révélation relativement au sujet ou à l'objet, comme universelle ou particulière, et comme supérieure, subordonnée ou coordonnée à la raison.

Remarque. Le supernaturalisme a cela de commun avec le scepticisme qu'il insiste beaucoup sur les fausses prétentions et la faiblesse de la raison. Mais en ayant recours à un moyen surnaturel, il retombe tout aussitôt dans un dogmatisme d'un autre ordre.

§ 61.

Le scepticisme est l'opposé du dogmatisme, en ce qu'il cherche à affaiblir la confiance de la raison dans le succès de ses efforts. Il s'appuie ou sur les erreurs qu'il reproche au dogmatisme souvent avec justice, ou sur des propositions formelles, dogmatiques, qui lui sont propres, relativement au but et au principe de la connaissance. Il est par conséquent l'antagoniste constant du dogmatisme ; mais en contestant à la connaissance les prétentions qu'elle s'arroge, il va jusqu'à la nier et la détruire toute entière. Au reste, il est tantôt universel, tantôt particulier ; et il a été le précurseur de la méthode critique par laquelle on peut arriver à la vraie science de la raison.

§ 62.

Le résultat du travail philosophique est un système de philosophie, c'est-à-dire un ensemble de connaissances philosophiques, d'après des principes positifs, et il ne peut y avoir qu'un seul vrai système, qui est cet idéal de la science dont la raison ne cesse d'éprouver le besoin (§ 2). Mais les diverses tentatives de la raison individuelle pour y parvenir donnent naissance à beaucoup de systèmes, qui, selon le degré de développement de la raison, la connaissance plus ou moins avancée des principes et des véritables fins de la philosophie, selon le cercle plus ou moins étendu des connaissances qu'on y rattache, selon la puissance et la rigueur plus ou moins grande du raisonnement, et l'état de la langue, se rapprochent plus ou moins de cet idéal accompli, et diffèrent entre eux quant à la forme et à la matière (cf. § 3).

Remarque. Jusqu'au moment où l'on aura fait un examen plus complet de la raison, et une critique plus étendue de la faculté de connaître, il est inévitable que les systèmes philosophiques contiennent de l'universel et de l'individuel, du vrai et du faux, du déterminé et de l'indéterminé, de l'objectif et du subjectif, en un mélange indéfini. En se répandant ou en se transplantant il leur arrive d'éprouver des modifications dans la mesure selon laquelle ils participent à ces divers éléments qui partout où ils passent sont augmentés, combinés, séparés de mille manières; (par exemple les idées innées de Platon, l'empirisme d'Aristote.)

§ 63.

Les systèmes sont en opposition entre eux, et avec le scepticisme; de là naît une guerre que l'on voit soutenue avec plus ou moins d'ardeur, nourrie ou rallumée par le zèle de la vérité, trop souvent aussi par des intérêts et des passions, jusqu'à ce qu'enfin ou l'indifférence, ou bien un changement dans les vues et dans la direction de la raison, ou les attaques d'une logique et d'une critique puissantes, viennent y mettre un terme, et fassent rentrer une manière de voir plus étroite dans une autre plus étendue.

§ 64.

Plus d'un système est revenu sur la scène sous des formes différentes, et certains débats philosophiques se sont souvent renouvelés. Ces retours apparens ne prouvent pas néanmoins que la raison se soit arrêtée dans sa marche : la présence d'idées anciennes rend ses pas vers de nouvelles idées plus lents mais plus sûrs, et satisfait au besoin qui lui est propre d'étendre son horizon de plus en plus. Par-là l'analyse devient plus délicate et plus savante, les combinaisons plus riches, le travail vers l'unité, la conséquence et la perfection, plus intime et plus profond ; par-là l'idée et les conditions de la science s'éclaircissent, sont mieux conçues, mieux appréciées ; les erreurs et les hypothèses sans fondement plus soigneusement évitées.

§ 65.

Mais parmi ces retours et ces momens de relâche apparens, le progrès n'est possible qu'à la condition d'un zèle toujours soutenu pour la science philosophique. Cette science veut être entretenue et ranimée sans cesse par le doute et les discussions, par les luttes du dogmatisme et du scepticisme, enfin par le goût et l'étude des anciens systèmes et des nouvelles idées.

INTRODUCTION PARTICULIÈRE.

Revue rapide des opinions religieuses et philosophiques des peuples orientaux, et des premières époques de la civilisation grecque.

Ici se rapportent les ouvrages sur les religions et la sagesse de l'Orient en général, dont quelques-uns, par exemple ceux de *Plessing*, sont désignés ci-dessus § 38; voyez en outre les traités mythologiques, tels que :

Fred. *Creuzer*, Symbolique et mythologie des anciens peuples, etc., 4 vol. Leips. et Darmstadt, 1810, in-12 (all.), 2ᵉ éd. 1820, et années suiv. 5 vol. in-8.

J. *Gœrres*, Histoire des mythes du monde asiatique, 2 vol. Heidelberg, 1810, in-8 (all.).

J. J. *Wagner*, Idées pour servir à une mythologie universelle de l'ancien monde. Francfort (Mein), 1808, in-8 (all.).

J. G. *Rhode*, Sur l'âge et le mérite de quelques monumens de l'antiquité orientale. Berlin, 1817, in-18 (all.). Et Mémoires pour servir à la science de l'antiquité. 1ᵉʳ cahier. Berlin, 1819; 2ᵉ cahier, 1820, in-8 (all.). Particulièrement une dissertation dans le 1ᵉʳ cahier sur les plus anciens systèmes religieux de l'Orient.

§ 66.

L'instruction fut en partie transmise par les peuples.

de l'Asie à la nation grecque, et celle-ci avait déjà parcouru plusieurs autres degrés du développement intellectuel à l'époque où s'éveilla chez elle l'esprit philosophique. D'après cela, il ne sera pas inutile de donner un rapide aperçu des idées religieuses et philosophiques des peuples orientaux, ainsi que des premiers progrès de la culture intellectuelle en Grèce, afin de pouvoir apprécier du moins en général l'influence que ces peuples ont exercée sur la naissance et l'enfance du génie grec, sur la matière et sur la forme de la science. Les Hindous, les Perses, les Chaldéens, les Égyptiens sont les principaux peuples avec lesquels les Grecs se sont trouvés en contact (1).

§ 67.

L'Hindostan.

Livres sacrés des Hindous ; les Schasters et en particulier les Védams auxquels appartiennent les Oupanizadas (fragments de l'Oupnekhat) et les Pouranams.

Baghuat Geeta, or dialogues of Crishna and Ardjoon in teigthteen lectures, with notes translated from the original sanskreet by Ch. *Wilkins*. Lond. 1785, in-4.

Bagavadam ou doctrine divine, ouvrage indien canonique sur l'Etre Suprême, les dieux, les géans, les hommes, les diverses parties de l'univers (par *Opsonville*). Paris, 1788, in-8.

---

(1) Sur le caractère général de la pensée en Orient. Voyez ci-dessus § 19.

L'Ezour Vedam ou ancien commentaire du Vedam, contenant l'exposition des opinions religieuses et philosophiques des Indiens, traduit du samskretan par un brahme, revu et publié avec des observations préliminaires, des notes et des éclaircissements. Yverdun, 1778, 2 vol. in-12. (L'introduction sur la sagesse des Hindous est de *Sainte-Croix.*)

Oupneck'hat seu theologia et philosophia indica, edid. *Anquetil Duperron.* Strasb. 1801-2. 2 vol. in-4.

Ambertkend, ouvrage sur la nature de l'âme, donné par *De Guignes* dans les Mém. de l'académie des inscript. t. XXVI.

Ctesiæ Indicorum fragmenta; Strabo; Arrianus De exped. Alexandri; Palladius De gentibus Indiæ et brachmanibus; Ambrosius De moribus brachmanum et alius anonymus de iisdem, junctim editi cura, Ed. *Bissæi.* Lond. 1668, in-4.

Specimen sapientiæ Indorum veterum, græce ex cod. Holst. cum vers. lat. ed. Seb. Gofr. *Stark.* Berol. 1697, in-8.

Alex. *Dow's* History of Hindostan, from the earliest account of time to the death of Akbar, translated from the persian of Muhammed Casim Ferishta. Lond. 1768, 3 vol. in-4.

J. Jac. *Holwell's* Interesting historical events relative to the provinces of Bengal and the empire of Hindostan. Lond. 1766, 3 vol. in-8.

Sinner, Essai sur les dogmes de la métempsychose et du purgatoire, enseignés par les brahmins de l'Indostan Berne, 1771, in-8

Asiatic Researches. Calcutta, depuis 1788, plusieurs volumes.

Les dissertations et mélanges relatifs à l'histoire de l'antiquité, des arts, sciences et littérature de l'Asie, par Will. *Jones* et autres, ont été extraits des derniers volumes du recueil précédent. Lond. 1792-98, 4 vol. in-8.

Systema brachmanicum liturgicum, mythologicum, civile ex monumentis indicis musæi Borgiani Velitris dissertationibus historico-criticis illustravit Fr. *Paulinus a S. Bartholomæo*. Romæ, 1791, in-4.

Plusieurs dissertations dans les mémoires de l'acad. des inscriptions par Thom. Maurice ; Mignot , (Mémoires sur les anciens philosophes de l'Inde dans le tome XXVI) et de Guignes.

J. *Itsch*, Doctrine morale des brahmanes, ou la religion des Hindous. Berl. et Leips. 1792, in-8 (all.).

Fried. *Schlegel*, De la langue et de la philosophie des Hindous. Heidelb. 1808, in-8 (all.).

Polier. Mythologie des Hindous, tom. 1 et 2. Paris, 1809, in-8.

Fr. *Mayer*, Dictionnaire universel de mythologie (all.). Le 1er vol. seulement a paru. Du même auteur, Brahma ou la religion des Hindous. Leips. 1818, in-8 (all.).

W. *Ward*, A view of history, litterature, and religion of Hindoos, 4 vol. Lond. 1817-20. Particulièrement le 4e vol.

Les Hindous sont une nation antique qui de bonne heure se distingua par les arts, l'industrie, la civilisation et la science ; mais les commencemens de leur histoire sont encore enveloppés d'une grande obscurité, et se perdent dans les traditions et les calculs chronologiques les plus hasardés. On ne sait encore rien de positif sur la question si la civilisation et la science de ces peuples sont indigènes ou leur sont venues d'une origine étrangère, ou si après avoir reçu médiatement ou immédiatement d'autres peuples certaines idées et certaines manières de voir, ils ne les ont pas combinées avec celles qui leur étaient propres. Même incertitude sur l'âge qu'on peut attribuer à leurs livres sacrés.

Des quatre castes entre lesquelles la nation se partage, la première est composée des prêtres, (brahmanes); divisée elle-même en un grand nombre de sectes, elle a subi diverses révolutions. L'émigration forcée de plusieurs races brahmaniques a répandu leurs idées religieuses dans les contrées voisines, Siam, la Chine et la Tartarie.

L'être primordial des Hindous est Brahma (le Grand), qui ne peut être compris dans aucune conception humaine. Au commencement, il se reposait plongé dans la contemplation de lui-même; et depuis, sa parole créatrice a fait sortir de lui toutes choses, par une suite d'émanations continuelles. Comme créateur, il s'appelle *Brahma*; comme force conservatrice, *Vichnou*; comme destructeur et rénovateur des formes de la matière, *Siva*. Ces trois points de vue de la divinité constituent la Trinité (*Timourti*) des Hindous. Les innombrables transformations de Vichnou ou incarnations de l'être divin sont le principal objet dont s'occupent les livres sacrés. A cette doctrine de l'émanation, se rattachent celle de la préexistence des âmes, leur émanation de la substance divine, leur immortalité, leur chute, et la purification des âmes déchues par leurs divers passages à travers le monde corporel (Doctrine de la migration des âmes ou métempsychose).

Plus tard, la religion et la philosophie des Hindous se partagèrent en plusieurs sectes, le Brahmaïsme, le Bouddhaïsme. De là vient qu'on trouve dans les livres sacrés ainsi que chez les Brahmanes les doctrines les plus diverses sur Dieu, sur le monde, et sur l'âme; savoir : le réalisme et l'idéalisme, le théisme et l'athéisme, le matérialisme et le spiritualisme. On trouve aussi développé dans l'Oupnekhat, le système de l'identité absolue. Ces doctrines sont produites pour la plupart, sous la forme de révélations ou d'enseignemens donnés par des hommes éclairés d'en haut (1). Elles sont enveloppées sous le voile de récits et d'inventions poétiques, où domine une intelligence pleine de finesse et de profondeur, mais dont le mouvement est plutôt progressif que régressif. Après tout on n'y saurait trouver le véritable esprit systématique et scientifique de la philosophie. Les livres de prescriptions morales portent l'empreinte du caractère de noblesse et de douceur qui distingue les auteurs de ces doctrines religieuses, et sont en bonne partie accommodés au dogme de la migration des âmes. Dans la religion de Bouddha, à laquelle appartiennent les Siamois, les Talapoins et les

---

(1) *Voyez*, sur les gymnosophistes, Cic. Tusc., v, 27; sur Menou-Capila, Bouddha, Calanus, Cic. de Div. 1, 23. Tusc. Quest. 11, 22.

Bonzes, on fait consister la suprême félicité de Dieu et de l'ame humaine, dans un état d'indifférence et d'indolence parfaites.

§ 68.

Le Thibet.

Outre quelques ouvrages désignés au § 66 : Alphabetum Tibetanum, auct. Aug. Ant. *Georgio.* Romæ, 1762, in-8. Mayer en a donné un extrait dans son Lexicon.

P. S. *Pallas*, Recueil de détails historiques sur les peuples mongoles (all.).

Klaproth, Voyage au Caucase.

Hüllmann, Recherche critique sur la religion Lamaïque. Berl. 1796 (all.).

Les Thibétains croyent comme les Hindous à un Dieu qui se révèle sous une triple forme, et à un grand nombre de transformations de ce Dieu, principalement de la seconde personne, laquelle paraît être une imitation du fondateur du christianisme. Ils ont en outre de nombreuses traditions sur l'origine des choses, sur les esprits et leurs descentes dans le monde visible au travers d'un grand tourbillon de vent, sur les diverses époques du monde, et sur la migration des ames.

§ 69.

La Chine.

Sinensis imperii libri classici sex e sinico idiomate in lat. trad. a P. Franc. *Noel.* Prag. 1711, in-4.

Le Chou-King, un des livres sacrés des Chinois, trad. par le P. Gaubil, revu et corrigé sur le texte chinois par M. de *Guignes*, avec une notice sur l'Y-King, autre livre sacré des Chinois. Paris, 1770, in-4.

Traité sur quelques points de la religion chinoise, par le P. *Longobard*. De plus, Traité sur quelques points importans de la mission de la Chine, par le P. Sainte-Marie; et lettres de M. de *Leibnitz*, sur la philosophie chinoise. Ces trois traités sont dans Leibnitzii Epist. ed. a Kortholt, 2 vol.

Confucius Sinarum philosophus sive scientia sinensis lat. exposita studio et op. Prosperi *Juonetta*, Christ. *Herdtrich*, Franc. *Rougemont*, Phil. *Couplet*, P P. Soc. Jesu. Paris, 1687, in-fol.

Geo. Bern. *Bilfingeri*. Specimen doctrinæ veterum Sinarum moralis et practicæ. Francof. 1724, in-8.

Chr. *Wolfii* Oratio de Sinarum philosophia practica. Francof. 1726, in-4.

J. Bened. *Carpzovii* Memcius seu Mentius Sinensium post Confucium philosophus. Lips. 1725, in-8.

De Paw, Recherches philosophiques sur les Égyptiens et les Chinois. Berlin, 1775, 2 vol.

Mémoires concernant l'histoire, les sciences, les arts, les mœurs, les usages des Chinois, par les missionnaires de Pékin. (Amyot et d'autres). Paris, 1776-91. 4 vol.

Cf. les dissertations de *De Guignes* et autres dans les Mémoires de l'académie des inscriptions, tom. xxv, xxvii, xxxvi, xxxviii.

La religion populaire des Chinois consiste dans l'adoration du ciel, des astres et des forces de la nature personnifiées, avec un mélange d'idées superstitieuses sur l'astrologie, les démons, la magie. *Lao-Kiun* et *Fo* (1) entremêlèrent ces dogmes religieux, sans toutefois les réformer réellement, de quelques opinions philosophiques. *Koung-fu-tzée* (Confucius), vers 550 ans avant J-C., rassembla les traditions de l'un et de l'autre, perfectionna les lois, et donna de bonnes maximes de morale. Toutefois il est remarquable qu'on ne rencontre dans ses écrits aucune trace d'une doctrine sur la divinité et sur l'immortalité. *Mem-tsu* (Mencius) donna plus d'extension aux enseignemens de Confucius. Un grand nombre d'idées ont passé de l'Inde et du Thibet en Chine. La culture scientifique n'y est pas très-étendue. — Pourquoi? — Doctrines analogues chez les *Japonais*.

§ 70.

La Perse.

Hérodote, Platon, Aristote, Diodore de Sicile, Xénophon, Cyrop., Strabon, Plutarque. Λόγια τοῦ Ζωροάστρου, ou Oracula chaldaica, donnés avec plus d'étendue par Fr. *Patricius*, Novæ de universis philosophia, Venet. 1595, in-fol., et par *Stanley*, Philosophia orientalis cum notis Clerici dans ses Opera philos.

Thomæ *Hyde* Historia religionis veterum Persarum eorumque Magorum. Oxonii, 1700-4. Nouvelle édition, 1760.

Zend-Avesta, ouvrage de Zoroastre, contenant les idées

---

(1) Selon quelques-uns, ce dernier est le Bouddha des Hindous, et est identique avec le Sommona-Codom des Siamois. Cf. Bayle, art. Sommona-Codom.

théologiques, physiques et morales de ce législateur, les cérémonies du culte religieux qu'il a établi, etc., traduit en français sur l'original Zend, avec des remarques, et accompagné de plusieurs traités propres à éclaircir les matières qui en sont l'objet; par M. *Anquetil Duperron*. Paris, 1711, in-4.

Anquetil et *Foucher*, Mémoires sur la personne, les écrits et le système philosophique de Zoroastre, dans les Mémoires de l'Acad. des inscriptions : xxvii, p. 257 et suiv. xxx, xxxi, xxxiv, xxxvii, xxxix, xl, et dans les Mémoires de littérature, tomes xxx et xxxv.

Ch. Ph. *Meiners*, De Zoroastris vita, institutis, doctrina et libris; dans les Nov. Comment. Soc. scient. Goetting.; vol. viii, ix. En outre, Comm. de variis religionum Persarum conversionibus; dans les Comment. Soc. Goett. 1780, cl. phil. I. 45 et suiv. II. 19 sq. et sur Zoroastre, dans la Biblioth. philos. t. iv, p. 2 (all.).

T. Ch. *Tyschen*. Commentat. de religionum Zoroastricarum apud exteras gentes vestigiis, dans les Nov. Comm. soc. Scient. Gott. t. xi, xii.

The *Dessatir* or sacred writings of the ancients persian prophets. Bombay, 1808, in-8.

J. Ge. *Rhode*, La sainte tradition, ou système complet de la religion des anciens Bactriens, Mèdes et Perses, ou du peuple Zend. Francf. sur Mein, 1820, in-8 (all.), particulièrement p. 453 et suiv., et les ouvrages du même indiqués au § 56.

Asiat. Researches, tom. viii et ix.

Sur l'authenticité et l'âge des livres Zend; consultez outre *Buhle*, Manuel de l'histoire de la Philosophie (all.), *Zoega*, Dissertations publiées par *Welcker* (all.), *Valentia*, Voyage, et *Erskine*, Dissertation sur les Parses dans le 2° vol. de la soc. litt. de Bombay.

La religion des Perses (*Parses*) consistait, du temps des Grecs, dans l'adoration des astres (*Sabéisme*), principalement du soleil et des forces de la nature. Cette religion se distinguait par un caractère simple et majestueux ; ses prêtres s'appelaient Mages. Zoroastre (*Serduscht*), Mède de naissance, épura la religion médique qui, précédemment bornée au culte du feu, s'était altérée et changée en un culte du soleil et des planètes. Ce culte s'est conservé jusqu'à nos jours dans l'Inde, chez les Parses, qui ont été chassés de la Perse par les Mahométans, et qui ont conservé en leur possession, à ce qu'ils prétendent, les livres sacrés de Zoroastre. Ce sage vivait sous le règne de Guschtasb (*Darius Hystaspes*). Il admit, conformément à l'opinion commune, un premier être tout puissant et infini (*Zeruane Akerene*, le temps absolu), du sein duquel sont sortis de toute éternité, en vertu de la parole créatrice (*Honofer*), deux principes des choses, *Ormuzd* et *Ahriman*; Ormuzd, la lumière pure et sans fin, la sagesse et la perfection, le créateur de tout bien ; Ahriman, principe des ténèbres et du mal, lequel est opposé à Ormuzd, soit dès l'origine, soit par suite de la chute de ce dernier. Viennent ensuite des fables poétiques sur les créations opposées et les combats de ces deux puissances ; sur la domination universelle qui est réservée à la fin au bon principe, et le retour d'Ahriman, durant quatre périodes dont chacune dure trois mille ans; sur les bons et les mauvais esprits (*Amskaspands*, *Izeds*, *Ferfers*,

Deves), et leurs différences de sexe et de rangs ; sur les ames des hommes (*Fervers*), qui, créées par Ormuzd avant leur réunion avec les corps, habitent dans le ciel, et selon qu'ensuite elles ont servi dans ce monde Ormuzd ou Ahriman, passent après la mort dans les demeures des bienheureux ou sont précipitées dans les ténèbres ; enfin, sur la résurrection future des corps des méchans après la victoire d'Ormuzd sur Ahriman, et sur le renouvellement de toutes choses. Tels sont avec les préceptes ascétiques, les principaux objets des livres sacrés. Cette doctrine de Zoroastre s'étendit au loin, et joua un assez grand rôle dans le monde par sa démonologie et sa magie.

§ 71.

Les Chaldéens.

Consultez les sources hébraïques. Diodore de Sic. Strab.

Berosi Chaldaica, dans l'ouvrage de Scaliger, De emendatione temporum ; et dans Fabric. Bibl. gr. t. 14, p. 175; et le livre probablement non authentique, intit. Antiquitates totius orbis, publié dans Fr. Jo. Annii antiquitt. varr. vol. XVII. Rome, 1798, et ailleurs.

Stanley, Philosophia orientalis.

Aug. L. *Schlœtzer*, Des Chaldéens, dans le répertoire de la littérature biblique, publié par Eichhorn, tom. VIII et X (all.).

Les Chaldéens étaient adonnés à l'adoration des astres et à l'astrologie : la nature de leur climat et de leur contrée les y disposait. Par eux, l'astrolâtrie se reproduisit avec assez de succès, sous le nom de Sabéisme, même après la naissance de J.-C. La caste savante, qui s'était réservé exclusivement le nom de *Chaldéens*, avait recueilli un certain nombre d'observations astronomiques, elle avait poussé très-loin la science illusoire de l'astrologie. Sous la domination des Perses, cette caste fut très-affaiblie par l'influence des Mages, et ne s'occupa plus que de vulgaires jongleries divinatoires. La cosmogonie de *Bérose*, ainsi que les prétendus oracles chaldéens, reconnus pour être apocryphes, trahissent de toutes parts une origine étrangère à la Chaldée (Cf. § 70). La divinité principale de cette nation se nommait *Bel*.

§ 72.
L'Égypte.

Moïse. Hérodote, liv. II. Manethonis Ægyptiaca, et Apotelesmatica (fragmens peu authentiques). Diod. de Sic. (et observations de Heyne dans les Comm. soc. Gott. v, vi, vii.) Plutarchi Isis et Osiris. Porphyrius, De Abstinentia. Jamblichus, De Mysteriis Ægyptiorum. Horapollinis Eieroglyphica. Hermes Trismegistus.

Fr. And. *Stroth*, Ægyptiaca seu veterum scriptorr. de reb. Ægypti commentarii et fragmenta. Gotha, 1782-83, 2 vol. in-8.

Athan. *Kircheri* OEdipus Ægyptiacus. Rome, 1652-54, in-fol. et Obeliscus Pamphilius. Ibid. 1656, in-fol.

Jablonski. Pantheon Ægyptiac. Francf. ad Viadrim. 1750, in-8.

Conrad. *Adami* Comm. de sapientia, eruditione atque

inventis Ægyptiorum; dans ses Exercitatt. exegett. p. 95 sq.

C. A. *Heumann*; De la philosophie des anciens Egyptiens; dans ses Acta philosophorum, II, 659, sq. (all.).

De Paw, Recherches philosophiques sur les Egyptiens et les Chinois. Berlin, 1773, 2 vol. in-8.

Jos. Chris. *Meiners*, Essai sur l'histoire de la religion des anciens peuples, principalement des Egyptiens. Goetting. 1775, in-8 (all.); Sur le culte des animaux, dans ses Mélanges philosophiques, part. I, p. 180, et divers traités du même dans les Comm. soc. Goett. 1780-89-90 (all.).

F. V. Lebrecht *Plessing*, Osiris et Socrate. Berlin et Stralsund, 1783, in-8 (all.). Cf. ci-dessus § 38, I.

C. Phil. *Moritz*, Sagesse symbolique des Egyptiens, etc. Berlin, 1793, in-8 (all.).

P. Joach. Sig. *Vogel*, Essai sur la religion des anciens Egyptiens et Grecs. Nürnberg, 1793, in-4 (all.).

Jos. Christoph. *Gatterer*, De theogonia Ægyptiorum ad Herodotum in Comm. soc. Goetting. vol. V et VII. De Metempsychosi, immortalitatis animorum symbolo ægyptiaco, vol. IX.

Creuzer, Religions de l'antiquité (ci dessus cité avant le § 66) et Commentatt. Herodoteæ.

Les Égyptiens sont un peuple extrêmement remarquable par l'antiquité de leur civilisation, et le caractère original de tout leur système social. Leurs prêtres qui formaient une caste à part, étaient seuls possesseurs de toutes les connaissances et de quelques livres sacrés en hiéroglyphes (1). On ne saurait déterminer avec assez de certitude en quoi consistait

---

(1) Voyez *Heeren*, Idées sur la politique, le commerce, etc.,

leur sagesse mystérieuse (doctrine ésotérique). Elle se rapportait vraisemblablement à la religion populaire (doctrine exotérique), qui comprenait l'adoration des astres (sabéisme), et celle de certains animaux (fétichisme) comme leur symbole, le culte de héros divinisés (Thaut ou Thot, Hermès, Horus), et enfin le dogme de la métempsychose (1). Dans les divinités Isis et Osiris, on reconnaît l'idée de deux principes, l'un mâle, l'autre femelle. L'aspect singulier de cette contrée semble avoir fait naître et mis au nombre des principales sciences des prêtres égyptiens, la géométrie et l'astronomie, auxquelles se rattachaient l'astrologie et d'autres superstitions en général très-goûtées parmi la nation. Il est impossible de fixer avec certitude la mesure des progrès que ces prêtres avaient pu faire dans les sciences dont nous venons de parler; mais avant les voyages des Grecs chez les Égyptiens, et les connaissances qu'ils leur ont dû transmettre, on ne peut attribuer à ces derniers une instruction très-élevée.

Après la fondation du royaume Græco-Égyptien, la civilisation des deux peuples se confondit, et cette

---

des anciens peuples, etc., et les articles du nouveau journal littéraire de Leipzig, 1816, I et II sur les nouvelles tentatives pour éclaircir les hiéroglyphes (all.). Voyez aussi les nouveaux ouvrages sur l'Égypte : Voyages, etc., *Belzoni, Gau*, etc.

(1). *Herodot.*, II, c. 123.

circonstance rendit de plus en plus difficile l'explication des mystères de l'ancienne doctrine intérieure, et des anciennes habitudes indigènes.

§ 73.

Les Hébreux.

Cf. les livres de l'Anc. Testament. Les introductions à l'Anc. Testament, par Eichhorn, et autres; et les éclaircissemens particuliers de chaque livre, comme ceux de Job, Salomon, Jesus Sirach, et des Prophètes.

Flavii Josephi opera ed. Haverkamp. Amstel. 1726, 2 vol. in-fol.

Jos. Fr. *Buddæi* Introd. ad histor. philos. hæbreor. Halæ, 1702, in-8. Edit. emendata, 1721.

Fried. Andr. *Walther*, Histoire de la philosophie des anciens Hébreux. Goett. 1750, in-4 (all.).

Will. *Warburton's* Divine legation of Moses. nouv. ed. Lond. 1756, 5 vol. in-8; supplément, 1788, in-8.

Jos. Fr. *Jerusalem*, Lettres sur les livres et la philosophie de Moïse. Brunswick, 1762, in-8, et 1783 (all.).

Jos. Dov. *Michaelis*, Législation mosaïque. Francfort sur Mein, 1770-75, 6 vol. in-8 (all.); nouv. édit. 1775 et 1803.

Wil. Abrah. *Teller*, Théodicée des premiers temps, etc. Jena, 1802, in-8 (all.).

Laz. Ben. *David*, Sur la religion des Hébreux avant Moïse. Berlin, 1812, in-8 (all.).

Phil. *Buttmann*, Dissert. sur les deux premiers mythes de l'histoire mosaïque; *id.* sur la période mythique, par *Kain*, dans le *Berliner Monatschrift*, (journal mensuel de Berlin), 1804, p. 3 et 4, et 1811, p. 3 (all.).

Le même, Sur le mythe du déluge. Berlin, 1812, in-8 (all.).

Les Hébreux ou Israélites nous ont transmis dans leurs livres sacrés qui appartiennent à diverses périodes, les plus anciens dogmes philosophiques sur la création du monde, sur la providence qui le gouverne, et l'origine du péché, par la chute du premier homme; enfin ils ont tracé un système non équivoque de monothéisme. Leurs rois *David* et *Salomon* étaient des hommes d'une haute expérience, et d'une grande sagesse pratique. Ils ont, ainsi que les prophètes, traité principalement de la morale sous des formes gnomiques ou sententieuses. Mais les Juifs ne s'occupèrent que plus tard de la science philosophique proprement dite (Cf. § 195).

§ 74.

Les Phéniciens.

Sanchoniaton et écrits sur lui. Fragmens des livres qu'on lui attribue, dans la Præparat. evangel. d'Eusèbe, 1, x.

Sanchoniatho's Phœnician history translated from the first book of Eusebius, etc. with a continuation, etc.; by Eratosthenes Cyrenæus. With historical and chronological remarks by Rich. Cumberland. Lond., 1720, in-8.

Henr. *Dodwell's* Appendix concerning Sanchoniathon's Phœnician history. Lond. 1691, in-8.

J. D. *Baier*, De Phœnicibus eorumque studiis et inventis. Jena, 1709, in-4.

J. Mich. *Weinrich*, De Phœnicum litteratura. Meining. 1714, in-4.

Les Phéniciens, nation commerçante, servirent, par leurs continuelles relations avec les autres peuples, à répandre au loin les connaissances, les arts, les inventions nouvelles. Au reste, leur esprit mercantile (1) ne permit pas chez eux à la science de prendre de bien grands développemens hors du cercle de l'art nautique et des mathématiques. L'histoire et les doctrines de Sanchoniathon (2) et d'Ochus (Mochus, Moschus), sont encore des points d'antiquités fort douteux. Les opinions cosmogoniques qu'on leur attribue, sont, ainsi que la religion populaire des Phéniciens, fort matérielles. Le stoïcien Posidonius cite Moschus comme le premier auteur de la doctrine des atomes. Voyez Sext. Empir. Adv. Mathem. IX. 363.

§ 76.

Première civilisation des Grecs. Sagesse mythique et poétique.

Cf. ci-dessus § 38, 1.

De Pauw, Recherches philosophiques sur les Grecs. Berlin, 1787, 4 vol. in-8.

Barthélemy, Voyage du jeune Anacharsis en Grèce.

J. D. *Hartmann*, Essai d'une histoire de la civilisation des principaux peuples de la Grèce. Lemgo, 1796-1800, 2 vol. in-8 (all.).

Christ. Gottlob *Heyne*, De causis mythorum veterum physicis in Opusc. acad. tom. 1.

G. Fr. *Creuzer*, Symbolique; (ci-dessus § 66.)

Fr. Wilh. Jos. *Schelling*, Sur les mythes, traditions

---

(1) Platon *Rep.*, IV, p. 359.
(2) Vers 1200 avant Jésus-Christ?

historiques, et maximes philosophiques des premières époques du monde dans les *Memorabilien* de Paulus, n° v (all.).

H. E. G. *Paulus*, Le Chaos, fable poétique, et non principe philosophique de la cosmologie physique. Dans ses *Memorabilien*, n°.v (all.).

La Grèce fut par degrés tirée de la barbarie et amenée à l'état civilisé par les peuples étrangers. Des colonies venues de l'Égypte, de la Phénicie, de la Phrygie, y apportèrent des inventions et des arts, tels que l'agriculture, la musique, les chants religieux, les poëmes fabuleux et les mystères. On ne peut guère douter qu'un grand nombre d'idées et de notions philosophiques, n'ayent de la même manière passé d'Égypte en Grèce. La seule question serait de savoir quelle part il faut faire à ces élémens étrangers, comment ils se sont naturalisés sur le sol nouveau qui les recevait, et comment ils se sont effacés ou conservés en contribuant à former la nouvelle civilisation. Toujours est-il véritable que la nation grecque possédait, non-seulement une rare aptitude pour la civilisation, mais encore un haut degré d'originalité intellectuelle, d'où il devait résulter que les idées et les inventions étrangères prissent promptement chez elle une tournure et un caractère tout nouveaux, d'autant plus qu'aucune corporation sacerdotale, aucune division de castes, aucun despotisme, ne faisaient obstacle aux progrès sociaux, au développement des facultés de l'esprit, et au perfectionnement des produits de l'intelligence.

La religion des Grecs, malgré les formes sensibles qu'elle revêtait dans la multitude de ses mythes, dont le sens était indéterminé, offrait une matière et un attrait à la curiosité des esprits. Les poëtes se saisirent de cette matière, et la travaillèrent heureusement. Par eux s'établit une sorte d'éducation esthétique et intellectuelle qui servit comme d'introduction aux études scientifiques. Parmi eux, ceux qui exercèrent le plus d'influence à cet égard, furent Orphée (1) par ses hymnes religieux et ses conceptions cosmogoniques, par l'introduction des mystères, et par quelques préceptes moraux (2); Musée par la description poétique de l'empire des morts; Homère (3) par ses épopées nationales, qui offraient une image fidèle des mœurs de l'antique Grèce, et une foule de récits mythiques (4); Hésiode par la

---

(1) Vers 1250?

(2) De Orpheo atque de mysteriis Ægyptiorum, auctore K. *Lycke*. Hafniæ, 1786, in-8. F. Jos. Gottlob *Schneider*, Analecta critica. Trajecti ad Viadrim, 1777, in-8, Ier cahier, sect. IV.

(3) Vers 1000.

(4) Chr. Glob. *Heyne*, De origine et causis fabularum homericarum; dans les Nov. Comment. Soc. Scient. Gotting. v. VII.

J. Fr. *Rothe*, Idée de la Divinité Suprême dans Homère. Gœrlitz, 1768, in-4 (all.).

C. Guil. *Halbkart*, Psychologia Homerica. Züllichau, 1796, in-8.

Fr. Guil. *Sturz* De vestigiis doctrinæ de animi immortalitate in Homeri carminibus, Prolusiones, I—III, Geræ. 1794—1797, in-4.

réunion (1) des mythes divins (Théogonie et Cosmogonie), et d'un grand nombre de nouvelles idées morales (2). Épiménide de Crète (3) et Simonide de Ceos (4), ainsi que les lyriques, les gnomiques et les fabulistes (Ésope), appartiennent au même ordre de personnages, comme ayant rendu des services analogues (5).

Jo. Dan. *Schulze*, Deus Mosis et Homeri comparatus. Lips. 1799, in-4.

Fraguier, Sur les Dieux d'Homère, dans les Mém. de l'Acad. des Inscr.; tome IV.

Gust. *Gadolin*, De fato Homerico. Abo, 1800, in-8.

Jo. Fr. *Wagner*, De fontibus honesti apud Homerum. Luneb. 1795, in-4.

(1) Vers 800.

(2) Ludw. *Wachler*, Des idées d'Hésiode sur les dieux, le monde, l'homme et ses devoirs. Rinteln. 1789, in-4 (all.).

Ch. Glob. *Heyne*, De Theogonia ab Hesiodo condita, dans les Nov. Comment. Soc. Gott. vol. VIII.

Chph. *Arzberger*, Adumbratio doctrinæ Hesiodi de origine rerum, deorumque natura. Erlang. 1794, in-8.

Lettres sur Hésiode, par *Creuzer* et God. *Hermann*. Leips. 1818, in-8 (all.).

(3) Car. Fr. *Heinrich*, Épiménide de Crète. Leips. 1805, in-8 (all.).

(4) Pet. Gerh. *Dukeri* Diss. de Simonide Ceo, poeta et philosopho. Ultrajecti. 1768, in-4.

(5) Ulr. Andr. *Rhode*, De veterum poetarum sapientia gnomica, Hebræorum imprimis et Græcorum. Hafniæ, 1800, in-8.

J. Conr. *Dürii* Diss. de recondita veterum sapientia in poetis. Altdorf. 1655, in-4.

§ 76.

Sagesse pratique en sentences (gnomonique).

C. G. *Heyne*, De Zaleuci et Charondæ legibus atque institutis, dans ses Opusc. Academ., t. II.

Sur la législation de Solon et de Lycurgue, dans la *Thalia* de Schiller, 1790, XIe cahier (all.).

Jo. Fr. *Buddei* Sapientia veterum, h. e. dicta illustriora septem Græciæ sapientum explicata. Halæ, 1699, in-4.

Chph. Aug. *Heumann*, Sur les sept Sages; dans les Acta philosophor. x^e cahier (all.).

Is. *de Larrey*. Histoire des sept Sages, 2 vol. Rotterdam, 1715, 1716, in-8. Augmentée de remarques par Delabarre de Beaumarchais. Lahaye, 1734, 2 vol. in-8.

Dans les législations des Grecs, principalement celles de Lycurgue, Zaleucus, Charondas et Solon, se manifeste un sentiment élevé de la liberté et de l'égalité, une observation approfondie du cœur humain, et une grande prudence politique. Les sentences des sept sages ne contiennent il est vrai que des règles de prudence pratique exprimées avec énergie et brièveté, mais elles annoncent déjà un progrès dans la civilisation, et une raison assez avancée pour entrer dans les routes de la science aussitôt qu'elle y serait appelée.

El. *Weihenmaieri* Diss. de poetarum fabulis philosophiæ involucris. Ulmæ, 1749, in-4.

Chr. Glob. *Heyne*, Progr. quo disputantur nonnulla de efficaci ad disciplinam publicam privatamque vetustissimorum poetarum doctrina morali. Gotting. 1764, in-4.

PREMIÈRE PARTIE.

PREMIÈRE PÉRIODE.

PHILOSOPHIE GRECQUE ET ROMAINE DEPUIS THALÈS JUSQU'A JEAN DE DAMAS, 600 AVANT JÉSUS-CHRIST, JUSQU'A LA FIN DU VIIIe SIÈCLE DE L'ÈRE CHRÉTIENNE.

Mouvement libre de la raison pour arriver à la connaissance des choses, mais sans une conscience claire des principes qui la dirigent.

§ 77.

Les Grecs qui avaient reçu de peuples étrangers les premiers germes de la civilisation, se distinguèrent dans l'antiquité par leur goût pour la poésie, les arts et les sciences. La position de leur pays, leur religion, leur constitution politique, et leur esprit de liberté favorisèrent et provoquèrent chez eux le développement large et original de leur génie. C'est ainsi qu'ils se trouvèrent mûrs de bonne heure pour la philosophie, et qu'ils s'intéressèrent à cette étude dès l'époque de leur liberté politique (§ 75).

§ 78.

L'esprit philosophique, une fois éveillé parmi les Grecs, chercha de jour en jour à étendre davantage son domaine, embrassa les objets les plus importans de la science dans la théorie et dans la pratique, s'éleva par divers chemins à une forme de recherches méthodique et systématique, institua même un doute méthodique en opposition avec le dogmatisme, et au milieu de tous ses travaux spéculatifs perdit rarement de vue l'application à la vie réelle. Les savans et les penseurs de la Grèce sont devenus à juste titre les maîtres et les modèles des siècles suivans, tant par leur esprit de recherche et d'examen, que par les résultats auxquels cet esprit les a conduits, soit dans la forme soit dans la matière de leurs travaux philosophiques, mais surtout par un certain caractère d'élégance et d'urbanité, et une habileté dans l'exposition philosophique qui chez eux satisfait à la fois aux conditions de la science et du bon goût.

§ 79.

L'esprit philosophique des Grecs n'atteignit pas d'abord à cette perfection. Il commença par des spéculations détachées sur le monde extérieur. L'habitude et la facilité de penser qui résultèrent de ces essais, la diversité dans les résultats, la force du sentiment moral, le besoin toujours mieux senti de l'unité et de l'harmonie, ramenèrent la spéculation égarée vers l'esprit même de l'homme, comme vers la source de toute vérité; et la philosophie devint plus étendue, plus méthodique, plus systématique. Plus tard, la contradiction des systèmes, l'habitude d'un scepticisme subtil et pénétrant, l'affaiblissement de l'esprit scientifique surchargé par l'érudition historique, finirent par détourner encore de lui-même l'attention de l'esprit humain; il chercha en s'alliant au génie de l'Orient une autre source de certitude que celle qui est en lui, et il tomba dans le syncrétisme et l'exaltation mystique. Il est vrai toutefois qu'on peut imputer en partie au caractère grec le penchant pour l'enthousiasme passionné qui passa dans la philosophie.

§ 80.

L'histoire de la philosophie grecque se partage donc en trois périodes, qui répondent à la jeunesse, à la maturité de l'âge viril, et aux efforts laborieux de la vieillesse. Première période : spéculation forte, mais bornée dans ses vues et non systématique, depuis *Thalès* jusqu'à *Socrate*; de 600 à 400 av. J. C. — Seconde période : esprit plus universel, plus systématique, dogmatique et sceptique, depuis *Socrate* jusqu'à la réunion du Portique et de l'Académie; de 400 à 60 av. J. C. — Troisième période : extension et propagation de la philosophie grecque par les Juifs et les Romains, et sa décadence. Erudition philosophique, sans esprit philosophique; la spéculation sceptique se relève encore une fois sous une forme plus savante, mais elle est bientôt étouffée par les spéculations mystiques et enthousiastes, ainsi que par la fusion de l'esprit grec et oriental. Passage de la philosophie grecque au christianisme, depuis *Ænésidème* jusqu'à *Jean de Damas*, de l'an 60 av. J. C. jusqu'au VIIIe siècle de notre ère (1).

§. 81.

Sources de l'histoire de la philosophie grecque.

Les sources de l'histoire de la philosophie grecque sont les unes directes, les autres indirectes. Les premières sont les écrits des philosophes eux-mêmes dont quelques-uns seulement nous sont parvenus dans leur entier; le reste se réduit à des fragmens épars qui ont exigé des savans une multitude de travaux divers pour les rassembler, les arranger et les éclaircir. Les sources indirectes consistent dans les notices et renseignemens sur la vie, les doctrines et l'influence des philosophes, que l'on trouve dans les écrivains postérieurs de quelque genre que ce soit, et qui nous sont donnés soit par morceaux détachés et sans ordre ni ensemble, soit d'une manière plus complète et arrangés d'après certains points de vue. A cette classe appartiennent : 1.° les écrits des philosophes chez qui l'on rencontre des jugemens sur les théo-

---

(1) Consultez aussi Ast, *Epochen*, etc., Époques de la philosophie grecque dans l'*Europa* de Fred. Schlegel, Tome II, 2e cahier.

ries de leurs devanciers; entre autres les ouvrages de Platon, Aristote, Cicéron (§ 180), Sénèque, Plutarque (§ 185), Sextus Empiricus (§ 189 sq.), Simplicius (§ 220); 2° les recueils de Diogène de Laërte (1), Philostrate (2), Eunape (3), l'histoire de la philosophie connue sous le nom de Galien (4) et d'Origène (5), le recueil du Pseudo-Plutarque (6) et de Stobée (7); 3° les ouvrages d'autres

---

(1) *Diogenes Laertius*, De vitis, dogmatibus et apophtegmatibus clarorum philosophorum. Cura Marc. *Meibomii*, Amst. 1692, 2 voll. in-4. — Cura P. Dan. *Longolii*, Cur. Regn., 2 voll., 1739, in-8. — Lips., 1759, in-8.

(2) Flav. *Philostrati* Vitæ sophistarum in Philostratorum operibus gr. et lat. c. not. Olearii: Lips. 1709, in-fol.

(3) *Eunapii* Vitæ philosophorum et sophistarum. Ed. *Junius*. Antwerp. 1768, in-8. — Ed. *Commelin*. Heidelb. 1596, in-8. — Ed. *Schott*. Genevæ. 1616, in-8.

(4) *Claudii Galeni* liber περὶ φιλοσόφου ἱστορίας, in Hippocratis et Galeni operibus ex edit. Charterii, t. II, pag. 21, seq.

(5) *Origenis* φιλοσοφούμενα in Jac. Gronovii Thes. antiq. græc., t. x. Publié aussi par

Jo. Chph. *Wolff*: Compendium historiæ philosophicæ antiquæ sive Philosophumena quæ sub Origenis nomine circumferuntur. Hamb. 1706—1716, in-8.

(6) *Plutarchus*, De placitis philosophorum, sive de physicis philosophorum decretis, ed. Chr. Dan. *Beck*. Lips. 1787. in-8.

(7) Joh. *Stobaei* Eclogæ physicæ et ethicæ, ed. Arn. Herm. Lud. *Heeren*. Gott. 1792—1801, 2 part. en 4 voll.; *du même*, Sermones. Francf. 1781, in-fol.—Ed. Nic. *Schow*. Lips. 1797, in-8.

écrivains grecs et latins comme Athénée (1), Aulu-Gelle (2), Macrobe (3), Suidas; 4° les ouvrages des pères de l'église : Clément d'Alexandrie, Origène, Eusèbe, Lactance, Augustin (§ 232), Nemesius, Photius (§ 235.)

CHAPITRE PREMIER.

DE THALÈS JUSQU'A SOCRATE (PREMIÈRE PÉRIODE DE LA PHILOSOPHIE GRECQUE.)

Spéculation partielle et non systématique.

Henr. *Stephani* Poesis philosophica. Paris, 1573, in-8. Ἠθικὴ ποίησις seu gnomici poetæ græci, ed. Brunck. Argent. 1784, in-4; et les ouvrages sur les sept sages et les législateurs des Grecs.

Scipio Aquilianus, De placitis philosophorum ante Aris-

---

(1) *Athenaei* Deipnosophistarum, libri xv, ed. Casaubon. Lugd. 1657—64; 2 vol. in-fol. Jo. *Schweighaeuser*. Argent. 1801—7, 14 voll. in-8.

(2) Fragmens de l'Histoire de la Philosophie ancienne, tirés des Nuits attiques d'Aulu-Gelle. Lemgo. 1785, gr. in-8 (all.).

(3) *Macrobii* Saturnal. Ed. Jac. *Gronovius*. Lugd. Bat. 1670, in-8. — Ed. *Zeune*. Lips. 1774, in-8.

Les ouvrages modernes sur l'Histoire de la Philosophie chez les Grecs sont indiqués au § 38, 1, a et b.

totelem. Milan, 1615, in-4. — Op. Ge. Monalis. Venet. 1620, in-4. — Ed. Car. Phil. *Brucker.* Lips. 1756, in-4.

Dietr. *Tiedemann*, Premiers philosophes de la Grèce. Lips. 1780, in-8 (all.).

Ge. Gust. *Fülleborn*, Sur l'histoire des premiers temps de la philosophie grecque. Dans ses *Beitræge*, 1er cahier.

J. Gottl. *Buhle*, Comment. de veterum philosophorum græcorum ante Aristotelem conaminibus in arte logica invenienda et perficienda, Comment. Soc. Scient. Gotting. T. x.

Fried. *Bouterwek*, De primis philosophorum græcorum decretis physicis, Comment. Soc. Gotting. t. 11, ann. 1811.

Voyez aussi les ouvrages indiqués ci-dessus, § 75, sur la mythologie grecque, particulièrement sur *Orphée*, *Homère* et *Hésiode*.

§ 82.

L'esprit de recherche philosophique se manifesta d'abord par des essais grossiers en Ionie, à l'époque où cette contrée, peuplée par la Grèce, jouissait de l'état le plus florissant ; de là, il passa chez quelques colonies grecques situées à peu de distance, ensuite dans la Grande-Grèce, jusqu'à ce que les conquêtes des Perses et les troubles civils de l'Italie méridionale le forcèrent à se réfugier dans Athènes, d'où l'instruction se répandit dans la Grèce entière.

§ 83.

Le point de départ de la philosophie fut la question

de l'origine et du principe élémentaire du monde : elle cherche à la résoudre d'abord par l'expérience et la réflexion appliquées tantôt à la matière de la sensation (école ionique), tantôt à sa forme (école pythagorique); ensuite par l'opposition de l'expérience et de la raison (école d'Élée); enfin par la réunion de l'une et de l'autre (école atomistique); et elle aboutit à une sophistique qui menaçait d'anéantir toute croyance religieuse et morale.

§ 84.

Mais cette recherche, progressive dans sa marche, fut comme une sorte de prélude à une philosophie plus scientifique, et elle passa bientôt du dehors, de l'objectif, à l'intérieur ou au subjectif. La réflexion philosophique partie de mythes et de conceptions poétiques (de là ce qu'on appelle *philosophia mythica, poetica*), se rattacha à la vie pratique par des sentences morales et politiques, la plupart du temps exprimées en vers (Gnomes, d'où la *philosophia gnomica* sive sententiaria; Cf. § 75-76). Dans la théorie, on alla d'abord d'une hypothèse à l'autre, jusqu'à ce qu'on en vînt à chercher un système de connaissances rationelles. Les premiers philosophes furent isolés, et sans école (Pythagore fit pourtant exception à cet égard). Leurs idées furent propagées d'abord par tradition orale, ensuite par des écrits qui se dégagèrent successivement du mélange des mythes et de la poésie.

I. Spéculations des anciens Ioniens.

Henri *Ritter*, Histoire de la Philosophie ionienne. Berlin, 1821, in-8 (all.).

Bouterwek, Dissertation indiquée ci-dessus, avant le § 82.

§ 85.

Thalès.

L'abbé *de Canaye*, Recherches sur le philosophe Thalès, dans les Mémoires de l'Acad. des Inscr., t. x.

Chr. Alb. *Doederlini* Animadversiones historico-criticæ de Thaletis et Pythagoræ historica ratione. 1750, in-8.

Godofr. *Ploucquet*, Dissert. de dogmatibus Thaletis Milesii et Anaxagoræ Clazomenii, etc. Tubing. 1763; et dans ses Comment. philos. selectæ.

Glieb. Chph. *Harles*, tria programmata de Thaletis doctrina, de principio rerum, imprimis de Deo, ad illustrandum Ciceronis de nat. deor., locum, 10, x. Erlang. 1780—84, in-fol.

J. Frid. *Flatt*, Diss. de theismo Thaleti Milesio abjudicando. Tub. 1785, in-4.

Goess, Sur le système de Thalès. Voyez ci-dessus en avant du § 2 (all.).

Thalès, (600 avant J.-C.) de Milet, ville de commerce la plus florissante de l'Ionie, s'instruisit par ses voyages, posséda quelques connaissances mathématiques et astronomiques, et fut mis au nombre des sept sages par ses concitoyens; il fut le premier entre les Grecs, qui s'occupa de l'origine du monde rationellement. L'*eau*, ὕδωρ, ou l'humide (1) fut pour lui, en vertu de quelques observations expérimentales très-exclusives, le principe, ἀρχή, d'où toutes choses sont provenues 2), et l'esprit, νοῦς, le principe moteur. Tout est rempli de Dieu (3). On ne sait pas précisément comment Thalès combinait ses âmes ou ses dieux avec son principe matériel. Aussi le débat sur son théisme remonte-t-il à une époque très-ancienne (4). Entre autres sentences, on lui attribue le γνῶθι σεαυτόν.

§ 86.

Anaximandre et Phérécide.

L'abbé *de Canaye*. Recherches sur Anaximandre dans les Mém. de l'Acad. des Inscript., t. x.

Fried. *Schleiermacher*, Dissert. sur la philosophie d'Anaximandre, dans les Mém. de l'Acad. roy. des Sc. de Berlin, 1815 (all.).

Henr. *Ritter*. L'ouvrage indiqué ci-dessus, et l'article Anaximandre, ıv^e part. de l'Encyclop., publiée par *Ersch* et *Gruber*.

Pherecydis utriusque fragmenta collecta a Fr. Guil. *Sturz.* Gera, 1789, in-8, 2e ed. 1798.

---

(1) J. H. *Müller* de aqua, principio Thaletis. Altd. 1719, in-4.

(2) *Aristot.* Metaph. 1, 3. De Cœlo, 11, 13.

(3) *Aristot.* de Anima 1, 2. 5. Cf. de Mundo, 6.

(4) *Cicero* de nat. deor. 1, 10.

Heinius, Dissert. sur Phérécyde, (en français), dans les Mém. de l'Acad. roy. des Sc. de Berlin, v, 1747.

Voyez aussi l'ouvrage de *Tiedemann* indiqué ci-dessus, en avant du § 82, p. 172 et suiv.

Anaximandre (1), de Milet comme Thalès, et ami de ce philosophe, prit pour base de ses recherches sur le même sujet, non plus des analogies, mais une règle philosophique. La substance première est l'*infini*, ἄπειρον, contenant tout en soi, περιέχον, et qu'il nomma en conséquence l'être divin, τὸ θεῖον, sans le déterminer d'ailleurs avec plus de précision (2); suivant les uns, il lui attribua une nature tout-à-fait distincte des élémens; selon d'autres, il en fit quelque chose d'intermédiaire entre l'eau et l'air. Ce n'est que dans l'infini que peuvent se produire les changemens perpétuels des choses; de l'infini se détachent les contraires par un continuel mouvement, de même qu'ils retournent sans cesse en lui. Ainsi subsistent le ciel et la terre, sur lesquels Anaximandre ne se borna pas à établir des recherches astronomiques. Tout ce qui est contenu dans l'infini est sujet à changement; mais il est lui-même immuable (3). Telle fut à peu près aussi la doctrine de son contemporain, un peu plus jeune que lui, *Phérécyde* de Syros, lequel reconnut, comme principes éternels des choses,

---

(1) Vers 610 avant J.-C.

(2) *Diog.*, II, 1.

(3) *Arist.*, Physic. I, 4, III, 4-7; et *Simplic.* Comment. ad h. locc.

Jupiter, Ζεὺς ou αἰθήρ, le temps, χρόνος, et la terre, χθών; il paraît aussi qu'il avait donné une explication de l'origine des corps animés, et de l'espèce humaine, et qu'il regardait l'âme de l'homme comme impérissable (1). Anaximandre et Phérécyde sont les deux premiers philosophes qui aient écrit.

§ 87.

Anaximènes.

Dan. *Grothii*, præs. J. Andr. *Schmidt*, Diss. de Anaximenis psychologia. Jen. 1689, 4.

Anaximènes, de Milet (2), suivit la doctrine de son ami et de son maître Anaximandre; mais, à la place de l'infini indéterminé de celui-ci, des réflexions encore trop exclusives sur l'origine des choses et l'essence de l'âme, lui firent considérer l'air, ἀήρ, comme l'élément infini et primitif (3). Plus tard, *Diogène d'Apollonie* renouvela, sous une forme plus complète, ce système, dans lequel on reconnaît déjà un point de vue plus large, et un exercice plus fort de la pensée.

---

(1) *Aristot.* Metaph. xiv, 4. *Diog. Laert.* 1, 119. *Cic.*, Tusc. Qu. 1, 16.

(2) Florissait vers 557 avant J.-C.

(3) *Aristot.* Metaph. 1, 3. *Simplic.* in phys. Arist., p. 6 et 9. *Cic.* Acad. Q. ii, 37. *Plutarch.* de plac. philos. 1, 3. *Stob.* ecl. 1, p. 296. *Sext. Emp.* hyp. pyrrh. iii, 30. Adv. mathem. vii, 5, ix, 360. *Diog. Laert.* ii, 3.

II. *Spéculations des Pythagoriciens.*

§. 88.

Pythagoræ aurea carmina. Timæus Locrus. Ocellus Lucanus. Porphyrius de vita Pythagoræ, ed. Conr. *Rittershusius*. Altd. 1610, in-8. On trouve aussi les χρύσια ἔπη, dans les Sententiosa vetustissimorum Gnomicorum opera, t. 1, ed. Glandorf. Lips. 1776, in-8; et dans le Recueil de Brunck.

Iamblichi de vita Pythagorica liber gr. cum vers. lat. Ulr. Obrechti notisque suis edid. Ludolf *Kusterus*, acced. Malchus sive Porphyrius de vita Pythagoræ cum not. L. Holstenii et Conrad. Rittershusii. Amstelod. 1707, in-4. Ed. Theoph. *Kiesling*, Lips. 1815, in-8.

Pythagoræ Sphaera divinatoria de decubitu ægrotorum; et les Epistolæ Pythagoræ, dans les Opusc. myth. phys. de *Gale*, p. 735, sq.

Socratis et Socraticorum, Pythagoræ et Pythagoricorum, quæ feruntur Epistolæ, ed. *Orellius*, 1816.

Rich. *Bentleii* Dissert. de Phalaridis, Themistoclis, Socratis, Euripidis aliorumque epistolis, in latin. sermonem convertit. J. D. A. *Lennep*. Groning. 1777, in-4. Et, Bentleii Opuscula philologica, dissertationem in Phalaridis epistolas et epistolam ad J. Millium complectentia. Lips. 1781, in-8.

Meiners, Histoire des sciences en Grèce et à Rome, t. 1, p. 187 (all.).—*Lemême*, Dissert. sur l'authenticité de quelques ouvrages de l'école pythagoricienne dans la Biblioth. philol., t. 1, v^e cahier (all.).

Tiedemann, Premiers philosophes de la Grèce, p. 188 suiv. (all.).

Guil. *Lloydii* Diss. de Pythagoræ ejusque æqualium vitis. Lond. 1699, in-8.

Henr. *Dodwelli* exercitationes duæ, prima de ætate Phalaridis, altera de ætate Pythagoræ. Lond. 1699-1704, in-8.

Dissertations sur l'époque de Pythagore par *De Lanauze* et *Fréret*, dans les Mém. de l'Acad. des Inscr., t. xiv.

* * *

Ge. Lud. *Hamberger*, Exerc. de vita et symbolis Pythagoræ. Vitemb. 1676, in-4.

Dacier, La Vie de Pythagore, ses symboles, ses vers dorés, etc. Par. 1706, 2 vol. in-12.

Chph. *Schrader*, Diss. de Pythagora, in qua de ejus ortu, præceptoribus et peregrinationibus agitur. Lips. 1708, in-4.

Je. Jac. *Lehmann*, Observatt. ad histor. Pythagoræ Frcft. et Leips. 1731, in-4.

M... Vies d'Épicure, de Platon et de Pythagore. Amst. 1752, in-12.

Fred. Christ. *Eilschov*, Biographie historiq. et crit. du philosophe Pythagore. Trad. du danois de Philander *von der Weistritz*. Kopenhagen, 1756, in-8.

Aug. E. *Zinserling*, Pythagoras-Apollon. Lips. 1808, in-8 (all.).

Joh. *Scheffer*, De natura et constitutione philosophiæ italicæ. Ups. 1664. Edit. ii, cum carminibus. Vitemb. 1701, in-8.

J. *Leclerc*, dans sa Biblioth. choisie, t. x, art. ii, p. 79.

Sur les anciens ouvrages relatifs à Pythagore et sa philosophie. Voyez les Act. philosoph. de *Heumann*, 2ᵉ part., p. 370, 4ᵉ part., p. 752.

Les difficultés particulières qui sont propres à cette partie de l'histoire de la philosophie, et qui y rendent nécessaires l'esprit de critique et la réserve la plus rigoureuse, sont d'abord, le manque d'écrits originaux, et la multitude des renseignemens apocryphes, entassés sans examen dans les ouvrages postérieurs ; d'un autre côté, l'obscurité mystérieuse qui couvre la personne, le caractère, les plans de Pythagore et de son association ; la difficulté de distinguer avec certitude ce qui lui appartient en propre, de ce qui fut l'ouvrage de son école, enfin le rétablissement de cette école avec d'autres caractères à une époque plus récente.

§ 89.

Pythagore était né à Samos (1) ; il dut en partie ses progrès dans les sciences à ses voyages en Grèce et en Égypte (2), et sans doute aussi aux leçons de Thalès et de Phérécyde, dont on assure qu'il fut le disciple, enfin à celles d'Anaximandre. Il fonda une école et une sorte de congrégation philosophique à Crotone, en Italie (de là le nom d'école *italique*), après avoir inutilement tenté de l'établir à Samos. Cette association, outre son but de perfectionner les habitudes intellectuelles, religieuses et morales, avait encore un but politique secret. Cette dernière

---

(1) En 584, selon Meiners.
(2) Fr. *Buddei* Diss. de peregrinationib. Pythagoræ. Jena, 1692, in-4 ; et dans ses Analect. hist. philos.

prétention causa la ruine de la société vers 500, et la mort du fondateur (1). En général, Pythagore nous apparaît comme un homme extraordinaire par ses talens, ses inventions, ses desseins élevés et son influence ; mais les anciens Grecs et Romains révérèrent en lui, par diverses causes, un homme merveilleux et surnaturel.

§ 90.

Pythagore, par son génie inventif, trouva les élémens des sciences mathématiques, particulièrement de l'arithmétique, de la géométrie, de la musique et de l'astronomie ; et ses découvertes dans ces diverses parties suffiraient pour consacrer son nom à l'immortalité. Il considérait les mots et les nombres comme les inventions les plus salutaires (2). La science des nombres, à laquelle il rendit de nombreux services, et qu'il regardait comme la clef des mathématiques, lui paraissait aussi, à cause de sa nature énigmatique, pouvoir devenir la source de toute connaissance en philosophie (3). Par là, il donna naissance à une philosophie mathématique, et son école est souvent appelée l'école mathématique. Il ne nous en reste que des fragmens, sans qu'il soit possible d'y bien discerner l'œuvre du maître de celle des disciples.

---

(1) Vers 504, selon Meiners, 489 selon d'autres.
(2) *Ælian.* Var. Hist. IV, 17. *Iamblich.*, c. 10.
(3) *Aristot.* Metaph. 1, 5.

§ 91.

Jac. *Brucker*, Convenientia numerorum Pythagoræ cum ideis Platonis, Miscell. Hist. philos.

De numerorum, quos arabicos vocant, vera origine pythagorica commentatur Conr. *Mannert.* Norimb. 1801, in-8.

Les nombres sont les principes, αἰτίαι, des choses (1). En appliquant à l'ordre de la nature et à la régularité des formes, leur esprit nourri d'idées mathématiques, les pythagoriciens furent naturellement amenés à prendre le système des nombres pour celui des choses, et ils crurent pouvoir y reconnaître les formes et la substance des êtres, appelant ceux-ci, une imitation des nombres, μίμησιν εἶναι τὰ ὄντα τῶν ἀριθμῶν (2). Les nombres sont ou impairs, περιττοί, ou pairs, ἄρτιοι; le principe des premiers est l'unité, μονάς, celui des seconds la dualité, δυάς. Les nombres impairs sont limités et complets, les nombres pairs illimités et incomplets. Le principe absolu de toute perfection est donc l'unité et la limitation, πεπερασμένον, celui de l'imperfection est la dualité et l'indéfini, ἄπειρον. Les dix nombres fondamentaux représentés dans la tetractys (3) retracent le système complet de la na-

---

(1) *Aristot.* Metaph. 1, 3. *Iamblich.* vit. Pythag. c. 12, p. 120, ex Heraclide Pont.

(2) *Arist.* Metaph. 1, 3, 5, 6. XII, 6, 8.

(3) *Sext. Empir.* adv. Math. IV, 3.

J. Geo. *Michaelis.* Diss. de Tetracty pythagorica. Francof. ad. Viad. 1735. Erh. *Weigel*, Tetractys pythagorica.

ture ; par les rapports des nombres on peut concevoir la substance des êtres, comme par les combinaisons numériques, on détermine l'origine et la formation des choses; de là, l'application des nombres à la physique, la psychologie et la morale; mais nous ne connaissons à cet égard que des essais postérieurs et travaillés avec un art plus moderne (1).

§. 92.

Les pythagoriciens, ainsi que leurs devanciers, considéraient le monde comme un tout harmonieusement ordonné, κόσμος, consistant, d'après le système décadaire, en dix grands corps qui se meuvent autour du centre, suivant des lois harmoniques ; de là, la musique des sphères (2). Le centre, ou feu central (le soleil), autrement le poste d'observation de Jupiter, Διὸς οἶκος φυλάκη, et sa monade, est l'objet le plus parfait de toute la nature, le principe de la chaleur, et par conséquent aussi de la vie; il pénètre toutes choses. D'après ces idées, les étoiles sont encore des divinités, et même les hommes, ainsi que les animaux, ont une sorte de parenté avec l'Être divin. Les pythagoriciens admettaient aussi les démons comme une espèce moyenne entre les dieux et les hommes, et ils leur accordaient un

---

(1) *Sextus* adv. Math. x, 249, sq.
(2) Aug. *Boeckh*, Disputatio de Platonico systemate cœlestium globorum, et de vera indole astronomiæ Philolaicæ Heidelb. 1810, in-4.

rôle assez important, au moyen des rêves et de la divination. Mais le principe, la cause productrice universelle est toujours, suivant eux, la divinité et le destin. Ils ennoblirent l'idée de la divinité comme force de la nature, en lui attribuant certaines propriétés morales, telles que la véracité et la bonté (1).

§ 93.

Doctrine de l'âme. L'âme est une émanation du feu central (2), et un composé d'éther chaud et froid, susceptible de s'unir à quelque corps que ce soit, mais obligé par le destin de traverser une certaine série de corps. On ne trouve point encore ici ennoblie par des idées morales, cette doctrine de la migration des âmes empruntée aux Égyptiens (3). Au reste, on dut aux Pythagoriciens le premier

---

(1) *Arist.* de cœlo, II, 13. *Cic.* de nat. deor. I, 11. *Sext. Empir.* IX, 127. *Plutarch.* de plac. philos. I, 3, 7. II, 4. *Diog.* VIII, 27. *Iamblich.* LXXXVI, 137. *Ælian.* Var. H. XII, 59. *Stob.* Ecl. phys., p. 206.

Conr. Dietr. *Koch*, Diss.: Unum theol. pythagor. compendium. Helmst. 1710. Mich. *Mourgues*, Plan théologique du pythagorisme et des autres sectes. Toulouse, 1712, 2 vol. in-8.

(2) *Diog. Laert.* VIII, 28.

(3) *Herodot.* II, 123. *Aristot.* de an. I, 3. *Plut.* de plac. philos. IV, 7. *Iamblich.* vit. Pyth., c. 24. *Diog. Laert.* VIII, 14, 28, 30, 31. *Stob.* Ecl. I, 1044, sq.

essai, fort grossier encore, d'une théorie psychologique des phénomènes intérieurs, et d'une analyse des facultés de l'âme. La raison et l'intelligence, νοῦς, φρένες, résident dans le cerveau; les appétits et la volonté, θυμος, dans le cœur (1).

§ 94.

La doctrine de Pythagore s'étendit aussi à la philosophie morale (2). La morale pythagoricienne con-

---

(1) *Arist.* De anim. I, 3. *Cic.* Tusc. Quæst. I, 17. *Diog.* VIII, 30, 31. *Stob.* Ecl. phys., p. 878.

Ambros. *Rhodii* Dial. de transmigratione animarum pythagorica. Hafn. 1638, in-8.

Paganini *Gaudentii* De pythagorica animarum transmigratione. Pis. 1641, in-4.

Essay of transmigration in defense of Pythagoras. Lond. 1662.

Guil. *Irhovii* De palingenesia veterum, s. metempsychosi sic dicta pythagorica Libb. III. Amst. 1733. in-4.

(2) Marc. *Mappi* Diss. (Præs. Jac. *Schaller*) de Ethica pythagorica. Argent. 1653; et dans les Fragmm. hist. philos. de Windheim.

Magn. Dan. *Omeisii* Ethica pythagorica. Altd. 1693, in-8.

Fr. *Bernii* Arcana moralitatis ex Pythagoræ symbolis collecta. Ferrar. 1669. IV ed. Paul Pater. Fcf. ad M. 1687.

Jo. Mich. *Sonntag*, Diss. de similitudine nostri cum deo pythagorico-platonico. Jen. 1699, in-4.

Fr. *Buddei* Diss. de καθάρσει pythagorico-platonica. Hal. 1701, in-4; et dans ses Analect. hist. philos.

Ch. Aug. *Roth*, De examine conscientiæ pythagorico vespertino. Lips. 1708, in-4.

tient beaucoup d'excellens germes, mais les notions générales (1) y sont encore bien peu développées. Le bien moral est représenté par l'idée de l'unité et de la détermination, le mal par celle de la multiplicité et de l'indéterminé. L'âme est un nombre qui se meut; l'harmonie, l'unité de l'âme (2), sa ressemblance à Dieu, ὁμολογία πρὸς τὸ θεῖον, constituent la vertu. Une des idées dont cette école semble s'être le plus occupée, c'est celle du droit, qu'elle définit par la rétribution égale et réciproque, ἀντιπεπονθός : elle définit la justice ἀριθμὸς ἰσάκις ἴσος (3). Mais un objet qui attira plus que tout autre l'attention de ces philosophes, c'est la morale ascétique : toute l'organisation de leur société était rapportée à un but moral (4).

§ 95.

On ne connaît qu'un petit nombre d'idées des philosophes de l'ancienne école pythagoricienne, et toutes sont de simples développemens de celles du

---

Jo. Friedem. *Schneider*, Diss. de ἀνόδῳ seu ascensu hominis in Deum pythagorico. Hal. 1710.

Jo. *Schilteri* Diss. de disciplina pythagorica, dans sa Manuductio philos. moralis. Jen. 1676, in-8.

(1) *Arist.* Eth. magn. 1, 2.

(2) *Clem. Alex.* Strom. IV, c. 23.

(3) *Arist.* Eth. Nicom. 1, 1. Cf. II, 6; V, 5. *Diog. Laert.* VIII, 33.

(4) Nombreux préceptes symboliques dans Plutarque, De pueror. educat.; et dans Diog. Laert. VIII, 17.

maître. Ces philosophes sont : *Aristée* de Crotone, successeur et gendre de Pythagore, selon Jamblique (1); *Teleauges* et *Mnésarque*, fils de Pythagore; *Alcmœon* de Crotone, célèbre surtout comme naturaliste et médecin; *Hippon* de Rhegium, et *Hippasus* de Métaponte : ces deux derniers se rattachèrent à l'école ionique par leur doctrine sur l'élément fondamental des choses; *Ecphante* de Syracuse; *Épicharme* de Cos, le comique, que l'on appelle aussi le Mégarien et le Sicilien, à cause des lieux où il habita. On ne peut rien dire avec certitude d'*Ocellus* de Lucanie (2), et de *Timée*, né chez les Locriens Epizéphyriens, ce qui l'a fait appeler Timée de Locres (3) : l'ouvrage qu'on attribue à ce dernier (4) n'est qu'un extrait du Timée de Platon, et l'authenticité du traité sur l'univers (5), qu'on

---

(1) Vita Porph.

(2) Florissait vers 496 avant J.-C.

(3) Voyez sur l'un et l'autre : *Meiners*, Hist. doctr. de vero deo. P. II, p. 312, sq. *Le même*, dans son Hist. des Sciences chez les Gr. et les Rom., t. I, p. 584 (all.); *id.* dans la Bibl. philol. de Goett., t. I, 1er cahier, p. 204; et *Tiedemann*, Esprit de la Philosophie spéculative, t. I, p. 89 (all.).

(4) Περὶ τῆς τοῦ κόσμου ψυχῆς, impr. dans les Opusc. myth. phys. eth. de Th. Gale, p. 539, sq., et publié par d'Argens, Berlin, 1763, in-8; trad. par Bardili dans les Beitræge de Fülleborn, IXe cahier, n° 9. Voyez sur cet ouvrage *Tennemann*, Système de la Philosophie de Platon, t. I, p. 93 (all.).

(5) Περὶ τῆς τοῦ παντὸς φύσεως, publié d'abord dans les Opusc. de Th. Gale, p. 99, sq.; *id.* par Batteux, avec l'ouvrage de

attribué à Ocellus, est encore pour le moins douteuse. Parmi les pythagoriciens les plus remarquables d'une époque postérieure, on compte *Archytas* de Tarente (1) et son disciple *Philolaus* de Crotone ou de Tarente (2), lequel devint célèbre par son système astronomique, et composa le premier traité de son école qui ait été écrit (3), intitulé αἱ βαχαι (4).

Timée. Par. 1768, 3 vol. in-8; par d'Argens, séparément. Berl. 1792, in-8; et par Rotermund, Leips. 1794, in-8; enfin par Rudolphi : Ocellus Lucanus de rer. natura, græce; rec., comment. perpet. auxit et vindicare studuit Aug. Frid. Wilh. *Rudolphi*, Lips. 1801, in=8; traduit avec une Dissert. sur l'esprit d'Ocellus, par Bardili, Fülleborn, x^e cahier, n° 1-3.

(1) Voyez C. G. *Bardili*, Epochen, etc., Supplém. à la 1re partie; *le même :* Disquisitio de Archyta Tarentino, Nov. Act. Soc. Lat. Jen. t. 1, p. 1. — Tentamen de Archytæ Tarentini vita atque operibus a Jos. Navarra conscriptum. Hafn. 1820, in-4. — Collection de fragmens de prétendus ouvrages d'Archytas dans l'Histoire des Sciences de *Meiners*, t. 1, p. 598 (all.).

(2) Né vers 500 avant J.-C.

(3) Voyez sur ce philosophe l'ouvrage d'Aug. *Boeckh*, mentionné au § 92, not.; et *du même :* Doctrine du pythagoricien Philolaus, avec les fragmens de son ouvrage. Berl. 1819, in-8 (all.).

(4) Sur les femmes pythagoriciennes.

Voyez *Iamblich.* vit. Pyth. ed. Kuster, p. 21. On cite particulièrement *Theano* comme l'épouse ou la fille de Pythagore. *Diog. Laert.* VIII, 42 seq. *Iambl.* l. l., dans *Gale*, Opusc. myth., p. 740 seq. Dans le recueil de J. Chph. *Wolf*, Fragmenta mulierum græcarum prosaica, p. 224 sq., on trouve des lettres qui sont attribuées à Théano et à d'autres femmes

§ 96.

La doctrine de Pythagore eut une grande influence sur les plus éminens philosophes de la Grèce, en particulier sur Platon, par le mouvement qu'elle imprima à la pensée, par la direction de ses vues et le choix de ses objets. Mais plus tard on attribua à l'ancienne doctrine pythagorique tout ce que Platon, Aristote, et d'autres après eux, y ajoutèrent, même des idées tirées uniquement de leur propre fond, et on rattacha à ce mélange une foule de superstitions (§ 184).

III. *Spéculations des Éléates.*

§ 97.

Liber de Xenophane, Zenone, Gorgia Aristoteli vulgo tributus, partim illustratus commentario a Ge. Gust. *Fülleborn*. Hal. 1789, in-4.

Ge. Lud. *Spaldingii* Vindiciæ philosophorum megaricorum; subjicitur commentarius in priorem partem libelli de Xenophane Zenone et Gorgia. Hal. 1792, in-8.

J. Gottfr. *Walther*, les tombeaux des Eléates ouverts; 2° édit. Magd. et Leips. 1724, in-4 (all.).

───────────────

pythagoriciennes. Voyez aussi *Fabricius*, Bibl. gr.; *Wieland*, sur les femmes pythagoriciennes dans ses Œuvres, t. XXIV (all.); Fred. *Schlegel*, Dissert. sur Diotima. Vienne, 1822, in-8 (all.).

Joh. Gottl. *Buhle,* Commentatio de ortu et progressu pantheismi inde a Xenophane primo ejus auctore usque ad Spinozam. Gotting. 1790, in-4. Et Commentt. Soc. Gott. vol. x p. 157.

Chr. Aug. *Brandis,* Commentationum eleaticarum, p. r. Xenophanis, Parmenidis et Melissi doctrina e propriis philosophorum reliquiis repetita. Alton, 1813, in-8.

Les philosophes dont il a été question jusqu'ici partaient, dans leurs théories, de l'expérience, et prenaient pour base le témoignage des sens, et par conséquent la multiplicité, le contingent et le variable, dont ils s'efforçaient d'expliquer l'origine et le rapport avec l'invariable et l'absolu. Maintenant nous voyons s'élever à Élée, en Italie, une école qui osa déclarer que l'expérience n'est qu'une pure apparence, parce qu'elle trouva incompréhensible le mouvement et le changement, une école qui ramena toute la réalité de l'univers à l'intelligence comme à la substance unique. Le monde et Dieu furent identifiés. Ce panthéisme idéaliste fut formé par quatre philosophes qui nous sont peu connus quant à l'histoire de leur vie.

§ 98.

Xénophane.

Fragmens du poème de Xénophane περὶ φύσεως, dans le recueil de Fülleborn, cah. vii, n. 1.

Tob. Roschmanni diss. hist. philos. (præs. Feuerlin) de Xenophane. Altd. 1729, in-4.

Diet. *Tiedemann*, Xenophanis decreta, Nova Biblioth. philolog. et crit. vol. 1 fasc 2.

Fülleborn, Xénophane, *Beitræge*, 1ᵉʳ cah., n. 3 (all.).
Voyez les ouvrages indiqués au § précédent.

Xénophane de Colophon était contemporain de Pythagore, et il s'établit vers 536 à Éléa ou Velia, dans la grande Grèce. De ce principe, que rien ne provient de rien, il conclut que rien ne saurait non plus passer du non être à l'être. Selon lui, tout ce qui existe réellement, τὸ ὂν κατ' ἐξοχήν, est éternel et immuable. De-là il considérait toutes choses sous la loi de l'unité, ἓν τὸ ὂν καὶ πᾶν. Dieu, comme étant l'être le plus parfait, τὸ πάντων ἄριστον καὶ κράτιστον, est unique, parfaitement semblable et égal à lui-même; il n'est ni limité ni illimité, ni mobile ni immobile; il ne peut être représenté sous aucune forme humaine; il est toute pensée, toute sensation et sa forme est sphérique. D'après le point de vue de l'expérience, le même philosophe se proposa d'expliquer la multiplicité des choses variables en prenant, à ce qu'il paraît, pour élémens primitifs l'eau et la terre. Il semble aussi avoir chancelé entre les deux systèmes de l'empirisme et du rationalisme, et il se plaignait de l'incertitude qu'il regardait comme le partage de l'humanité (1). Du reste, Xénophane donna avec succès le premier

---

(1) *Arist.* de Xenoph., c. 3, 4. Met. 1, 3, 5. *Sextus* hyp. pyrrh. 1, 224 sq. III, 228. Adv. Math. VII, 49 sq.

exemple de dégager l'idée de la divinité des indignes images sous lesquelles on la représentait (1).

§ 99.

Parménide.

Fragmens de son poëme περὶ φύσεως, rassemblés par H. Etienne. *Fülleborn*, Fragmens de Parménide, rassemblés et éclaircis, Züllichau, 1795, in-8 (all.). *Id.* dans ses *Beiträge*, cahiers VI et VII: Mêmes fragm. publiés avec ceux d'Empédocle, par *Peyron*; voyez § 108. (Voyez sur Parménide Diog. Laert. IX, 21 sq.)

Jacq. *Brucker*, Lettre sur l'Athéisme de Parménide, traduite du latin en franç. dans la bibliothèque germanique, t. XXII page. 90.

Nic. Hier. *Gundling*, Réflexions sur la philosophie de Parménide; dans les *Gundlingiana*; t. XV, p. 371 sq. (all.).

J. T. *Van der Kemp*, Parmenides (all.).

Parménide d'Élée, lequel fit un voyage à Athènes avec Zénon vers 460, développa le même système avec plus de précision. La raison seule reconnaît la vérité et la réalité; les sens, au contraire, ne donnent qu'une apparence trompeuse. De-là résulte un double système de connaissance, celui de la connaissance véritable et celui de l'apparente, l'un en

---

Δίκης δ' ἐπὶ πᾶσι τέτυκται, 52, 110. VIII, 326. X, 313 sq. Diog. Laert. IX, 19 sq. Stob. Ecl. II, p. 14 sq. Ed. Heeren.

(1) *Clem. Alex.* ed. Pott., p 714 sq.

vertu de la raison, l'autre en vertu des sens (1). Son poëme sur la nature traitait de l'un et de l'autre système; mais d'après les fragmens qui nous restent de cet ouvrage, nous connaissons mieux le premier que le second. Dans le premier, Parménide part de l'idée de l'être pur, qu'il identifie avec la pensée et la connaissance (2), et il conclut que le non-être, τὸ μὴ ὄν, ne saurait être possible, que toute chose existante est une et identique, qu'ainsi ce qui existe n'a point de commencement, qu'il est invariable, indivisible, qu'il remplit l'espace tout entier, et n'est limité que par lui-même; que par conséquent tout changement, tout mouvement est une pure apparence (3). Toutefois l'apparence repose sur une manière constante de se représenter les choses, δόξα (4). Pour rendre compte de cette apparence des sens, Parménide prit deux principes, celui de la chaleur ou de la clarté (le feu éthéré), et celui du froid ou de l'obscur, la nuit (la terre); le premier est pénétrant, le second est épais et lourd; le premier est le positif, le réel, l'élément intellectuel, δημιουργός; le

---

(1) *Sextus* adv. Mathem. VII, 111. *Arist.* Métaph. 1, 5. Diog. Laert. IX, 22.

(2) Voy. Fragm. dans Fülleborn, v. 45-46, 88-91, 93 sq.

(3) *Parmenidis* fragmenta dans les *Beiträge* de Fülleborn, v. 39 sq. *Arist.* Physic. 1, 2. Metaph. III, 4. Lib. de Xenophane, 4. *Plutarch.* De plac. philos. 1, 24. *Sext. Empir.* Adv. Math. x, 46. Hyp. pyrrh. III, 65. *Simplic.* In phys. Arist., p. 19 et 31. *Stob.* Ecl. 1, p. 412 sq.

(4) *Simplic.* comment. in Arist. de cœlo.

second le négatif, ὕλη, ou plutôt seulement la limitation du premier (1). De-là il faisait dériver tous les changemens, même les phénomènes du sens intérieur.

§ 100.

Melissus.

Aristotelis liber de Xenophane, Zenone, Gorgia c. 1, 2, et Spalding comment. ad h. lib. voyez bibliogr. § 97; cf. Diog. Laert. l. ix.

Melissus de Samos (2) adopta, (on ignore si ce fut par les leçons des deux précédens), le même système d'idéalisme, mais il le marqua d'une manière plus tranchée, et en partie le développa avec plus de profondeur. Le réel ne peut ni être produit ni périr; il est sans commencement ni fin, illimité, ἄπειρον, quant au temps; et par conséquent un, invariable, non composé de parties, non divisible : ce qui implique la négation des corps et des dimensions de l'espace. Tout ce qui nous est offert par les sens (la pluralité des choses), n'est autre qu'une apparence relative à nos sens, τὸ ἐν ἡμῖν, et est tout-

---

(1) *Cic.* Acad. Qu. ii, 37. *Plut.* De plac. ii, 7-26. iii, 1, 15. iv, 5. v, 7. *Sext. Empiric.* ix, 7 sq. *Stob.* Ecl. i, p. 500, 510, 516 et al.

(2) Célèbre comme homme d'état et général d'armée navale, vers 444.

à-fait en dehors de la connaissance réelle (1). Quels rapports Melissus concevait-il entre ce qui existe réellement et Dieu? on l'ignore; car ce qu'en dit Diogène de Laerte, ix, 24, peut être compté parmi les plus extravagantes imaginations populaires.

§ 101.

Zénon.

Voyez les ouvrages mentionnés au § 97.
Dict. *Tiedemann*, Utrum scepticus fuerit an dogmaticus Zeno Eleates; Nova bibliotheca philolog. et crit. v. 1, fascic. II. Cf. Stæudlin, Esprit du scepticisme, t. 1, p. 264 (all.).

Zénon d'Élée, ardent défenseur de la liberté (2), fit avec son maître et son ami Parménide, un voyage à Athènes, vers la quatre-vingtième olympiade (3), et se porta pour l'apologiste de l'idéalisme éléatique, qui devait naturellement paraître bizarre et absurde au plus grand nombre, s'appliquant à démontrer par le raisonnement, avec une rare habileté, que

---

(1) *Arist.* phys. 1, 2, 3, 4. III, 9. De cœlo. III, 1. De sophist. elench. 28. *Simplic.* in physic. Arist. p. 8 et 9, 22, 24, 25. In Arist. de cœlo, p. 38 a). *Cic.* ac. q. II, 37. *Sext.* Emp. pyrrh. hyp. III, 65. Adv. Math. x, 46. *Stob.* Ecl. 1, p. 440.
(2) *Plutarch.* adv. Colot. ed Reiske, vol. x, p. 630, *Diog.* Laert. IX, 25 sq. *Val. Max.* III, 3.
(3) 460 avant J.-C.

le système du réalisme empirique est encore bien plus absurde (1); car, 1° si on admet plusieurs choses réelles, il faut leur attribuer des qualités qui s'excluent mutuellement, la ressemblance et la dissemblance, l'unité et la pluralité, le mouvement et le repos (2); 2° la divisibilité d'un objet étendu ne peut se concevoir sans contradiction : il faut que les parties soient ou simples ou composées; dans le premier cas, le corps n'a point de grandeur, et n'existe point; dans le second il n'a point d'unité, étant à la fois fini et infini (3); 3° le mouvement dans l'espace présente d'insurmontables difficultés : si ce mouvement était possible, il faudrait que l'espace, qui est infini dans toutes ses parties, fût parcouru dans la limite d'un temps donné : les quatre démonstrations logiques de Zénon contre le mouvement (4), et en particulier le fameux argument dit l'*Achille* (5), ont puissamment contribué à sa célébrité; 4° la réalité objective de l'espace ne peut être conçue sans qu'on le place lui-même dans un autre espace (6); en général, l'unité absolue que la raison conçoit

---

(1) *Plato*, Parmenides, p. 74 sq.

(2) *Plato*, Phædr. vol. III, p. 261. *Simplic.* in phys. Arist. p. 30.

(3) *Simplic.* l. l.

(4) *Arist.* physic. VI, 9, 14. Cf. *Plato* Parmenid. l. l.

(5) Car. Henr. Erdm. *Lohse*, Diss. (præside Hoffbauer, de argumentis quibus Zeno Eleates nullum esse motum demonstravit, etc. Hal. 1794, in-8.

(6) *Arist.* Phys. IV, 5, 5.

comme la vraie réalité, ne saurait se trouver en aucune manière dans la perception externe (1). Par cette opposition de la raison et de l'expérience, Zénon ouvrit la voie au scepticisme, et posa le fondement de la dialectique, qu'il enseigna le premier (2), et il se servit aussi de la méthode dialogique (3).

§ 102.

Les spéculations des Éléates, auxquelles s'adonna aussi *Xeniades* de Corinthe (4), furent plus tard continuées dans l'école de Mégare. Elles ne manquèrent point de contradicteurs, mais il était difficile d'en découvrir le vice radical. Platon, par la distinction des idées et de leurs objets, fut celui qui approcha le plus de la vérité.

§ 103.

IV. *Héraclite.*

Joh. *Bonitii* Diss. de Heraclito Ephesio. P. I—IV. Schneeberg, 1659, in-4.

Gotfr. *Olearii* Diatribe de principio rerum naturalium ex mente Heracliti. Lips. 1697, in-4. *Le même*, Dia-

---

(1) *Arist.* Metaph. III, 4. *Simplic.* in phys., p. 30. *Senec.* ep. 30.

(2) *Plutarch.* Pericles. *Sext. Emp.* adv. math. VII, 7. *Diog. Laert.* IX, 25, 47.

(3) *Arist.* De sophist. elench., c. 10.

(4) *Sext. Emp.* adv. math. VII, 48, 53. VIII, 5.

tribe de rerum naturalium genesi ex mente Heracliti. ibid. 1702, in-4. Ces deux dissertations revues, dans la traduct. de Stanley, par le même; t. II p. 830, sq.

Jo. *Upmark*, Diss. de Heraclito Ephesiorum philosopho. Upsal, 1710, in-8.

Joh. Math. *Gesneri* Disp. de animabus Heracliti et Hippocratis, Comm. Soc. Gott. t. I.

Chr. Gottlob *Heyne*, Progr. de animabus siccis ex Heracliteo placito optime ad sapientiam et virtutem instructis. Gotting. 1781, in-fol.; et dans ses Opusc. acad. vol. III.

Fr. *Schleiermacher*, Heraclite d'Ephèse, surnommé l'obscur, d'après les débris de son ouvrage et les témoignages des anciens (all.), dans le 3ᵉ cahier du tom. I du Musæum der Alterthumswissenschaften, Berlin, 1808., in-8. Cf. l'ouvrage de *Ritter*, p. 60, indiqué ci-dessus en avant du § 85.

Héraclite d'Éphèse appartient, par sa patrie, aux philosophes ioniens (1); ce fut un penseur remarquable par son caractère, son esprit d'investigation, et l'influence de son système, qui eut beaucoup de partisans (appelés les Héraclitéens). Il était d'une humeur mélancolique, mécontent de la démocratie qui régnait dans sa ville natale, et porté à la satire. La connaissance qu'il acquit des théories de plus en plus téméraires des philosophes antérieurs, Thalès, Pythagore, Xénophane (il suivit les leçons de ce dernier, selon quelques-uns), le jeta dans une disposition

---

(1) Il florissait v. 500.

toute sceptique, dont il se guérit par la suite. Il consigna les résultats de ses méditations dans un livre rédigé obscurément (1) qui lui valut, dans les siècles postérieurs, le surnom de l'*Obscur*, σκοτεινός (2). Il chercha aussi, comme les Ioniens, un principe élémentaire, mais d'autres vues (vraisemblablement l'intention de combattre les Éléates), le portèrent à adopter pour tel le feu, parce qu'il est le plus puissant et le plus subtil des élémens. Le feu lui parut être le *substratum* de toutes choses, et l'agent universel. Le monde n'est l'ouvrage ni des dieux ni des hommes : c'est un feu toujours vivant s'allumant et s'éteignant suivant un certain ordre (3). C'est delà qu'il paraît avoir déduit les opinions suivantes : 1° la variabilité ou *l'écoulement* perpétuel des choses, ῥοή (4), en quoi consiste aussi la vie (5) ; 2° leur formation et leur dissolution par le feu, le mouvement d'en haut et d'en bas, l'évaporation, ἀναθυμίασις,

---

(1) Cet ouvrage est mentionné sous divers titres, par exemple celui de Μοῦσαι. Fragmens dans *Henr. Steph.* poes. philos. Cf. Schleiermacher.

(2) *Diog. L.* ix, 5 et 11, 22. *Arist.* Rhet. iii, de mundo 5. *Cic.* De nat D. i, 26. iii, 14. De fin. ii, 5.

(3) *Aristot.* Metaph. i, c. 3, 7. De mundo, c. 5. *Simplic.* in phys. Arist., p. 6. *Clem. Alexand.* Strom., l. v.

(4) *Plat.* Cratyl., vol. iii, ed. Bipont., p. 267. Cf. Theætet. ibid. p. 69.

(5) *Plutarch.* De plac. phil. 1, 23, 27, 28. De εἰ apud. Delph. p. 227, 239.

l'incendie du monde (1) ; 3° l'origine de tous changemens par la discorde, πόλεμος, ἔρις, et la concorde, εἰρήνη, ὁμολογία, et par leur opposition, ἐναντιότης, d'après des lois fixes et immuables, εἱμαρμένη (2); 4° le principe de toute force est aussi le principe de la pensée, ou la force pensante primitive. Le monde entier est rempli d'âmes et de démons qui participent du feu. L'âme *sèche* est la meilleure, αὔη ψυχὴ ἀρίστη ou σοφωτάτη (3).—Par son rapport avec la raison divine, κοινὸς καὶ θεῖος λόγος, l'âme, dans la veille, reconnaît l'universel et le vrai; par les sens, le variable et l'individuel (4). Ainsi, dans ce système que nous connaissons très-imparfaitement, et qui fut fécond en conséquences pour Platon, les Stoïciens et Ænésidème, Héraclite sut rassembler un grand nombre d'idées supérieures et nouvelles pour son temps, qu'il appliqua même à des objets moraux et politiques.

---

(1) *Arist.* De cœlo, I, 10. III, 1. *Plutarch.* de εἰ apud Delph. Diog. Laert. IX, 8.

(2) *Diog. Laert.* IX, 7, 8, 9. *Simplic.* in phys., p. 6. *Plat.* Sympos., c. 12.

(3) Selon Stob. Serm. 17, et Ast sur le Phèdre de Platon, c. III, ed. Lips. 1810 : Αὐγὴ ξηρὴ ψυχὴ σοφωτάτη. Cf. sur cette expression, outre les ouvrages ci-dessus désignés, Pet. Wesseling Obs. de Heracl. αὔη ψυχὴ σοφωτάτη καὶ ἀρίστη, in ej. Observatt. miscell. Amstelod. vol. V, t. III, p. 42.

(4) *Aristot.* de anima I, 2, 3. *Plutarch.* de plac. phil. IV, 3. *Sextus* adv. Math. VII, 126 sq. Cf. 249. VIII 286. Hyp. Pyrrh. III, 230. *Stob.* Ecl. I, p. 194 sq. 906.

V. *Spéculations de l'École atomistique.*

Diog. Laert. l. ix, § 30. sqq. et Bayle Dict., art. Leucippe.

§ 104.

Leucippe, contemporain, peut-être aussi disciple de Parménide (1), opposa au système des Éléates, qu'il accusait à tort de contradiction, la doctrine exclusive et bornée des atomes (philosophie corpusculaire) (2), doctrine qui, d'accord avec l'expérience, maintenait le mouvement et la pluralité (3). Il reconnaissait comme élément de la réalité une matière diverse qui remplit l'espace, τὸ πλῆρες, matière dans la division de laquelle on arrive à quelque chose d'indivisible, ἄτομον; il admit aussi le vide, τὸ κενόν, comme étant le contraire de la réalité matérielle, et comme n'étant pas toutefois sans réalité (4), et il chercha à expliquer l'existence et l'état du monde par l'union, σύγκρισις ou συμπλοκή, et la séparation, διάκρισις, de la réalité matérielle dans ce vide. Les atomes, l'espace vide et le mouvement sont donc les principes de ce système matérialiste, où l'on ne reconnaît que des substances corporelles. Les atomes,

---

(1) Il florissait vers 500 avant J.-C. Sa patrie est inconnue.
(2) Cf. ci-dessus, § 74.
(3) *Arist.* de generat. et corrupt. 1, 8.
(4) *Arist.* Phys. IV, 3.

ces derniers élémens du réel, sont invariables, indivisibles, imperceptibles, à cause de leur petitesse; ils remplissent un espace, et ont des formes d'une infinie variété; ceux qui sont ronds ont la propriété du mouvement. C'est par leur combinaison et leur séparation que les choses naissent et se détruisent; toutes les modifications des corps, ἀλλοιώσεις, et leurs propriétés sont déterminées par la position et l'ordre, τάξις καὶ θέσις, des atomes, et n'ont lieu qu'en vertu de la nécessité. L'âme elle-même n'est autre chose qu'une aggrégation d'atomes ronds, d'où résultent la chaleur, le mouvement et la pensée (1).

§ 105.

Diog. Laert. IX, 34 sq. et Bayle art. Démocrite.

Joh. Chrysost. *Magneni* Democritus reviviscens, sive vita et philosophia Democriti. Lugd. B. 1648. Hag. 1658, in-12.

Joh. *Genderi* Democritus abderita philosophus accuratissimus, ab injuriis vindicatus et pristinæ famæ restitutus. Altd. 1665, in-4.

Gottl. Frid. *Jenichen*, Progr. de Democrito philosopho. Lips. 1720, in-4.

Godofr. *Ploucquet*, De placitis Democriti Abderitæ. Tubing, 1767, in-4. Et dans ses Commentatt. philos. sel.

Voyez aussi l'ouvrage de *Hill* indiqué au § 151.

---

(1) *Arist.* de gen. 1, 1, 2, 8. de cœlo 1, 7. III, 4. Metaph. 1, 4. de anima 1, c. 2. *Simplic.* in phys. Arist., p. 7. *Stob.* ecl. 1, p. 160, 306, 442, 796.

Démocrite d'Abdère (1). Ce zélé observateur de la nature, méconnu par les Abdéritains, et auquel on a donné un rôle moqueur en opposition à celui d'Héraclite, son contemporain, avait fait de longs voyages pour acquérir des connaissances nouvelles, et composé, sous la forme rhythmique, plusieurs écrits dont aucun ne s'est conservé. Ce philosophe développa le système des atomes de son maître Leucippe (2). En preuve des atomes, il invoquait l'impossibilité d'une division à l'infini ; et, de l'impossibilité d'assigner un commencement au temps, il déduisait son éternité, celle de l'espace et celle du mouvement (3) ; il attribua aux atomes, primitivement similaires entre eux, d'autres propriétés originelles, savoir l'impénétrabilité et une pesanteur analogue à leur volume. Toute influence active et toute affection passive est un mouvement par suite d'un contact, suivant le principe : il n'y a que les semblables qui agissent les uns sur les autres (4). Il distingua le mouvement primitif et le mouvement dérivé dans la réaction, ἀντιτυπία, et l'impulsion, παλμός, d'où résulte le mouvement en tourbillon ou circulaire, δίνη. C'est en cela que consiste la loi de la nécessité, ἀνάγκη, d'après laquelle tout se fait

---

(1) Né vers 494 ou 490 ; selon d'autres 470 ou 460.

(2) *Arist.* de gen. anim. 5, 8.

(3) *Aristot*, de generat. et corrupt. 1, 2. Physic. VIII, 1. De generat. anim. II, 6. *Diog. L.* IX, 44.

(4) *Arist.* de gener. et corrupt. 1, 7.

dans la nature (1). De la multitude infinie des atomes sont résultés ces mondes tels que nous les voyons avec leur immensité, leurs ressemblances et leurs variétés. L'âme consiste, selon lui, en atomes de feu ronds (2), qui donnent au corps le mouvement. En atomiste conséquent, Démocrite donna à la psychologie son hypothèse des images, εἴδωλα, espèces d'émanations des objets, lesquelles viennent s'imprimer sur nos sens, et c'est de-là qu'il fit venir la sensation, αἴσθησις, et la pensée, νόησις. Il distingua une connaissance obscure, grossière, et une connaissance vraie (3). C'est encore d'une manière conséquente qu'il expliqua l'origine des idées relatives aux dieux, en partie par notre incapacité de comprendre les phénomènes naturels dont nous sommes témoins, en partie par les impressions que nous communiquent certains êtres, εἴδωλα, d'une grandeur énorme, et d'une conformation semblable à la nôtre, qui habitent dans les airs (4). C'est à ces êtres qu'il rapporte la cause des rêves et de la divi-

---

(1) *Arist.* de gener. et corrupt. 1, 7. Physicor. IV, 3. *Diog.* IX, 45, 49. *Sextus,* adv. Math. IX, 113. *Plut.* De decret. philos. 1, 25. Cf. *Stob.* ecl. 1.

(2) *Aristot.* de anim. 1, 2. *Plutarch.* de plac. philos. IV, 3.

(3) *Arist.* de anima 1, 2 3. *Plutarch.* de plac. philos. IV, 3, 4, 8, 13, 19. *Arist.* de sensu, c. 4. de divinat. per somnum, c. 2. *Sextus* adv. Math. VII, 135 sq. VIII, 6, 184. Hyp. pyrrh. 1, 213 sq. *Arist.* Metaph. IV, 5. *Cic.* De divin. II, 67.

(4) Jo. Conr. *Schwarz,* Diss. de Democriti theologia. Cobl. 1718, in-4.

nation (1). Il étendit aussi sa doctrine à la philosophie pratique. Le bien être par l'égalité d'humeur εὖ ἐσΊώ, εὐθυμία, voilà tout à la fois son principe pratique, sa morale et sa règle de prudence (2). — Démocrite eut un grand nombre de partisans (3), entre autres, *Nessus* ou Nessas de Chio, et son compatriote *Métrodore*, qui tous deux enseignèrent des doctrines sceptiques (4); *Diomène* de Smyrne, *Nausiphanes* de Teios, maître d'Épicure; *Diagoras* de Mélos, affranchi et disciple de Démocrite, que l'on compte aussi parmi les sophistes (§ 109), et qui fut obligé de quitter Athènes (5), à cause de sa réputation d'athéisme (6); *Anaxarque* d'Abdère, contemporain et ami d'Alexandre-le-Grand, et d'autres. C'est à Démocrite qu'Épicure emprunta les principaux points de sa métaphysique.

---

(1) *Sextus*, adv. Math. ix, 19, 24. *Plutarch.* De defectu oraculor. ix, p. 326. Vita Æmilii Pauli ii, p. 168. *Cic.* Nat. deor., 1, 12, 43. De divin. 1, 3.

(2) *Diog.* L. ix, 45. *Stob.* ecl. ii, p. 74 sq. *Cic.* de fin. v, 8, 29.

(3) *Diog.* ix, 58.

(4) *Cic.* Acad. Qu. iv, 23. *Sextus*, adv. Math. vii, 48, 88.

(5) En 415.

(6) *Sext.* adv. Math. ix, 51 sq. Hyp. pyrrh. iii, 218.

Mariangelus Bonifac. a *Reuthen*, de Atheismo Diagoræ. J. Jac. Zimmermanni, Epist. de Atheismo Evhemeri et Diagoræ, in Mus. Brem. v. 1, p. 4. Theod. Gotthold *Thienemann*, Sur l'athéisme de Diagoras dans *Fülleborn*, Beytr. xie cahier, n° 2. Cf. p. 57 sq.: et Bayle dict. hist. *Diagoras*.

VI. *Autres Ioniens.*

§ 106.

Hermotime et Anaxagore.

Sur les traditions relatives à Hermotime de Clazomène; recherche critique par Fr. Aug. *Carus*, dans les *Beitræge* de Fülleborn, ix cahier, p. 58, suiv.

Heinius, Dissertations sur Anaxagore dans les t. viii et ix de l'hist. de l'Acad. roy. des sciences et b. lettres de Prusse; et dans le Magasin de Hissmam, t. viii.

De Ramsay, Anaxagoras ou système qui prouve l'immortalité de l'âme par la matière du chaos, qui fait le magnétisme de la terre. La Haye, 1778, in-8.

God. *Ploucquet.* Ouvrage indiqué ci-dessus § 85.

Fr. Aug. *Carus,* Sur Anaxagore de Clazomène, et l'esprit de son temps, dans les *Beitræge* de Fülleborn, x^e cahier (all.). *Le même,* Diss. de Cosmo-Theologiæ Anaxagoræ fontibus. Lips. 1797, in-4.

J. T. *Hemsen,* Anaxagoras clazomenius sive de vita ejus atque philosophia Disquis. philos. hist. Gotting. 1821, in-8.

Ritter. Ouvrage indiqué ci-dessus en avant du § 85.

Anaxagore (1), animé d'un zèle extraordinaire pour la science, s'éleva au rang des penseurs les plus distingués en suivant ce principe, que l'observation

---

(1) Né à Clazomène, vers 500, ami de Périclès.

du ciel et l'étude de la nature est la vraie destination de l'homme (1). Quelques-uns le considèrent comme disciple d'Anaximène, et d'autres du fabuleux *Hermotime*, lequel était également natif de Clazomène, et reconnut, dit-on, pour auteur de la nature une intelligence raisonnable (2). Dans sa quarante-unième année, Anaxagore fixa son séjour à Athènes; mais il fut accusé comme ennemi de la religion, par suite d'une manœuvre de parti, sans qu'il fût possible à Périclès lui-même de le protéger, et il alla terminer ses jours à Lampsaque (3). Rien n'a plus contribué à sa célébrité que sa doctrine d'un esprit, νοῦς, ordonnateur du monde, résultat auquel il fut conduit par une plus profonde observation de la nature et de l'ordre qu'elle présente, peut-être aussi par les révélations mystiques de son compatriote Hermotime (4), et par ses réflexions sur l'insuffisance de tous les systèmes tirés uniquement de l'ordre naturel. D'après le principe que rien ne vient de rien, il admit une matière à l'état de chaos, donnée primitivement, dont les parties constitutives, toujours unies et semblables les unes aux autres (*homœoméries*, ὁμοιομερῆ στοιχεῖα, ὁμοιομερείαι) ne peuvent être décomposées, et c'était par l'arrangement et la séparation de ces particules qu'il expliquait les phénomènes du monde

---

(1) *Arist.* Eth. Eudem. 1, 5.
(2) *Arist.* Met. 1, 3 *Sext.* adv. Math. IX, 7.
(3) En 428.
(4) *Arist.* Metaph. 1, 3. *Plin.* Hist. nat. VII, 52.

physique (1) ; mais ce chaos, environné d'air et d'éther, avait dû être mu et animé dans l'origine par une intelligence. Le νοῦς est ἀρχὴ τῆς κινήσεως. C'est de ce premier principe qu'est venu le mouvement, d'abord circulaire, et par là la séparation des parties discordantes, l'union des parties analogues, enfin la proportion et l'ordre. L'intelligence est la cause formatrice et ordonnatrice; elle possède l'omniscience, la grandeur, la puissance, l'énergie libre et spontanée, αὐτόκρατες ; elle est simple et pure ; distincte de toute matière, elle pénètre toutes choses, les détermine, et est par conséquent le principe de toute vie, ψυχὴ τοῦ κόσμου, de tout sentiment et de toute perception dans le monde (2). Au reste, Anaxagore fut toujours plus attaché à l'étude de la physique qu'à celle de la métaphysique, ce dont il est blâmé par Platon (3) et par Aristote (4). Dans ce point de vue, il expliqua, par des causes physiques, l'origine

---

(1) G. *de Vries*, Exercitatīones de homoiomeria Anaxagoræ. Ultraject. 1692, in-4. *Batteux*, Conjectures sur le système des homéoméries, ou parties similaires d'Anaxagore. *Le même*, Développement d'un principe fondamental de la physique des anciens, etc., dans les Mémoires de l'Acad. des Inscript., t. xxv ; et *Hismann*, Magaz., t. III et VI.

(2) *Diog. Laert.* II, 6 sq. *Arist.* phys. I, 4. VIII, 1. Metaph. I, 3. De generat. et corrupt. I, 1. *Simplic.* in phys. Arist., p. 33 sq. *Arist.* De anima I, 1.

(3) Phæd., c. 46 sq.

(4) Metaph. I, 4.

des plantes et des animaux, et même aussi les phénomènes célestes : et c'est ce qui lui attira le reproche d'athéisme (1). D'ailleurs, il considérait le témoignage des sens comme subjectivement vrai, mais comme insuffisant pour atteindre à la vérité objective, et il donnait à cet égard l'avantage à la raison, λόγος (2).

§ 107.

Diogène d'Apollonie et Archélaüs.

Fr. *Schleiermacher*, Sur la philosophie de Diogène d'Apollonie, dans les mémoires de l'Acad. des sc. de Berlin, 1815 (all.).

On apperçoit l'influence du théisme d'Anaxagore dans Diogène d'Apollonie (en Crète) et dans Archélaüs de Milet (d'autres le disent Athénien), qui tous deux se trouvaient à Athènes à la même époque. Mais l'idée de ce théisme était encore trop nouvelle pour qu'elle pût être comprise d'une manière assez nette et assez profonde, tant qu'elle resta en dehors des idées pratiques. *Diogène* (3) considérait l'air comme un élément fondamental pour toute la

---

(1) *Theophrast.* Hist. plantar. III, 2. *Diog. Laert.* II, 9. *Xenoph.* Memorab. IV, 7. *Platon*, Apol. Socr., 14.

(2) *Sextus* Hypotyp. I, 33. Adv. Math. VII, 90. *Arist.* Metaph. IV, 5, 7. *Cic.* Tusc. Qu. IV, 23, 31.

(3) Cf., ci-dessus, § 87, surnommé quelquefois *physicus*. Florissait vers 472.

nature, il lui attribuait une force divine (1), et par-là il réunissait le principe d'Anaximène avec celui d'Anaxagore. D'un autre côté, *Archélaüs*, disciple d'Anaxagore (2), reconnut pour principes divins l'air et l'esprit, et chercha la source des idées du juste et de l'injuste ailleurs que dans la nature, τὸ δίκαιον εἶναι καὶ τὸ αἰσχρὸν οὐ φύσει ἀλλὰ νόμῳ (3). Au reste, le système naturel de ce dernier est plus obscur que celui du précédent (4).

§ 108.

Empédocle.

Empedocles Agrigentinus, De vita et philosophia ejus exposuit, carminum reliquias ex antiquis scriptoribus collegit, recensuit, illustravit Fr. Guil. *Sturz*. Lips. 1805, in-8. Rapportez à cet ouvrage : Phil. *Buttmanni* observ. in Sturzii Empedoclea, dans les Comment. Soc. phil. Lips. 1804. Enfin : Empedoclis et Parmenidis fragmenta, etc.; restituta et illustrata ab Amadeo *Peyron*. Lips. 1810, in-8.

Jo. Ge. *Neumanni* Progr. de Empedocle philosopho. Vitemb. 1790, in-fol.

---

(1) *Arist.* de an. 1, 2. de gener. et corrupt. 1, 6. *Simplic.* in phys. Arist., p. 32. *Diog. Laert.* IX, 57. *Cic.* De nat. deor. 1, 12. *Euseb.* præpar. evang. XV.

(2) Florissait vers 460.

(3) *Diog. Laert.* II, 16. Cf. *Sextus*, adv. Math. VII, 135.

(4) *Plutarch.* de plac. philos. 1, 3. Cf. *Simplic.* in ph. Arist., p. 6; et *Stob.* Ecl. 1.

P. Nic. *Bonamy*, Recherches sur la vie d'Empedocle; dans les mémoires de l'acad. des Inscript. t. x.

Tiedemann, Système d'Empédocle; dans le *Magasin de Goettingue*, t. iv n. 3 (all.).

Heinr. *Ritter*, Sur la doctrine philosophique d'Empedocle, dans les *Literarische Analekten* de Fr. Aug. Wolf. iv° cahier (all.).

Empédocle d'Agrigente (1) se distingua par ses connaissances en histoire naturelle et en médecine (2), et par son talent pour la poésie philosophique. On sait qu'il trouva la mort dans le cratère de l'Etna (3). Quelques-uns le croient disciple de Pythagore et d'Anaxagore (4). Sa doctrine, qu'il déposa dans un poëme didactique sur la nature, dont il ne nous reste que des fragmens, réunit les élémens de divers systèmes; celui avec lequel elle a le plus de rapports est le système d'Héraclite; mais elle s'en distingue principalement : 1° Empédocle reconnaît d'une manière plus expresse quatre élémens (5), la terre,

---

(1) Florissait vers 444; selon d'autres vers 460.

(2) De là même lui vint, dans l'antiquité, la réputation de faiseur de miracles. *Diog. Laert.* viii, 51. Cf. Theoph. Gust. *Harles*, programmata de Empedocle, num ille merito possit magia accusari Erl. 1788-90. in-fol.

(3) Ge. Phil. *Olearii* Progr. de morte Empedoclis. Lips. 1733, in-fol.

(4) *Diog. Laert.*, l. i, 54 sq.

(5) D. C. L. *Struve*, De elementis Empedoclis. Dorp. 1807, in-8.

l'eau, l'air et le feu. Ces élémens ne sont pas simples, (en ceci Empédocle se rapproche d'Anaxagore), et c'est le feu, comme agent de la production, qui joue le principal rôle (1). 2° Outre le principe de la concorde, φιλία, opposé comme cause d'union et source de tout bien à celui de la discorde, νεῖκος, il admet encore le hasard comme principe servant à l'explication des choses (2). C'est aux deux premiers de ces principes qu'il attribue l'origine des élémens. Au surplus, il considère le monde matériel tout entier (σφαῖρος, μῖγμα (3) ou le chaos) comme divin; mais il voit dans le monde sublunaire une quantité considérable de mal et d'imperfection (4). Le monde actuel doit rentrer un jour dans le chaos. Il distingue du monde sensible, κόσμος αἰσθητός, le monde intelligible, κόσμος νοητός, type du premier (5). C'est dans le feu qu'il semble surtout chercher le principe de la vie, quoiqu'il reconnaisse un être divin qui pénètre tout l'univers (6). De cet être supérieur proviennent aussi les démons, qui habitent successivement les corps, et à la nature desquels appartient l'âme humaine. L'âme est, attendu que la connais-

---

(1) *Arist.* Met. I, 4. De gener. et corrupt. I, 1, 8. II, 6.
(2) *Arist.* Phys. II, 4. De partib. animal. 1, 1. II, 8.
(3) *Simplic.* in phys. Arist.
(4) *Arist.* Metaph. I, 4. III, 4. *Plutarch.* De solertia animal.
(5) Fragm. edit. Peyron., p. 27. *Simplic.* in Arist. phys., p. 7. De cœlo, p. 128.
(6) *Sext.* adv. math. IX, 64 et 127. Cf. *Arist.* metaph. III, 4.

sance consiste dans l'équation du sujet et de l'objet, une réunion des quatre élémens, et elle a principalement son siège dans le sang (1). Il paraît aussi qu'Empédocle faisait la distinction des bons et des mauvais démons (2).

VII. *Sophistes.*

§ 109.

Détails et jugemens dans Xénophon, Isocrate, Platon, Aristote, Plutarque, Sextus, Diogène de Laërte, Philostrate.

Lud. *Cresollii* Theatrum veterum rhetorum, oratorum, declamatorum i. e. sophistarum, de eorum disciplina ac discendi docendique ratione. Paris, 1620, in-8; et dans Gronovius, Thes. t. x.

Ge. Nic. *Kriegk,* Diss. de sophistarum eloquentia. Jena, 1702, in-4.

Jo. Ge. *Walchii* Diatribe de præmiis veterum sophistarum rhetorum atque oratorum; dans ses Parerga academica p. 129. Et : De enthusiasmo veterum sophistarum atque oratorum. Ibid. p. 367.

Meiners, Histoire des sciences, etc. t. 1. p. 112, sq. et t. II, (all.).

---

(1) *Arist.* de anim. 1, 2. *Sext.* adv. math. 1, 303. VII, 121. *Plutarch.* De decr. philos. IV, 5. V, 25.

(2) *Plutarch.* De Is. et Osir., p. 361.

La propagation rapide de toutes sortes de connaissances et de systèmes chez les Grecs, l'incertitude des principes et des résultats dans les applications les plus hautes de l'intelligence, effet du manque de fondemens solides, enfin les progrès d'un certain raffinement de culture qui coïncidèrent avec la décadence des habitudes morales et religieuses, donnèrent naissance à la *Sophistique* (1), c'est-à-dire à un savoir purement extérieur et apparent, dont l'intérêt personnel était le seul mobile véritable. Les sophistes *Gorgias, Protagoras, Prodicus, Polus, Thrasymaque, Calliclès, Hippias d'Élis,* étaient des orateurs et des savans, très-habiles sans doute dans l'art de la parole, la dialectique, la critique, la rhétorique et la politique, mais qui, étrangers au véritable esprit philosophique, sans vouloir sérieusement réaliser la vraie science et atteindre le but de la raison, suivaient le courant de l'esprit du siècle, et se créaient une industrie, au moyen d'un savoir apparent et de leur adresse dialectique. Ils ne cherchaient qu'à briller par de prétendues connaissances universelles; ils s'appliquaient à résoudre des problèmes bizarres et futiles, et songeaient surtout à s'enrichir par l'art de la persuasion (2). Dans ce but, ils avaient inventé divers arti-

---

(1) Antérieurement σοφός et σοφίστης avaient un sens équivalent.

(2) *Plat.* Tim. ed. Bipont., t. ix, p. 285. *Xenoph.* Memorab. 1, 6. *Arist.* Sophist. elench., c. 1. *Cic.* Acad. Qu. ii, 23.

fices de dialectique propres à déconcerter leurs adversaires; et ils soutenaient toutes sortes de propositions philosophiques, sans nul véritable esprit philosophique. En effet, leurs plus grands efforts tendaient à effacer la différence entre la vérité et l'erreur, et à réduire toute croyance à la simple opinion subjective. A cet égard, ils offraient la fidèle image de la culture intellectuelle de leur temps, et ils servirent à éveiller enfin une ambition plus relevée et de plus nobles prétentions.

§ 110.

Gorgias de Léontium (1), disciple d'Empédocle, tâcha de prouver, dans son livre sur la nature (2), qu'il n'y a rien de réel, rien qui puisse être connu, ni transmis à l'aide des mots (3). La distinction entre les objets, les perceptions et les mots était importante, mais elle demeura stérile. *Protagoras* d'Abdère (on prétend qu'il fut disciple de Démocrite), soutint que la connaissance humaine consiste uniquement

---

(1) Flor. vers 440.
(2) On trouve dans Aristote et Sextus Emp., des fragmens de cet ouvrage, avec ce titre : Περὶ τοῦ μὴ ὄντος ἢ περὶ φύσεως. On attribue aussi à Gorgias des discours qui se trouvent dans le t. VIII des Orat. græc. de Reiske.
(3) *Arist.* de Xenoph. Zenone et Gorgia, principalement, ch. 5 et suiv. *Sextus*, adv. math. VII, 65 sq.

dans la perception du phénomène par le sujet (1); que l'homme est la mesure de toutes choses, πάντων χρημάτων μέτρον ἄνθρωπος (2) ; que la différence entre les perceptions, quant à la vérité et la fausseté, est nulle, qu'elles sont uniquement préférables ou pires (3); que toute manière de voir a son contraire, et qu'il y a autant de vérité d'une part que de l'autre ; que par conséquent l'on ne peut disputer sur rien (4). Quant à la réalité et à l'existence actuelle des dieux, il la tint pour douteuse (5). *Prodicus* de Julis, dans l'île de Ceos (6), disciple

---

(1) *Plat.* Theætet. ed Bip. ıı, 68. *Sext.* hyp. pyrrh. ı, 217. Cf. *Diog. L.* ıx, 51.

(2) *Plat.* Crat., t. ııı, 234 sq. *Arist.* Met. xı, 5. *Sextus* hyp. pyrrh. 1, 216 sq.

(3) *Plat.* Theæt., p. 89, 90, 102. *Sext.* adv. math. vıı, 60 sq. 369, 388. *Cic.* Ac. ıı, 46.

(4) *Diog. L.*, l. l.

(5) *Cic.* De nat. deor. ı, 12, 23. *Sext.* adv. mathem. ıx, 56 sq. *Diog. Laert.* ıx, 51, 53.

Sur Protagoras, voyez, outre les passages du dialogue qui porte son nom dans Platon, ed. Bip., t. ııı, p. 83 sq. ; et du Ménon, t. ıv, p. 372 sq., Ælien, A. Gelle, Philostrate et Suidas. J. C. Bapt. *Nürnberger*, Doctrine du sophiste Protagore sur l'être et le non-être. Dortm. 1798, in-8 (all.).

Chr. Gottlob *Heynii* Prolusio in narrationem de Protagora Gellii. N. A. v, 10 ; et Apuleii in Flor. ıv, 18. Gotting. 1806, sur ses sophismes et ceux de son disciple Evathlus.

Jo. Lud. *Alefed,* Mutua Pythagoræ et Evathli sophismata, quibus olim in judicio certarunt etc., Giess. 1730, in-8.

(6) Vers 420.

de Pythagore, s'occupa de la synonymie des mots, fit dériver la religion du sentiment de reconnaissance (1); et déclama à merveille sur la vertu (2) sans la pratiquer. *Hippias* d'Élis était un discoureur qui prétendait à un savoir universel (3). *Thrasymaque* de Chalcédoine (4), *Polus* d'Agrigente, *Calliclès* d'Acharnes, *Euthydème* de Chio, et d'autres, enseignaient qu'il n'y a pour l'homme aucune règle obligatoire autre que son instinct, son caprice et sa force physique; que le juste et l'injuste sont des inventions de la politique (5). *Diagoras* de Melos était connu pour un athée déclaré (§ 105). *Critias* d'Athènes, l'adversaire de Socrate, et que cette circonstance a fait compter parmi les partisans des sophistes, attribua à la politique l'origine de la religion (6), et il paraît avoir fait consister l'âme, ainsi que Protagoras, dans la sensibilité, laquelle réside elle-même dans le sang (7).

―――――

(1) *Sext.* adv. math. ix, 18. *Cic.* de nat. d. 1, 42.

(2) Par exemple, dans sa fameuse amplification, ἐπίδειξις, *Hercules ad bivium*! Voy. *Xenoph.* Mem. ii, 1, 21; et la Diss.: Xenophontis Hercules Prodiceus et Silii Italici Scipio perpetua notâ illustrati a Gotth. Aug. *Cubaeo.* Lips. 1797, in-8.

(3) *Plat.* In Hipp. maj. et min. *Xen.* Mem. iv, 4. *Cic.* de orat. iii, 32.

(4) *Plat.* De Rep. 1. Ed. Bip. t. vi, p. 165 sq.

(5) *Plat.*, Gorgias, Theætet., de Republ. ii., de leg. x, p. 76.

(6) *Sext.* hyp. pyrrh. iii, 218. Adv. Math. ix, 54.

(7) *Arist.* De animâ, 1, 2.

Depuis Socrate jusqu'a la fin de la lutte entre le Portique et l'Académie.

§ III.

La sophistique força l'esprit humain de porter un regard pénétrant au-dedans de soi, afin de découvrir un point d'appui solide à la philosophie, et des principes sûrs pour la vérité, la religion et la morale. Dès-lors commence pour la philosophie grecque une époque importante, qui fut l'ouvrage de la saine et ferme raison de Socrate. La philosophie reçut une direction nouvelle; elle procéda davantage de l'homme à la nature, du sujet à l'objet. On soumit à l'investigation, non plus seulement des questions spéculatives, mais aussi et principalement des questions de l'ordre pratique. On s'efforça de suivre des méthodes et de rattacher entre eux, d'une manière systématique, les résultats obtenus. Le besoin de principes positifs engendra des systèmes, et en même temps servit à combattre par le doute la domination de tels ou tels systèmes particuliers, ainsi qu'à tenir sans cesse éveillée, par ce même doute, l'ardeur des recherches originales.

§ 112.

Ces changemens dans les dispositions des esprits eurent lieu sous l'influence de quelques circonstances extérieures. Athènes, à cette époque, par sa position et sa constitution, par son commerce et le caractère de ses habitans, par la guerre des Perses et d'autres événemens politiques, était devenue le foyer des arts et des sciences de la Grèce. Dès-lors elle devint aussi le siège et le centre des travaux philosophiques : il s'éleva des écoles pour la philosophie, au moyen desquelles les idées purent se répandre, les forces intellectuelles se développer par un contact plus fréquent et plus varié, et l'émulation aspirer sans cesse vers un but de perfection plus relevé; mais d'un autre côté ces mêmes écoles purent favoriser une certaine paresse d'esprit par trop de commodités pour apprendre, par la facilité de répéter les paroles des maîtres, et par le pur formalisme des méthodes. Avant tout, c'est à la puissante influence du caractère et des travaux de Socrate que l'esprit philosophique dut, pendant cette nouvelle période, toutes ses formes et ses directions nouvelles.

Socrate.

§ 113.

Les principales sources (1) sont : Xénophon (particulièrement les Mémoires et l'Apologie de Socrate), et Platon (l'Apologie). Rapports de ces deux écrivains

---

(1) Les prétendues Lettres de Socrate, publiées depuis peu, (cf. la bibliographie au § 88), sont apocryphes. Voyez Chph. *Meiners*, Judicium de quorumdam Socraticorum reliquiis in Comment. Soc. Gott., vol. v.

Ouvrages sur la vie, la doctrine et le caractère de Socrate.

Fr. *Charpentier*, La Vie de Socrate, 3ᵉ édit., Amst. 1699, in-12.

J. Gilbert *Cooper*, The Life of Socrates collected from the memorabilia of Xenophon, and the dialogues of Plato. Lond. 1749-50. Nouv. éd., 1771, in-8; traduct. franç., 1751, in-12.

Jac. Guill. Mich. *Wasser*, Diss. (Præs. G. Chr. *Knorr*), de vita, fatis atque philos. Socratis. Œtting. 1720, in-8.

Wilh. Fried. *Heller*, Socrate, 2 parties. Francf. 1789-90, in-8 (all.).

Carl. Wilh. *Brumbey*, Socrate, d'après Diog. de Laërte. Lemgo, 1800, in-8 (all.).

Dan. *Heinsii* Socrates, seu de doctrina et moribus Socratis oratio; dans ses *Orationes*. Lugd. Bat. 1627, in-8.

Dan. *Boëthius*, de Philosophia Socratis, p. 1. Ups. 1788, in-4.

entre eux à cet égard. Sources secondaires : Aristote, Cicéron, Plutarque, Sextus Empiricus, Diogène de Laerte (II, 18 sq.).

Socrate, né à Athènes en 470 ou 469, fils d'un pauvre sculpteur nommé Sophronisque, et d'une sage-femme, Phænarète, se forma un esprit complètement opposé à la frivolité et aux habitudes sophistiques de l'époque de raffinement où il vécut, en se livrant surtout au commerce de la société (même auprès de femmes distinguées par leurs agrémens et leurs talens, ἑταῖραι), et en se proposant sans cesse à lui-même l'idée imposante d'un sage, dont la vie entière, et comme homme et comme citoyen, offrît

---

Garnier, Le Caractère de la philosophie de Socrate ; dans les Mém. de l'Ac. des Inscript., t. XXII.

G. *Wiggers*, Socrate comme homme, citoyen et philosophe. Rost. 1807 ; 2ᵉ éd., Neustrel. 1811, in-8 (all.).

Ferd. *Delbrück*, Considérations et Recherches sur Socrate. Cologne, 1816, in-8 (all.).

J. Andr. *Cammii* Commentatio (Præs. Jo. Schweighæuser): mores Socratis ex Xenophontis Memorabilibus delineati. Argent. 1785, in-4.

J. *Hacker*, Diss. (Præs. Fr. Volkm. *Reinhard*): Imago vitæ morumque Socratis è scriptoribus vetustis. Vitemb. 1787, in-8.

J. *Lusac*, Oratio de Socrate cive. Lugd. Bat. 1796, in-4.

Fr. *Mentzii* Socrates nec officiosus maritus, nec laudandus pater familias. Lips. 1716, in-4.

Joh. Math. *Gesneri* Socrates sanctus pæderasta, in Comment. Soc. Reg. Gotting., t. II.

sons tous les rapports un modèle de ce que l'humanité peut devenir. Il fut le précepteur du genre humain, comme celui de ses compatriotes, non pour l'amour du gain, ni de la réputation, mais en vertu d'une vocation intérieure; il se proposa surtout de contenir l'essor de la spéculation par la force d'un bon sens imperturbable, de soumettre les prétentions scientifiques à une obligation d'un ordre plus élevé, savoir la vertu, et de rattacher la religion à la morale. Sans fonder proprement une école ni établir un système philosophique, il attira autour de lui, par la dignité et l'urbanité de ses entretiens, une foule de jeunes gens et d'hommes faits, inspira à la plupart d'entre eux des sentimens et des idées plus relevées, et fit, d'un certain nombre de ses auditeurs les plus affectionnés, des hommes d'un mérite supérieur. Il combattit les sophistes en leur opposant son sens droit, son ironie et son caractère. Adversaire constant de l'esprit d'obscurité et du charlatanisme scientifique, même dans la vie commune, il s'attira des ennemis, et finit par succomber à leurs intrigues (1). Il but la ciguë en l'année 400 avant Jésus-Christ (2), Ol. 95, 1.

---

(1) *Ueber den process*, etc., Sur le procès de Socrate, par Th. Christ. *Tychsen*, dans la Biblioth. der alten Literatur und Kunst., 1ᵉʳ et 2ᵉ cahier, 1786.

M. Car. Em *Kellner* Socratem criminis majestatis accusatum vindicat. Lips. 1738, in-4.

§ 114.

Quoique Socrate ne soit point proprement un philosophe d'école, toutefois par son caractère et son exemple, par sa doctrine et sa manière de la communiquer, en sa qualité d'homme sage et de précepteur populaire, il a rendu à la philosophie un service immense, que jamais on ne pourra méconnaître; car il dirigea la réflexion sur des études d'une souveraine importance pour l'homme, auxquelles il ne saurait renoncer pour aucune autre, et il montra la source intérieure d'où dérive toute croyance (γνῶθι σεαυτόν).

§ 115.

God. Wilh. *Pauli* Diss. de philosophia morali Socratis. Hal. 1714, in-4.

―――

Sigism. Fr. *Dresigii* Epistola de Socrate juste damnato. Lips. 1738, in-4.

J. Car. Chph. *Nachtigall*, Ueber die Verurtheilung, etc. Sur la Condamnation de Socrate, dans le *Deutsche Monatsschrift*, juin 1790, p. 127, suiv.

Car. Lud. *Richter*, Commentatt. i, ii, iii, de libera quam Cicero vocat Socratis contumacia. Cassel, 1788, 89, 90, in-4.

(2) Ge. Christ. *Ibbecken*, Diss. de Socrate mortem minus fortiter subeunte. Lips. 1735, in-4.

Jo. Sam. *Müller*, Ad actum oratorio-dramaticum de morte Socratis invitans, præfationis loco, pro Socratis fortitudine in subeunda morte contra Ibbeckenium pauca disputat. Hamb. 1738, in-fol.

Edwards, The socratic system of moral as delivered in Xenoph. Memorab. Oxford, 1773, in-8.

Lud. *Dissen*, Programma de philosophia morali in Xenophontis de Socrate commentariis tradita. Gott. 1812, in-4.

Les doctrines de Socrate avaient exclusivement pour objet les idées de l'ordre moral et religieux, la destination et la perfection de l'homme considéré comme un être raisonnable, et enfin ses devoirs, qu'il exposait d'une manière simple et populaire, à mesure que l'occasion s'en présentait, invoquant à l'appui le témoignage du sens moral de l'humanité. 1° Reconnaître le bien qu'on est tenu de faire, et agir en conséquence de cette vue de la raison, c'est pour l'homme le bonheur le plus précieux, et le plus digne emploi de ses facultés, telle est l'εὐπραξία (1). Les moyens qui y conduisent sont la connaissance de soi-même, et l'habitude de maîtriser son âme. La sagesse, σοφία, qu'il assimile souvent à la prudence ou à la modération, σωφροσύνη, comprend toutes les vertus comme connaissance essentiellement active (2); c'est pourquoi il appelait aussi la vertu une science (3). Avec la prudence, les devoirs de l'homme envers lui-même comprennent la tempérance, ἐγκράτεια, et

---

(1) *Xenoph.* Mem. III, § 14 sq. Cf. 1, 5. IV, 4, 5, 6.
(2) *Xen.* Mem. III, 9, § 4 et 5.
(3) *Arist.* Eth. Nicom. VI, 13.

le courage, ἀνδρεία (1). Les devoirs envers autrui sont tous renfermés dans la justice, δικαιοσύνη, c'est-à-dire l'accomplissement des lois humaines et divines. On trouve aussi chez Socrate, pour la première fois, l'idée d'un droit ou d'une justice naturelle (2). 2° La vertu et la vraie félicité, εὐδαιμονία, la perfection morale et le bonheur sont inséparablement unis (3). 3° La religion, εὐσέβεια, est un hommage rendu à Dieu par la pratique des bonnes actions, et un effort assidu pour réaliser tout le bien que nos facultés nous permettent de faire (4). 4° Le Dieu suprême est le premier auteur et le garant des lois morales (5) : son existence est attestée par l'ordre et l'harmonie de la nature, soit au-dedans de l'homme, soit au-dehors (première théologie tirée de l'ordre naturel). C'est un être rationnel invisible, qui se révèle par ses effets (6). Socrate reconnaissait de

---

(1) *Xenoph.* Mem. 1, 5, § 4. IV, 5, § 6. IV, 6, § 19 sq.

(2) *Ibid.* IV, c. 4, c. 6, § 12. Τὸ φύσει δίκαιον.

Jac. Guil. *Feuerlin*, Diss. historico-philosophica, Jus naturæ Socratis. Altdorf. 1719, in-4.

(3) *Xen.* Mem. III, 9. IV, 2, § 34 sq. 1, 6, § 10. *Cic.* Offic. III, 3.

(4) *Xen.* Mem. 1, 1, § 2, 5. III, 9, § 15.

(5) *Ib.* 1, 2, 4. IV, 3, 4. *Plat.* Apol. Socr., c. 15.

(6) M. Lud. Theoph. *Mylii* Diss. de Socratis theologia. Jen. 1714, in-4.

J. Fr. *Aufschlager*, Comment. (Præside J. *Schweighæuser*): Theologia Socratis ex Xenoph. Memorab. excerpta. Argent. 1785, in-4; et dans les Opusc. Acad. de Schweigh. P. 1, p. 134 sq.

plus la providence, doctrine à laquelle se rattachait sa croyance à la divination et à son génie familier (1); enfin, les divers attributs de Dieu relatifs au sage gouvernement de la nature et à la constitution de l'homme (2). Il ne croyait pas devoir porter plus loin ses recherches. 5° L'âme est un être

---

(1) Godofr. *Olearii* Dissert. de Socratis dæmonio. Lips. 1702; et paris Stanley, Hist. phil., p. 130 sq.

Chph. *Meiners*, Du Génie de Socrate, dans la III° part. de ses Œuvres mêlées (all.).

Du Génie de Socrate, recherche philosophique, par Aug. G. *Uhle*, Hanov. 1778, in-8 (all.). *La même*, précédemment dans le *Deutsches Museum*. 1777.

Parallèle du génie de Socrate et des miracles de Jésus-Christ, par le docteur *Less*. Goetting. 1778, in-8 (all.). *Le même*, précédemment dans le *Deutsches Mus.*, x° cahier, p. 302 et 310, dirigé contre l'écrit précédent.

Voyez aussi la Dissert. de *Schlosser*, ibid. 1778, 1er cahier, p. 71 et 76.

Sur le Génie de Socrate, nouvelle recherche philosophique (par J. Chph. *Kœnig*). Francf. et Leipz. 1777, in-8 (all.).

B. J. C. *Justi*, Sur le Génie de Socrate, Leips. 1779, in-8 (all.).

Rob. *Nares*, An Essay on the Demon or divination of Socrates. Lond. 1782, in-8.

Matth. *Fremling*, De Genio Socratis. Lund. 1793, in-4.

J. Car. Ch. *Nachtigall*, Socrate croyait-il à son génie? dans le *Deutsche Monatsschrift*, 1794, xi cahier, p. 326 (all.).

J. Fr. *Schaarschmidt*, Socratis dæmonium per tot secula a tot hominibus doctis examinatum quid et quale fuerit, num tandem constat? Nivemont. 1812, in-8.

(2) *Xen.* Mem. 1, 4. IV, 3.

divin, ou semblable à Dieu. Elle se rapproche de lui, μετέχει τοῦ θεοῦ, par la raison et par sa force invisible, et par conséquent elle est aussi immortelle (1). 6° Toutes les autres sciences et doctrines qui ne peuvent avoir d'utilité pour la vie pratique, il les tenait pour vaines, sans but, et désagréables à Dieu, bien que lui-même il ne fût point étranger aux mathématiques, et aux spéculations des sophistes (2).

§ 116.

La méthode d'enseignement de Socrate (3) était une sorte d'accouchement intellectuel, μαιευτική, qu'il exerçait, en tirant de la conscience de chacun les principes de sa croyance naturelle, au moyen de

---

(1) *Xenoph.* Mem. i, 4, § 8, 9. iv, 3, § 14. Cyropæd. viii, 7. *Plat.* Phædo, c. 8 sq.

W. G. *Tennemann*, Doctrines et Opinions des socratiques sur l'immortalité de l'âme. Jena. 1791, in-8 (all.).

(2) *Xen.* Mem. i, 1, § 15. iv, 7. *Cic.* Tusc. Qu. v, 3. Academ. i, 4.

(3) Fr. *Menzii* Diss. de Socratis Methodo docendi non omnino præscribenda. Lips. 1740, in-4.

J. Christ. *Lossius*, De arte obstetricia Socratis. Erf. 1785, in-4.

Fr. Mich. *Vierthaler*, (*Geist*, etc.), Esprit de la méthode socratique. Salzb. 1793, in-8; 2ᵉ éd. Würzb. 1810.

J. F. *Græffe* (*Die Sokratik*, etc.), La méthode socratique selon sa forme primitive. Gœtt. 1794; 3ᵉ éd. 1798, in-8.

G. J. *Sievers*, De methodo Socratica. Slesv. 1810.

procédés vulgaires, par l'induction et l'analogie, et dans la forme du dialogue. Cette méthode lui fut suggérée par le sens simple et droit dont il était doué, ainsi que par le besoin de mettre les sophistes en contradiction avec eux-mêmes, afin de les mieux réfuter ; et pour cela il s'armait de son ironie (1) ou ignorance affectée, et de sa dialectique (2).

§ 117.

Les services rendus par Socrate à la philosophie sont donc en partie négatifs, en partie positifs : négatifs, en ce qu'il s'écarta d'une vaine science, combattit les spéculations à principes étroits et exclusifs, et sut reconnaître modestement notre ignorance, mais sans distinguer avec précision ce qui est à la portée de notre connaissance de ce qui ne l'est point; positifs, en ce qu'il sut s'orienter dans le domaine immédiatement soumis à la raison, celui dont l'homme est le centre, en qualité d'être raisonnable et actif, toutefois sans une étude assez approfondie des diverses idées et des divers mobiles qui appartiennent à l'ordre pratique ; de plus, en ce qu'il signala le premier la liberté et la nature comme également soumises à des lois; qu'il montra la véritable

---

(1) Cl. Fr. *Fraguier*, Diss. sur l'ironie de Socrate, son prétendu Démon familier, et sur ses mœurs, dans les Mém. de l'Ac. des Inscr. ; t. IV.

(2) *Xen.* Mem. IV, 2. *Plat.* Theætet., Meno, Sympos. p. 260. *Cic.* de Fin. II, 1.

source de toute connaissance, et qu'enfin il découvrit de nouveaux objets de recherche philosophique.

Chr. Fred. Liebegott *Simon*, Diss. (Præs. W. T. *Krug*) de Socratis meritis in philosophiam rite æstimandis. Viteb. 1797, in-4.

Fried. *Schleiermacher*, Sur le mérite de Socrate comme philosophe; dans les mém. de la classe philos. de l'Ac. roy. des sc. de Berl. 1818, in-4, p. 5o (all.).

§ 118.

Comme Socrate partageait son temps entre un grand nombre d'amis de caractères et d'esprits très-divers, les uns plus disposés à la vie active, les autres à l'étude des sciences, chacun dans des sphères plus ou moins étendues, on vit un grand nombre de disciples sortir de ses entretiens, et prendre des directions diverses par l'influence de ses leçons et surtout par celle de sa méthode si favorable au développement original des esprits (1). Les Athéniens *Xénophon* (2), cf. § 113, *Æschine*,

---

(1) *Cic.* De Oratore III, 16. *Diog. L.* Prooem., § 10.
(2) Né vers 450, m. 360.

Sur les prétendues lettres des philosophes socratiques, voyez ci-dessus la remarque au §113.

A. *Goering*, Explicatur cur Socratici philosophicarum, quæ inter se dissentiebant, doctrinarum principes a Socratis philosophia longius recesserint. Partenopol. 1816, in-4.

Simon (1), *Criton* et le thébain *Cébès* (2), propagèrent les doctrines de leur maître, et se formèrent un système de vie conforme aux règles de sa morale. Parmi ceux qui s'adonnèrent spécialement à la science philosophique, *Antisthène*, Athénien fondateur de l'école cynique, ensuite *Aristippe*, chef de l'école cyrénaïque, et plus tard, *Pyrrhon*, portèrent exclusivement leur attention vers la partie morale ou pratique. *Euclide* de Mégare, *Phædon* d'Élis, *Ménédème* d'Érétrie, s'occupèrent davantage de la partie théorique ou métaphysique. Le génie plus vaste de *Platon* embrassa, dans ses recherches, ces deux parties à la fois, et rapprocha les branches divisées du socratisme, dont chacune séparément suffisait à l'activité de la plupart des socratiques. Lorsqu'on réfléchit à l'esprit des cyniques, des cyrénaïques, des pyrrhoniens et des mégariques, (pour ce qui est des écoles d'Élide et d'Érétrie, nous les connaissons trop peu), enfin, à celui de l'école platonicienne, on trouve que les quatre premières écoles n'avaient saisi et développé la pensée de Socrate que par des

---

(1) On conteste l'authenticité des deux dialogues qui lui sont attribués. Voyez *Boeckh*, préface de l'édition intitulée : *Simonis Socratici*, ut videtur, dialogi quatuor. Additi sunt incerti auctoris (vulgo Æschinis) dialogi Eryxias et Axiochus, ed. Aug. Boeckh. Heidelb. 1810, in-8.

(2) L'écrit connu sous le titre de Πίναξ (Cebetis tabula) est attribué aussi à un stoïcien de Cyzique, vivant à une époque moins ancienne.

côtés divers vus séparément, tandis que la dernière a le mérite d'offrir une activité illimitée, alliée à l'esprit socratique, et se portant sur tous les points de la connaissance philosophique.

SYSTÈMES PARTIELS DES SOCRATIQUES.

I. *Cyniques.*

Sources : Xénophon, Platon, Aristote, Cicéron, Sextus Empiricus, Diogène de Laerte, vi.

Ge. Gottfr. *Richteri* Diss. de Cynicis. Lips, 1701, in-4.

J. Ge. *Meuschenii* Disp. de Cynicis. Kilon. 1703, in-4.

Christ. Glieb. *Joecher*, Progr. de Cynicis nulla re teneri volentibus. Lips. 1743, in-4.

Fr. *Mentzii* Progr. de Cynismo nec philosopho nec homine digno. Lips. 1744, in-4.

§ 119.

Antisthène.

Gottlob Lud. *Richter*, Diss. de vita, moribus ac placitis Antisthenis Cynici. Jen. 1724, in-4.

Lud. Chr. *Crellii* Progr. de Antisthene Cynico. Lips. 1728, in-8.

Antisthène, Athénien (1), d'abord disciple de Gorgias, ensuite ami et admirateur de Socrate, fut vertueux avec exagération et avec orgueil. Il plaçait le souverain bien de l'homme dans la vertu, qu'il faisait consister dans l'abstinence et les privations, comme moyen d'assurer notre liberté, en nous plaçant hors de la dépendance des choses du dehors; par-là, selon lui, l'homme peut atteindre la plus haute perfection, la félicité la plus parfaite, et devenir semblable à Dieu. Rien n'est beau que la vertu, rien n'est laid que le vice, τ'ἀγαθὰ καλά, τὰ κακὰ αἰσχρά. Tout le reste est indifférent, ἀδιάφορα, et par conséquent indigne d'être l'objet de nos efforts (2). De-là un système de vie éminemment simple, τὸ ζῆν κατὰ φύσιν, jusqu'à négliger les bienséances sociales; de-là aussi le mépris de la science spéculative (3), qu'il motivait par ce principe, que l'essence des choses ne se laisse point définir. Il soutenait encore qu'il n'y a que des jugemens identiques, et que nul homme ne peut en réfuter un autre (4). Il faut remarquer aussi la notion épurée qu'il avait conçue d'un seul Dieu placé au-dessus des divinités populaires (5).

---

(1) Fl. vers 380.
(2) *Diog. Laert.* vi, 11 sq., 103, 106.
(3) On cite pourtant de lui beaucoup d'ouvrages (*Diog. L.* vi, 15 sq.) dont il ne nous reste que deux discours imprimés dans les Orat. græc. de Reiske, t. viii, p. 52 sq.
(4) *Arist.* Metaph. viii, 3. v, 29. *Plat.* Sophist., p. 270.
(5) *Cic.* Nat. D. 1, 13.

§ 120.

Malgré ce qu'avait de peu attrayant l'austérité extrême de sa vie, qui l'avait fait surnommer ἁπλο-κύων, Antisthène s'attira, par sa noble fierté et par la singularité de son rôle, un grand nombre de partisans, qui furent appelés *cyniques*, soit à cause du Gymnase, *Cynosarges*, où leur maître leur donnait ses leçons, soit aussi à cause de la rudesse de leurs mœurs (1). On distingue parmi eux, celui qui, suivant la tradition, habitait dans un tonneau, ce *Diogène de Sinope* (2), qui s'appelait lui-même κύων (3), et qui faisait de la vertu et de la sagesse le sujet de l'ascétisme cynique (4); ensuite son disciple *Cratès*

---

(1) *Diog. L.* VI, 13 et 16.

(2) Né 414, mort 324 avant J.-C.

(3) *Diog. L.* VI, 20—81.

(4) Les *Lettres*, vraisemblablement supposées que l'on a sous son nom, se trouvent dans le Recueil de Lettres publié par Alde Manuce (réimp. à Genève 1606); il en existe encore vingt-deux autres dans la Notice des lettres inédites de Diogène, etc., par M. *Boissonade*, Notices et Extraits des manuscrits de la biblioth. du roi, t. x, P. 11, p. 122 sq.

Ont écrit sur ce philosophe :

F. A. *Grimaldi*, La vita di Diogene Cinico. Nap. 1777, in-8.

Chph. Mart. *Wieland*, Σωκράτης μαινόμενος, ou Dialogues de Diogène de Sinope. Leips. 1770, et dans ses Œuvres.

Fried. *Mentzii* Diss. de fastu philosophico, virtutis colore infucato, in imagine Diogenis cynici. Lips. 1712, in-4.

de Thèbes (1), et sa femme, *Hipparchia* de Maronea; mais ce n'est point par des services rendus à la science que ces personnages se font remarquer. On cite moins souvent *Onésicrite* d'Egine, *Métroclès*, frère d'Hipparchia, *Monime* de Syracuse, *Ménédème* et *Ménippe*. L'école cynique fut ennoblie et finit par être absorbée par l'école stoïque; elle se releva pourtant, dans les premiers siècles après la naissance de Jésus-Christ, mais seulement par une imitation affectée du nom et des dehors, sans reproduire le noble esprit des anciens cyniques (2).

II. *Cyrénaïques*.

§ 121.

Sources : Xénophon, Aristote, Cicéron, Plutarque, Sextus Empiricus, adv. Math. VII, 11, Diog. Laert.

Frid. *Mentzii* Aristippus philosophus Socraticus, sive de ejus vita, moribus et dogmatibus commentarius. Hal. 1719, in-4.

Batteux, développement de la morale d'Aristippe, pour

Jo. Mart. *Barkhusii* Apologeticum quo Diogenem Cynicum a crimine et stultitiæ et imprudentiæ expeditum sistit. Regiom. 1727, in-4.

(1) *Diog. L.* VI, 85 sq. Cf. Juliani imperat. orat. VI, ed. Spangenb., p. 199.

(2) Luciani Κυνικὸς, et autres dialogues.

servir d'explication à un passage d'Horace; dans les mém. de l'Acad. des inscr. t. xxvi.

C. M. *Wieland*, Aristippe et quelques-uns de ses contemporains, 4 vol. Leips. 1800-1802 (all.). OEuvres comp. tom. xxxiii à xxxvi.

Henr. *Kunhardt*, Diss. philos. histor. de Aristippi philosophia morali, quatenus illa ex ipsius philosophi dictis secundum Laertium potest derivari. Helmst. 1796, in-4.

Aristippe de Cyrène, ville coloniale d'Afrique (1), élevé dans l'aisance, esprit léger et agréable, avait, lorsqu'il commença à fréquenter Socrate, un penchant pour les plaisirs, que ce dernier parvint à rendre plus noble, sans pouvoir le détruire (2). Il faisait consister la fin de l'homme, τὸ τέλος, dans les jouissances accompagnées de bon goût et de liberté d'esprit, τὸ κρατεῖν καὶ μὴ ἡττᾶσθαι ἡδονῶν ἄριστον, οὐ τὸ μὴ χρῆσθαι (3), et il enseignait l'art de jouir de la vie. Il faisait d'ailleurs assez peu de cas de l'étude, et particulièrement des sciences mathématiques (4). Son petit-fils *Aristippe*, surnommé *Métrodidacte*, parce qu'il fut instruit par sa mère *Arété*, fille du premier Aristippe (5), développa le premier, d'après ces principes, en un système complet, la philosophie

---

(1) Fl. 380 avant J.-C.
(2) *Diog. L.* ii, 65 sq. *Plutarch.* Adv. principum indoct. ii, p. 779. *Xenoph.* Mem. ii, 1; et iii, 8.
(3) *Diog.* ii, 75.
(4) *Diog.* ii, 75. *Arist.* Met. iii, 2.
(5) J. Ge. *Eck*, De Arete philosopha. Lips. 1775, in-8.

du plaisir, ἡδονισμός. Cette philosophie part des émotions sensibles, πάθη, ou de la sensation en général, et admet, pour le corps et pour l'esprit, le plaisir et la peine, πόνος; mais elle accorde la supériorité au plaisir du corps; elle considère comme le but le plus élevé de l'homme, τέλος, non pas le bonheur, εὐδαιμονία, mais seulement la volupté présente et actuelle, ἡδόνη ἐν κινήσει, et en même temps la sagesse et la vertu comme les seuls moyens qui y conduisent (1). Enfin, toute la doctrine de ces philosophes se renfermait, à l'exclusion de la logique et de la physique, dans leur morale, comme théorie des sensations, seuls objets réels de connaissance, et les seuls qui ne puissent tromper, καταληπτὰ καὶ ἀδιάψευστα (2), et en même temps les seuls *criteria* de la vérité (3).

§ 122.

Les conséquences ultérieures de cette morale du bonheur rigoureusement appliquées à la vérité, la justice et la religion, menèrent à de nouveaux résultats quelques autres cyrénaïques (autrement appelés aussi *Hédoniques*, ἡδονικοί). *Théodore de Cyrène*, qui fut surnommé l'*Athée*, disci-

---

(1) *Diog. L.* II, 86 sq. *Euseb.* Præp. evang. XIV, in-18.
(2) Cf. *Diog. L.* II, 92. *Cic.* Ac. Qu. IV, 46.
(3) *Diog.* II, 86 sq. *Sext. Emp.* adv. Math. VII, 11, 15, 191—198.

ple (1) du second Aristippe, et probablement aussi du stoïcien Zénon, du sceptique Pyrrhon et d'autres (2), prenant également pour principe la sensibilité, en vint à refuser toute objectivité à nos perceptions, nia l'existence d'un *criterium* universel de la vérité, et par là prépara les voies à l'école sceptique, composa un système complet d'indifférence morale et religieuse, et reconnut le plaisir ou la gaîté, χαρά, pour le but final de notre nature. Ses partisans s'appellent les Théodoriens, Θεοδώρειοι (3). Son disciple, *Bion* de Borysthenis (4), et *Evhémère* (5) de Messène, selon quelques-uns, appliquèrent cette doc-

---

(1) Flor., vers 300.

(2) *Suidas. Diog. Laert.* 86 et 97 sq.

(3) *Sextus*, adv. Math. VII, 191 sq. *Plutarch.* Adv. Colot., XIV, p. 177. *Euseb.* Præp. evang. XIV, 18. *Diog.* II, 93, 97—100.

(4) *Bion Borysthenita*, surnommé aussi le sophiste, vivait au milieu du 3ᵉ sièc. avant J.-C.

Voy. *Bayle*, Dict.; et Marius *Hooguliet*, Specimen philosophico-criticum continens diatriben de Bione Borysthenita, etc. Lugd. Bat. 821, in-4.

(5) Les fragmens de son ouvrage intitulé Ἱερὰ ἀναγραφή, dans Diod. de Sic., Bibl. hist. ed. *Vesseling*, t. II; 633; et dans les Fragmens d'Ennius, qui l'avait traduit en latin. *Id.* Hessel, p. 212. Voyez aussi sur Evhémère et l'Evhémerisme :

Sevin, Recherches sur la vie et les ouvrages d'Evhémère; *Fourmont*, Dissert. sur l'ouvrage d'Evhémère, intitulé Ἱερὰ ἀναγραφή, etc.; et *Foucher*, Mém. sur le système d'Evhémère dans les Mém. de l'Ac. des Inscr.; t. VIII, XV, XXIV.

trine à la religion populaire (1). *Hégésias*, qui enseignait à Alexandrie, sous le règne de Ptolémée, natif peut-être de Cyrène, et disciple du cyrénaïque Paræbates, était également déclaré pour l'indifférence morale, mais il pensait que l'état de volupté parfaite ne peut être atteint par notre nature, ἀδύνατον καὶ ἀνυπαρκτόν, d'où il concluait que la vie n'a aucun prix, et que la mort lui est préférable. De là son surnom, πεισιθάνατος (2). Il forma aussi une secte, les Hégésiaques.

§ 123.

Anniceris de Cyrène, qui paraît avoir été, comme Hégésias, disciple de Paræbates, et avoir enseigné aussi à Alexandrie, chercha, sans rien changer aux principes, à écarter de ce système ses révoltantes conséquences, et à le mettre en harmonie avec les sentimens de l'amitié et du patriotisme, au moyen des jouissances plus délicates de l'esprit de bienveillance (3); par là, le système cyrénaïque se rapprocha

---

(1) *Cic.* Nat. D. 1, 42. *Plutarch.* Adv. Stoicos XIV, p. 77. De Is. et Osir., t. VII, p. 420. Ed. Reiske. *Sextus*, adv. Math. IX, 17, 51, 55. *Diog.* II, 97; et IV, 46—58. *Diod. Sicul.* V, 11 et 45. *Lact.* div. instit. 1, 11.

(2) *Cic.* Tusc. Q. 1, 34. *Diog.* II, 86, 93 sq. *Val. Max.* XVIII, 9.

J. J. Rambach, Progr. de Hegesia πεισιθανάτῳ. Quedlinb. 1771, in-4. *Id.* dans sa Sylloge Diss. ad rem litterariam pertinentium. Hamb. 1790, in-8, n° 4.

(3) *Diog.* II, 96, 97.

de celui d'Épicure. Le succès qu'obtint ce dernier fit tomber l'école de Cyrène.

III. *Pyrrhon et Timon.*

§ 124.

Sources : Cic. de fin. II, 13, IV, 16, surtout, Sextus Empiricus. Diog. Laert, IX, 61, sq., 105, sq. Euseb. præp. evang. XIV, 18.

Cf. bibliographie au § 38, II, a.

G. P. *de Crouzaz*, Examen du pyrrhonisme ancien et moderne, la Haye, 1733. Ce même ouvrage par extraits dans *Formey*, le Triomphe de l'évidence; avec un disc. prélim. de M. de Haller, Berlin, 1756, 2 vol. in-8.

J. *Arrhenii* Diss. de philosophia pyrrhonia. Ups. 1708, in-4.

God. *Plouquet*, Diss. de epocha Pyrrhonis. Tubing. 1758, in-4.

J. Glieb. *Münch*, Diss. de notione ac indole scepticismi, nominatim Pyrrhonismi. Altd. 1796, in-4.

Jac. *Bruckeri*, Observatio de Pyrrhone a scepticismi universalis macula absolvendo, Miscell. hist. philos. page 1.

C. Vict. *Kindervater*, Diss. Adumbratio questionis, an Pyrrhonis doctrina omnis tollatur virtus. Lips. 1789, in-4.

Ricard. *Bodersen*, De philosophia pyrrhonia. Kil. 1819, in-4.

J. Rud. *Thorbecke*, Responsio ad qu. philos., etc., num

quid in dogmaticis oppugnandis inter academicos et scepticos interfuerit. (?) 1820, in-4.

Js. Frid. *Langheinrich*. Diss. I et II de Timonis vita, doctrina, scriptis. Lips. 1729-1721.

Pyrrhon d'Élis (1), d'abord peintre, accompagna Alexandre dans ses campagnes avec son maître Anaxarque, et devint ensuite prêtre à Élis; il soutint, comme Socrate, avec lequel il avait aussi quelque ressemblance par son caractère, que la vertu seule est précieuse (2); que tout le reste, même la science, est inutile et impossible. A l'appui de cette dernière proposition, qui se rapprochait assez de l'ironie de Socrate, il donnait pour raison que l'opposition des principes, ἀντιλογία, ἀντίθεσις τῶν λόγων, nous démontre l'incompréhensibilité des choses, ἀκαταληψία. Par conséquent, le sage doit retenir son jugement, ἐπέχειν, et tendre à l'impassibilité, ἀπάθεια. C'est ainsi que Pyrrhon et son école donnèrent, pour la première fois, une acception plus spéciale à ce mot σκέψις, examen, déjà maintes fois employé précédemment (3). Son ami et son

---

(1) Fl. vers 340, m. vers 288 avant J.-C.
(2) *Cic.* De orat. III, 17. De finib. III, 3, Acad. Qu. II, 42.
(3) *Diog. L.* IX, 70 sq. *Sext. Empir.* hyp. pyrrh. I, 209 sq. *Aul. Gell.* XI, 5.
De là vient que les Pyrrhoniens s'appellent aussi *sceptiques* dans le sens spécial de ce mot; on les a plus proprement qualifiés de *Ephectiques* (de cette ἐποχή, ou suspension du jugement), *Zététiques* et *Aporétiques* (chercheurs et douteurs).

disciple *Timon*, médecin de Phliunte, et précédemment disciple de Stilpon à Mégare (1), porta plus loin ce scepticisme qui s'était borné d'abord à une certaine rigidité morale (2), et soutint avec un dédain amer, contre les dogmatiques, les propositions suivantes (3): les doctrines des dogmatiques ne sont point fondées sur des principes réels, mais sur de pures suppositions, ἐξ ὑποθέσεως ; les objets de leurs spéculations ne peuvent arriver à la connaissance humaine; toute science est vaine, comme ne donnant point l'art d'être heureux; on doit, dans les jugemens pratiques, n'écouter que la voix de sa propre nature, c'est-à-dire le sentiment, et par l'indécision du jugement dans la théorie, ἀφασία, s'efforcer de parvenir au repos inaltérable de l'âme, ἀταραξία (4). On a mis en doute si les (dix) motifs de doute, τόποι ou τρόποι τῆς ἐποχῆς, des sceptiques (5), proviennent

---

(1) Fl. vers 272.

(2) *Sext.* adv. Math. I, 23.

(3) Particulièrement dans son poëme satirique, Σίλλοι, d'où on l'a appelé quelquefois le *Sillographe*. On trouve des fragmens des trois livres de ce poëme, et de son ouvrage Περὶ αἰσθήσεων, en partie dans la dissertation citée plus haut (d'Is. Frid. *Langheinrich*), en partie dans Henri *Étienne*, poes. philos. et dans les Analectes de *Brunck*, t. II et III.

(4) *Cic.* Fin. II, 2ʼ, 13. IV, 16. Offic. I, 2. De orat. III, 17. *Diog.* IX, 61 sq. 103 sq. *Euseb.* Præp. XIV, 18. *Sextus* adv. Math. III, 2. XI, § 171. VII, § 30.

(5) Voyez plus loin à l'art. Ænesidème.

de Pyrrhon ou de Timon. Au reste, ce dernier ne laissa aucun disciple célèbre.

IV. *Mégariques.*

§ 125.

Sources : Platon, Aristote, Cicéron, Sextus Empiricus, Diog. Laert. II.

J. Casp. *Guntheri* Diss. de methodo disputandi megarica. Jen. 1707, in-4.

J. Ern. Junn. *Walch*, Commentatio de philosophiis veterum criticis. Jen. 1755, in-4.

G. Lud. *Spalding*, Vindiciæ philosophorum megaricorum. Berol. 1793, in-8.

J. Ge. *Hager*, Dissert. de modo disputandi Euclidis. Lips. 1736, in-4.

Euclide de Mégare (1), avant d'être l'un des amis de Socrate, avait étudié la philosophie de l'école d'Élée. Établi à Mégare, où s'étaient réfugiés, après la mort de Socrate, la plupart de ses disciples, il y fonda une école, dont la principale occupation fut de perfectionner et de pratiquer une dialectique modifiée d'après les idées des Éléates et de Socrate. Les subtilités de cette école, déjà regardées dans l'antiquité comme un vain art de disputer (de là le surnom de philosophes *disputeurs*, ἐριστικοί), ont été

---

(1) Flor. vers 400 avant J.-C.

condamnées plus sévèrement encore dans ce même sens chez les modernes, qui d'ailleurs n'en ont pu recueillir une connaissance suffisante. Elles semblent avoir eu pour but de faire ressortir les difficultés que renferment le rationalisme et l'empirisme, et de pousser dans leurs derniers retranchemens quelques dogmatiques, principalement Aristote et Zénon. La philosophie pratique semble avoir peu intéressé cette école, à l'exception de Stilpon.

§ 126.

Euclide reproduisit le principe éléatique sous une forme nouvelle : Le bien est un, ἕν τὸ ἀγαθόν, et lui seul est réel et invariable ; de plus, il rejeta le raisonnement par analogie, διὰ παραβολῆς λόγους, et attaqua, dans sa polémique, non les prémisses, mais la conclusion, ἐπιφοράν, par ses conséquences (1). *Eubulide* de Milet, et son disciple *Alexinus* d'Élis, surnommé par plaisanterie ἐλέγξινος, ne sont connus que par des argumens captieux et des questions insolubles, ἄλυτα ; qu'ils adressaient aux empiriques, particulièrement à Aristote, tels que : le *Tas*, σωρείτης (*acervus*), le *Menteur*, ψευδόμενος, le *Cornu*, κερατίνης, etc. (2). *Diodore*, surnommé *Cronus*, de Jasos en Carie, selon quelques-uns, disciple d'Eubulide,

---

(1) *Cic.* Ac. Q. IV, 42. *Diog.* L. II, 106—107.
(2) *Diog.* II, 108 sq. *Cic.* Ac. Qu. IV, 29. *Sext. Emp.* adv. Math. VII, 13. Cf. IX, 108. A. *Gell.* N. A. XVI, 2.

nia la double signification des mots (1), porta ses réflexions sur l'idée du possible, περὶ δυνατῶν (2), et sur la vérité des jugemens hypothétiques, τὸ συνημμένον (3), enfin il proposa aussi quelques argumens contre la réalité du mouvement (4). Il eut pour disciple, et en même temps pour adversaire dans ses disputes, *Philon* le dialecticien (qu'il ne faut point confondre avec le stoïcien ni avec l'académicien du même nom). *Stilpon* de Mégare, philosophe très-respectable par son caractère (5), nia la valeur objective des idées de rapport, τὰ εἴδη, et la vérité des jugemens qui ne sont point identiques (6). Il fit consister le caractère

---

(1) *A. Gell.* Noct. Att. xi, 12.

(2) *Arist.* De interpret., c. ix. Metaph. viii, 3. *Cic.* De fato frag. vii, ix.

(3) *Sext. Emp.* adv. Log. ii, 1 r, 114 sq. Adv. Phys. ii, 115. Pyrrh. hyp. ii, 110. Adv. Math. viii, 112 sq. *Cic.* Acad. ii, 47.

(4) *Sextus*, adv. Math. x, 85 sq. ix, 363. Adv. phys. ii, 85 sq. Pyrrh. hyp. ii, 242 et 245. *Stob.* Ecl. 1, p. 310. *Euseb.* Præp. evang. xiv, 23.

(5) *Diog. Laert.* ii, 113 sq. Flor., av. 500 avant J.-C.

(6) *Plutarch.* Adv. Coloten xiv, p. 174. *Diog.* ii, 119. *Plat.* Soph., t. ii, p. 240, 269, 281. Simplicius in physica, p. 26.

J. Chph. *Schwab*, Remarques sur Stilpon dans Eberhard's philos. Archiv., t. ii, n° 1 (all.).

J. Frid. Chph. *Graeffe*, Diss. qua judiciorum analyticorum et syntheticorum naturam jam longe ante Kantium antiquitatis scriptoribus fuisse perspectam contra Schwabium probatur. Gott. 1794, in-8.

du sage dans l'*apathie* ou l'impassibilité (*animus impatiens*, Senec., ep. 9.); et son disciple Zénon tira de cette idée une foule de conséquences. On cite encore, comme Mégariques, *Bryson* ou *Dryson*, fils de Stilpon, *Clinomaque* (1), et *Euphantus*.

V. Écoles d'Élis et d'Érétrie.

§ 127.

Les écoles fondées par *Phœdon* d'Élis et *Ménédème* d'Érétrie (§ 118), ne se distinguent pas plus l'une de l'autre, d'après ce que nous en savons, que de l'école de Mégare. Le premier était un fidèle disciple de Socrate (2); il publia ses opinions dans des dialogues qui se sont perdus; le second, disciple de Platon et de Stilpon, continua en quelque manière l'école d'Élis à Érétrie (3). Lui et ses disciples, suivant en cela Stilpon, attribuèrent exclusivement la vérité aux propositions identiques (4), ils la refusèrent aux propositions négatives catégoriques, ainsi qu'aux propositions conditionnelles et collectives.

---

(1) *Diog. L.* II, 112.
(2) *Diog. L.* II, 105.
(3) *Diog.* II, 125 sq.
(4) *Simplicius* in phys. Aristot., p. 20. *Diog. L.* II, 135.

Systèmes plus complets sortis de l'école de Socrate.

§ 128.

Un système de philosophie dogmatique plus complet fut fondé à l'Académie par *Platon*, dans le point de vue du rationalisme ; un autre par son disciple *Aristote*, dans le point de vue de l'empirisme. De l'école cynique naquit celle des *stoïciens*, et du cyrénaïsme celle des *épicuriens*. Le dogmatisme des stoïciens provoqua la contradiction de l'Académicien *Arcésilaus*, d'où naquit le scepticisme de la nouvelle Académie. Ainsi sortirent de l'école pratique de Socrate quatre systèmes dogmatiques, divergens dans la théorie comme dans la pratique, et de plus un fort scepticisme.

I. *Platon.*

§ 129.

Sources : Platon, ses œuvres, avec les Argumenta dialogorum Platonis de Tiedeman (dans le XIIe vol. de l'éd. de Deux-Ponts) ; la traduction de Schleiermacher ; Guil. van Heusde specimen criticum in Platonem, acc. Wyttenbachii epistola ad auctorem. Lugd. Bat. 1803. in-8. Aristote, Cicéron, Plutarque (Quæst. Platonic.), Sextus Empiricus, Apulée, de doctrina Platonis, Diogène de Laerte, liv. III, Timée, Suidas.

Ouvrages modernes sur la vie, la doctrine, et les ouvrages de Platon en général.

Mars *Ficini*, Vita Platonis, en tête de sa traduction de Platon.

Remarks on the Life and Writings of Plato, vith answer to the principal objections against him, and a general view of his Dialogues. Edimb. 1760, in-8. Traduit en allem. avec notes et additions, par K. *Morgenstern*. Leips. 1797, in-8.

W. G. *Tennemann*, Système de la philosophie de Platon. Leips. 1792-95, 4 vol. in-8 (all.).

Fried. *Ast*, De la vie et des écrits de Platon, rech. etc. pour introduire à l'étude de ce philosophe. Leips. 1816, in-8 (all.).

Ferd. *Delbrück*, Disc. sur Platon. Bonn. 1819, in-8 (all.).

Jos. *Socher*, Sur les ouvrages de Platon. Munich, 1820, in-8 (all.). Ouvrage relatif principalement à leur authenticité et à leur ordre chronologique.

James *Geddes*, Essay on the composition and manier of writing of the Ancients, particularly Plato. Glasc. 1748, in-8.

Sur le système de Platon en particulier.

J. Bapt. *Bernardi* Seminarium philosophiæ Platonis. Venet. 1599-1605, 3 vol. in-fol.

Rud. *Goclenii* idea philos. platonicæ. Marb. 1612, in-8.

Lud. *Morainvillière*, Examen philos. platonicæ. 1659, in-8.

Sam. *Parker*, A free and impartial censure of platonic philosophy. Lond. 1666, in-4.

J. Jac. *Wagner*, Dictionnaire de la philosophie de Platon. Goetting. 1779, in-8, avec une esquisse de cette philosophie (all.).

J. Fred. *Herbart*, De platonici systematis fundamento. Gott. 1805, in-8. Cf. avec son manuel pour servir d'introduction à la philosophie; 2ᵉ édit. ivᵉ sect., chap. 4 (all.).

Platon, né à Athènes en 430 ou 429 avant Ch., olymp. 87, 3ᵐᵉ ou 4ᵐᵉ année (1), fils d'Ariston et de Périctione, de la race de Codrus et de Solon, avait reçu de la nature des talens éminens pour la poésie et la philosophie. Socrate le détermina à suivre cette dernière vocation. La carrière politique, pour laquelle il avait eu d'abord beaucoup de penchant, lui déplut de jour en jour davantage à cause des révolutions de son temps, de la licence démocratique, et de la décadence des mœurs (2). Ses talens furent heureusement cultivés par son activité laborieuse, par ses travaux en poésie et en mathématiques, par beaucoup de voyages, particulièrement en Italie et en Sicile, enfin par ses rapports habituels avec les esprits les plus distingués d'Athènes, surtout avec Socrate, dont il suivit les

---

(1) Il se nommait proprement Aristoclès.
(2) *Plat.* Epist. vii.

entretiens pendant huit années (1), et avec les pythagoriciens de la Grande-Grèce (2). Ainsi se forma ce grand et puissant philosophe, unique peut-être pour l'étendue et la profondeur de ses vues, et l'exposition toute vivante de ses doctrines, en même temps que par son caractère, il se plaça dignement à côté de Socrate. Il fonda dans l'*Académie* une école philosophique, qui, pendant long-temps, fut une pépinière d'hommes vertueux et de penseurs éminens. Platon mourut dans l'olympiade 108, 1, 348 ans avant Jésus-Christ.

§ 130.

Ses ouvrages, la plupart sous la forme de dialogues (3), chefs-d'œuvre de l'esprit poétique et

---

(1) *Xenoph.* Mem. III, 6. *Apulée.*

(2) Jo. Guil. *Jani* Dissert. de institutione Platonis. Viteb. 1706. De peregrinatione Platonis. *Ib.* l. ord. eod. auct.

Chph. *Ritter*, De præceptoribus Platonis. Gryphisw. 1707, in-4.

Sur ses rapports avec Xénophon :

Aug. *Boeckh*, Progr. de simultate quam Plato cum Xenophonte exercuisse fertur. Bérol. 1811, in-4.

(3) J. Jac. *Nast*, Progr. de methodo Platonis philosophiam tradendi dialogica. Stuttg. 1787; et dans ses Opusc. lat. p. 2, Tubing. 1821.

J. Aug. *Goerenz*, Progr. de dialogistica arte Platonis. Viteb. 1794, in-4.

de l'esprit philosophique réunis (1), sont les seules sources incontestables où l'on puisse trouver quelques résultats positifs de ses travaux, mais non son système tout entier, auquel on ne peut arriver que par conjecture, parce qu'il avait aussi sa philosophie ésotérique et ses ἄγραφα δόγματα (2).

§ 151.

Platon, grace à la supériorité de son esprit et de son éducation philosophique, s'était placé à un point de vue supérieur, d'où il pouvait découvrir la vérité contenue dans les divers travaux de ses contemporains, tout en se préservant de leurs préoccupations exclusives (3). De cette hauteur il embrassait à la fois

---

(1) Henr. Phil. Conr. *Henke*, De philosophia mythica Platonis imprimis observationes variæ. Helmst. 1776, in-4.

J. Aug. *Eberhard*, Dissert. sur le but de la philosophie, et sur les mythes de Platon, dans ses *Vermischte schriften*. Hal. 1788, in-8 (all.).

J. Chr. *Huttner*, De mythis Platonis. Lips. 1788, in-4.

Garnier, Mém. De l'usage que Platon a fait des fables, dans les Mém. de l'Ac. des Inscr. T. XXXII.

M. *Marx*, Les mythes de Platon, dissertation dans l'*Eleutheria* gazette littér. de Fribourg, publiée par *Ehrhardt*, t. I, 2ᵉ et 3ᵉ cahier. Frib. 1819, in-8 (all.).

(2) *Plat.* Epist. II, VII, XIII. Phædr., p. 388. Alcib. pr.; de Rep. IV. *Arist.* Phys. IV, 2. De gener. et corr. II, 3. *Simplic.* in Arist. libr. de anima, I. p. 76. *Suidas.*

(3) Sophista, p. 252, 265. Cratyl., p. 345, 286.

tous les problèmes, et il considérait la philosophie théorique et la philosophie pratique comme les parties indivisibles d'un même tout. Il pensait que l'humanité ne pourra atteindre le terme de sa destination que par la vraie philosophie (1).

§ 132.

La critique des philosophies antérieures, et la conception de son propre but permirent à Platon d'établir des idées plus nettes sur ce que doit être la philosophie dans son objet, son étendue et sa forme (2). Sous le nom de cette science il comprend la connaissance de l'universel et du nécessaire, de l'absolu, ainsi que des rapports et de l'essence des choses (3); la philosophie est, selon lui, la science proprement dite. La source de la connaissance (4) n'est point le témoignage

---

(1) De Rep. vi, p. 76—77 Ep. vii.

(2) Sur le but de la philosophie de Platon, voyez outre l'ouvrage d'Eberhard indiqué au § précédent :

Aug. Magn. *Kraft*, De notione philosophiæ in Platonis ἐρασταῖς. Lips. 1786, in-4.

Gottlob. Ern. *Schulze*, De summo secundum Platonem philosophiæ fine. Helmst. 1789, in-4.

(3) Theætet., p. 141. De republ. vi, p. 69, v, p. 62. De leg. iii, p. 131.

(4) Jo. Fr. *Dammann*, Diss. i et ii de humana sentiendi et cogitandi facultatis natura ex mente Platonis. Helmst. 1792, in-4.

de nos sens, qui ne s'adressent qu'au variable; ce n'est pas non plus l'entendement et le raisonnement, mais la raison (1), laquelle a pour objet l'invariable, l'être en soi, τὸ ὄντως ὄν (2). Il existe en effet certaines notions, νοήματα, propres à la raison (innées), qui sont dans l'âme comme la base de toute pensée, y résident antérieurement à toute perception particulière, et qui en même temps s'imposent à nos actes comme principes de détermination. C'est là ce qu'il appelle les Idées, ἰδέαι, les éternels types ou modèles des choses, παραδείγματα, et les principes, ἀρχαί, de notre connaissance, auxquels nous rapportons, par la pensée, l'infinie variété des objets individuels, τὸ ἄπειρον, τὰ πολλά (3), d'où il suit

―――――

(1) Phædo, p. 225.

(2) Phædr., p. 247.

(3) Outre les traités généraux ci-dessus, voyez sur les Idées de Platon les ouvrages suivans :

Scipionis *Agnelli* Disceptationes de Ideis Platonis. Venet. 1615, in-4.

Car. Joach. *Sibeth*, Diss. (Resp. J. Chr. *Fersen*) de Ideis Platonicis. Rostoch. 1720, in-4.

Jac. *Bruckeri* Diss. de convenientia numerorum pythagoricorum cum Ideis Platonis; Miscellan. hist. philos., p. 56.

Glob. Ern. *Schulz*, Diss. philosophico-historica de Ideis Platonis. Wittenb. 1786, in-4.

Fried. Vict. Lebr. *Plessing*, Dissert. sur les Idées de Platon, comme représentant à la fois des substances immatérielles et des idées pures de la raison, dans le recueil de *César*, t. III. p. 110 (all.).

que toutes ces connaissances de détail ne sont point produites par l'expérience, mais seulement développées par elle. L'âme se rappelle les Idées à mesure qu'elle aperçoit les copies faites à leur image, ὁμοιώματα, dont ce monde est rempli, et c'est pour elle comme le souvenir d'un état antérieur où elle vivait sans être encore unie à un corps (1). Si les objets de l'expérience répondent en partie du moins aux Idées, il doit y avoir un principe commun et de ces objets et de l'âme qui en a connaissance : ce principe c'est Dieu, qui a formé les objets sur le modèle des idées (2). — Tels sont les dogmes fondamentaux du rationalisme de Platon, en vertu desquels il éleva au rang de premier principe de la philosophie le principe de l'identité et de la contradiction (3), et distingua la connaissance empirique de la connaissance rationnelle, en les partageant entre le monde des sens et celui de la pensée.

§ 133.

La division de la philosophie en logique (dialec-

Theoph. *Fæhse*, Diss. de ideis Platonis. Lips. 1795, in-4.

D. *Schauz*, (Præs. Matth. *Fremling*), De ideis Platonicis. Lund. 1795, in-4.

J. Andr. *Buttstedt*, Progr. de Platonicorum reminiscentia. Erlang. 1761, in-4.

(1) Phædo, p. 72. Phædr., p. 249.
(2) De Rep. vi, p. 116—124. Tim., p. 348.
(3) Phædr., p. 226, 230. De Rep. vi, 122. vii, 133. De Leg. iii, p. 132.

tique), métaphysique (physiologie ou physique), et morale (politique), a été tout au moins amenée par Platon (1), qui exprime clairement et les principales attributions de chacune de ces sciences, et leurs relations entre elles; ainsi la philosophie lui doit d'importantes améliorations dans sa forme. Elle ne lui est pas moins redevable pour tous les travaux dont il a enrichi la matière des diverses parties dont nous venons de parler (en y joignant aussi la psychologie); bien qu'il n'ait donné lui-même que des morceaux détachés, et point de système, ne cessant au contraire d'animer les esprits à des recherches ultérieures.

§ 134.

Psychologie. Platon considère l'âme comme une force active par elle-même, se mouvant elle-même, αὐτὸ ἑαυτὸ κινοῦν (2), et relativement à son union avec le corps, il admet en elle deux parties, μέρη, savoir, la partie raisonnable, λογιστικόν, νοῦς, et la partie déraisonnable ou animale, ἀλογιστικόν ou ἐπιθυμητικόν, unies l'une à l'autre par le θυμός ou le θυμοειδές (3). La partie animale a commencé avec l'exil où l'emprisonnement de l'âme déchue dans le corps (4); mais l'esprit, par la partie raisonnable,

---

(1) *Sextus*, adv. Math. VII, 16.
(2) De Leg. x, p. 88 sq.
(3) De Rep. IV, 349.
(4) Phædo.

la conscience des Idées; par elle il peut retourner à la vie bienheureuse des esprits. On trouve en outre dans Platon la division rendue plus distincte des facultés de connaître, de sentir et de vouloir (1), d'excellentes réflexions sur leurs opérations, et sur les différentes espèces de perception, de sentimens et de motifs déterminans de la volonté.

§ 135.

Platon a rendu à la philosophie d'autres services non moins réels en lui donnant un premier aperçu des lois de la pensée, des règles de la proposition, de la conclusion et de la preuve, de la méthode analytique; la distinction de l'universalité, κοινόν, et de la substantialité, οὐσία, dans la pensée d'avec la par-

---

(1) De Rep. IV, p. 367.

Sur la doctrine de Platon, relativement à l'âme humaine, voyez les ouvrages spéciaux suivans:

Chph. *Meiners*, Dissert. sur la nature de l'âme, allégorie de Platon. d'après le Phèdre; dans le 1er vol. de ses Mélanges, p. 120, suiv. (all.).

Carl. Leonh. *Reinhold*, Diss. sur la psychologie rationnelle de Platon; dans le tom. 1 de ses Lettres sur la philosophie de Kant, lett. XI (all.).

Em. Gf. *Lilie*, Platonis sententia de natura animi. Gotting. 1790, in-8.

ticularité et l'accident; les caractères propres de la vérité soigneusement observés, ainsi que l'origine du phénomène ou de l'apparence (1); le premier essai pour fonder une langue philosophique (2); la première explication de l'idée de la connaissance et de la science; le premier développement logique des idées de matière, forme, substance, accident, cause et effet, du simple mouvement et de la liberté, de la réalité en soi, ὄν, et de l'apparence, φαινόμενον; une idée plus explicite de Dieu comme être éminemment bon, ἀγαθόν, et une déduction plus précise des attributs divins (3), surtout des attributs moraux de la divinité, ainsi qu'une critique de la religion populaire; l'essai d'une démonstration de l'existence de Dieu par le raisonnement appliqué à la cosmologie (4); Dieu représenté comme auteur du monde en tant que lui ayant donné la forme, c'est-à-dire ayant introduit dans la matière brute et informe, ὕλη, τὸ ἄμορφον, l'ordre et l'harmonie, et ayant façonné, d'après les idées, le corps de l'univers en lui donnant une disposition sphérique et un mouvement circulaire, véritable corps animé gouverné par l'âme du

---

(1) Au sujet de la logique de Platon, voyez J. Jac. *Engel*, Essai d'une méthode pour extraire des dialogues de Platon, sa doctrine de la raison. Berl. 1780, in-8 (all.)

(2) Dans le Cratyle.

(3) De Rep. II, p. 250. VII, 133.

(4) De Leg. X, p. 68. XII, p. 229. Cf. X. p. 82 sq. Phileb., p. 244. Epinomis, p. 254 sq.

monde, semblable à un animal vivant et organisé ; Dieu considéré dans sa providence comme auteur et exécuteur ou garant de la loi morale ; le premier essai réfléchi d'une théodicée, suivant laquelle Dieu n'est point responsable de l'existence du mal qui provient de la matière, et d'autant moins qu'il a d'ailleurs ordonné toutes choses pour que le mal soit vaincu (1) ; enfin le premier développement formel

---

(1) De Rep. iv, x. *Tim.*, p. 505 sq.

Sur la cosmologie et la théologie de Platon, voyez, outre les anciens, par ex. *Proclus*, les commentaires et traductions du Timée, par ex. Lud. *Hœrstel*, le Timée de Platon, doctrine et but de cet ouvrage, avec des remarques et des éclaircissemens. Brunsw. 1795, in-8 (all.); et le Timée de Platon, monument primitif et authentique de vraie physique, traduct., avec éclaircissemens, par Karl. Jos. *Windischmann*, Hademar, 1804, in-8 (all.).

Mars. *Ficini* Theologia platonica. Florent. 1482, in-fol.

Es. *Pufendorfii* Diss. de theologia Platonis. Lips. 1653, in-4.

J. Fried. *Wucherer*, Diss. II de defectibus theologiæ Platonis. Jen. 1706, in-4.

Ogilvie, The theology of Plato compared with the principles of oriental and grecian philosophers. Lond. 1793, in-8.

Dict. *Tiedemann*, Des idées de Platon sur la Divinité, dans les Mém. de la Soc. d'Antiquit. de Cassel, t. 1 (all.). Cf. Esprit de la philosophie spéculative, t. II, p. 114 sq.

Wilh. Glieb. *Tendemann*, Sur l'intelligence divine; dans les *Memorabilien* de Paulus. 1er cahier (all.).

Balth. *Stolberg*, De λόγω et νῷ Platonis. Viteb. 1676, in-4.

J. Ge. Arn. *Oelrich*, Commentatio de doctrina Platonis de

de la spiritualité de l'âme, et le premier essai de démonstration en faveur de son immortalité (1).

Deo a christianis et recentioribus platonicis varie explicata et corrupta. Marb. 1788, in-8.

C. Fried. *Stæudlin*, Progr. de phil. platonicæ cum doctrina religionis judaïca et christiana cognatione. Gott. 1819, in-4. (Voyez *Gætt. Gel. Anz.*, n° 95, 1819).

Lud. *Hœrstel*, Platonis doctrina de Deo e dialogis ejus, etc. Lips. 1814, in-8.

Sur la matière, la formation du monde, et l'âme de l'Univers selon Platon.

Dietr. *Tiedemann*, De materia quid visum sit Platoni ; Nov. biblioth. philos. et crit., vol. 1, fascic. 1.

Chr. *Meiners*, Considérations sur les Grecs, le siècle de Platon, le Timée de ce philosophe, et son hypothèse de l'âme du monde, dans le t. 1 de ses *Vermischte schriften*.

Aug. *Boeckh*, sur la formation de l'âme du monde, dans le Timée de Platon ; se trouve dans le t. III des *Studien*, publ. par Daub et Creuzer (all.).

Aug. *Boeckh*, Progr. de platonica corporis mundani fabrica conflati ex elementis geometrica ratione concinnatis. Heidelb. 1809, in-4; et: De platonico systemate cælestium globorum et de vera indole astronomiæ Philolaicæ. Ib. 1810, in-4.

(1) Voyez les Commentaires sur le Phédon, par ex. J. Chph. *Gottleberi* Animadvers. ad Platonis Phædonem et Alcibiadem II. Adjuncti sunt excursus in quæstiones Socraticas de animi immortalitate. Lips. 1771, in-8 ; Fried. Aug. *Wolf*, Sur le Phédon, Berl 1811, in-4 (all.); et les ouvrages suivans :

§ 136.

C'est particulièrement à la *Morale* qu'appartient, dans Platon, l'intéressante recherche dans laquelle il approfondit la question du souverain bien et de la vertu (1). La vertu est l'imitation de Dieu ou l'effort de l'humanité pour atteindre à la ressemblance avec son auteur, ὁμοίωσις θεῷ κατὰ τὸ δυνατόν (2), ou bien l'unité et l'accord de toutes les maximes et de toutes les actions selon la raison (3), d'où résulte la félicité suprême. Il n'y a qu'une vertu qui se compose de quatre élémens, la sagesse, σοφία, φρόνησις, le courage ou la constance, ἀνδρεία, la tempérance,

---

Sam. *Weickmanni* Diss. de platonica animorum immortalitate. Viteb. 1740, in-4.

Chr. Ern. de *Windheim*, Examen argumentorum Platonis pro immortalitate animæ humanæ. Gott. 1749, in-8.

Moses *Mendelsohn's*, Phædo. Berl. 1767, in-8, 4.ᵉ ed. 1776, in-8.

W. G. *Tennemann*, Doctrines et opinions des Socratiques sur l'immortalité. Jena, 1791, in-8 (all.).

Franc. *Pettavel*, De argumentis quibus apud Platonem animorum immortalitas defenditur, disp. acad. Berol. 1815, in-4.

Le Phédon de Platon expliqué et jugé surtout en ce qui concerne la doctrine de l'immortalité, par *Kuhnhardt*. Lubeck, 1817, in-8 (all.).

(1) Surtout dans le Théétète, le Philèbe, le Ménon et la République.

(2) Tim. p. 338, vol. IX, Theætet. p. 176.

(3) De Rep. IX, p. 48.

σωφροσύνη, et la probité ou la justice, δικαιοσύνη (1); autrement dites les quatre vertus cardinales; et cette vertu est l'ouvrage de la liberté ou de l'effort qui nous élève au-dessus des intérêts sensibles. Platon, dans sa philosophie pratique, concilie l'obligation rigoureuse du devoir avec l'esprit de douceur et de sociabilité, et il considère l'éducation comme une culture libre et morale de l'esprit (2). La politique est l'application en grand de la loi morale; car l'état est la réunion d'une masse d'hommes sous une même loi; son but est la liberté et la concorde. Platon représente son état constitué par la raison, ou son idéal de l'état, en ayant particulièrement égard aux mœurs et aux besoins des Grecs (3), et en le rapportant à ses vues sur l'âme (4). La beauté est la représentation sensible de la perfec-

---

(1) De Rep. IV, 443 sq.

(2) De Rep. III, p. 310. De Legib. I, p. 46 sq. II, 59.

(3) De Republ.

(4) Voyez les ouvrages suivans sur la doctrine de Platon, relative à la philosophie pratique :

Chrys. *Javelli* Dispositio moralis philosophiæ platonicæ. Ven. 1536, in-4. Et : Dispositio philosophiæ civilis ad mentem Platonis. Venet. 1536, in-4.

Magn. Dan. *Omeisii* Ethica Platonica. Altdorf, 1669, in-8.

Fr. Aug. Lud. Adolph. *Grotefend*, Commentatio in qua doctrina Platonis ethica cum christiana comparatur, etc. Gotting. 1720, in-4.

Joh. *Sleidani* Summa doctrinæ Platonis de republica et de legibus. Argentor. 1548, in-8.

tion morale et physique (1); par conséquent elle ne fait qu'un avec le vrai et le bien, et elle inspire l'amour, ἔρως, lequel conduit à la vertu (2). — Amour platonique.

§ 137.

Platon a beaucoup d'obligations à d'autres philosophes, et en particulier aux Pythagoriciens, qui lui suggérèrent cette idée importante, que tous les objets finis qui sont dans le monde consistent en un sujet variable et une forme; mais son génie marqua tout ce qu'il emprunta d'un caractère d'originalité, et sut rallier les divers essais de la philosophie dans ses directions les plus opposées à un seul système plein d'harmonie, dont les avantages sont l'unité fondée sur les Idées, la fusion en un seul et même intérêt moral de tous nos motifs d'activité spécula-

---

Joh. Jac. *Lebnitii* (Præs. *Heusde*) Dissert. Respublica Platonis. Lisp. 1776, in-4.

J. *Zentgravii* Specimen doctrinæ juris naturæ secundum disciplinam platonicam. Argentor. 1679, in-4.

Car. *Morgenstern*, De Platonis republ. Comment. III. Hal. 1794, in-8.

J. Lud. Guill. *de Geer*, Diatribe in policites platonicæ principia. Ultraj. 1810, in-8.

Fr. *Kœppen*, Politique d'après les principes de Platon. Leips. 1818, in-8 (all.).

(1) De Leg II, p. 62 sq., p. 89 sq. Sympos. Phædr. Hippias. Maj.

(2) Sympos. Phædr., p. 301. Euthyphr., p. 20.

tive ou pratique ; le lien étroit qu'il établit entre la vertu, la vérité et la beauté ; la multitude d'idées et de vues nouvelles que ce système contient comme en germe, enfin le puissant intérêt qu'il inspira pour la science et dont il devint lui-même l'objet. D'un autre côté ce système a aussi ses côtés faibles, savoir la distinction trop négligée des notions qui sont dues à la raison pure d'avec celles qui viennent de l'expérience, et l'origine mystique des idées. Dans la manière de Platon, l'alliance intime de l'imagination et de la raison, de l'inspiration poétique et du génie philosophique, jointe à l'absence de toute forme systématique, rend plus difficile l'intelligence de sa philosophie, et donne lieu à beaucoup de malentendus ; cela même fut une cause qui influa puissamment sur les destinées extérieures du platonisme.

§ 138.

Platon attira autour de lui une foule de disciples et d'admirateurs, parmi lesquels se trouvaient des hommes d'état célèbres et beaucoup de femmes (1), entre autres *Axiothée* de Phliunte et *Lasthénie* de Mantinée. La séparation de diverses parties ou de diverses vues réunies dans sa philosophie, et la succession d'époques dominées par un esprit différent, firent naître du sein de cette doctrine plusieurs écoles. De là, la distinction de plusieurs académies ; à

---

(1) *Diog. L* III, 46.

l'ancienne académie appartiennent *Speusippe* d'Athènes, mort en 339, neveu et successeur de Platon (1), et le successeur de ce dernier dans l'enseignement; *Xénocrate* de Chalcédoine, m. 314 av. J.-C. (2), lequel se rapprocha de Pythagore principalement dans sa manière de s'exprimer, par exemple, en disant que l'âme est un nombre qui se meut par lui-même. Après lui présidèrent à l'Académie, *Polémon* d'Athènes (3) qui considérait comme le souverain bien une vie ordonnée conformément à la nature (4), puis *Cratès* d'Athènes (5). Enfin *Crantor* de Soli, ami et disciple de Xénocrate et de Polémon, maintint encore le système du fondateur de l'école, sauf un petit nombre d'altérations, principalement dans l'enseignement populaire pratique (6). La nouvelle Académie (voyez ci-dessous § 166 sq.) s'attacha à faire ressortir l'incertitude de la connaissance

---

(1). *Diog. L.* IV, 2 sq. Voyez sur quelques unes de ses doctrines, *Arist.* Met. VII, 2, XII, 7. *Sext.* adv. Math. VII, 145.

(2) *Diog. L.* IV, sq. *Sext.* adv. Math. VII, 16, et *alias*.

(3) En 314.

(4) *Diog. L.* IV, 16 sq. *Cic.* de fin. IV, 6.

(5) Vers 313.

(6) *Héraclide de Pont*, auteur d'ouvrages dont il nous reste encore quelques débris (ed. Geo. Dav. *Koeler*. Hal. 1804, in-8.—Voyez *Diog. L.* V, 86 sq., et Suidas), était à la fois disciple de Platon et d'Aristote: ce qui l'a fait appeler Péripatéticien par quelques auteurs.

humaine; et le *néoplatonisme* créa une école d'enthousiaste en reconnaissant une haute lumière intérieure.

II. *Aristote.*

§ 139.

Sources : les œuvres d'Aristote et ses nombreux commentateurs, dont on doit se servir avec précaution, (entre autres Ammonius, Alexandre d'Aphrodise, Simplicius), Cicéron; Plutarque, Sextus Empiricus, Diogène de Laerte liv. v, Suidas.

Ouvrages des modernes sur la vie et la philosophie d'Aristote en général.

Franc. *Patricii* Discussionum peripateticarum tom. IV, quibus aristotelicæ philosophiæ universæ historia atque dogmata cum veterum placitis collata eleganter et erudite declarantur. Basil., 1581, in-fol.

Melch. *Weinrichii* Oratio apologetica pro Aristotelis persona adversus criminationes Patricii. Lips. 1614, in-4.

Herm. *Conringii* Aristotelis laudatio; Orationes duæ Helmst. 1633, in-4.

Fr. Vict. Lebr. *Plessing,* Sur Aristote; dans les *Cæsar's Denkwürdigkeiten aus der philos. Welt.* tom. III.

J. Gottl. *Buhle,* Vita Aristotelis per annos digesta; dans le t. I de son édit. des œuvres d'Aristote.

Mich. *Piccarti* Isagoge in lectionem Aristotelis cum epistola Conringiana et præmissa Dissertatione de natura origine et progressu philos. Aristotelicæ; ed. J. Conr. *Durrius.* Altd. 1667, in-8.

Petr. Joh. *Nunnesii,* Barth. Jos. *Paschasii* et Jo. Bapt. *Montorii* Oratt. tres de Aristotelis doctrina. Francof. 1591, in 8.

Mich. *Piccarti* Hypotyposis philos. Aristotelicæ. Norimb. 1504, in-8.

J. *Crassotii* Institutiones in universam Arist. philosophiam. Par. 1619, in-4.

J. Conr. *Durrii* Hypotyposis totius philos. Aristotelicæ, Altd. 1660, in-4.

* * *

Petri *Rami* Animadversiones Aristotelicæ xx libris comprehensæ. Par. 1558, in-8; et ses autres ouvrages cités plus loin.

Petri *Gassendi* Exercitationes paradoxicæ adversus Aristotel., etc. Gratianop. 1624, in-8; et dans ses Opp. Lugd.

Petri *Valeriani* Philosophia contra Aristotelem. Dantzig, 1653, in-4.

D'une autre part, voyez les ouvrages pour la défense d'Aristote, par Mart. *Dorpius*, Pet. *Gallandus*, J. *Broscius*; J. *Guilleminat*, Henr. *Stabius*, Jos. de *Munnana* contre *Valla*, *Ramus* et d'autres.

Pet. *Villemandy*, Manuductio ad philosophiæ Aristotelicæ Epicureæ et Cartesianæ parallelismum. Amst. 1683, in-8.

Ge. Paul. *Roetenbeccii* Disp. de principio Aristotelico et Cartesiano. Altd. 1685, in-4.

Sam. *Mascovii* Exerc. acad. uter in scrutinio veritatis rectius dubitet, Aristoteles an Cartesius. Regiom. 1704, in-4.

Voyez en outre les articles *Aristoteles*, *Aristotelische*

philosophie (par *Buhle*), dans la grande Encyclopédie publiée par *Ersch*, etc.; v° partie (all.).

Aristote naquit à Stagire trois cent quatre-vingt-quatre ans avant J. C., Ol. 99. Le goût des études naturelles lui fut transmis par son père Nicomaque, médecin et ami d'Amyntas, roi de Macédoine. Depuis l'année 368, il fut pendant vingt ans disciple de Platon, et exerça les forces de son rare talent d'analyse sous ce grand maître, dont pourtant il s'éloigna peu après. Il devint en 343 le précepteur d'Alexandre, et dans la suite ce dernier favorisa son zèle pour les sciences en lui donnant des collections d'objets d'histoire naturelle, et des sommes d'argent pour acheter des livres (1). Il fonda en 334 une école nouvelle dans la promenade du *Lycée*, d'où vint à cette école le nom de *Péripatétique* (2); et mourut en 322 (3) à Chalcis en Eubée, probablement après avoir pris du poison, ayant été forcé de quitter Athènes, comme suspect d'athéisme. Aristote a laissé de précieux ouvrages sur toutes les parties de la science des Grecs, et en particulier sur la philosophie. Ces derniers se divisent en exotériques et ésotériques ou acroamatiques (4). La destinée particulière que ses livres

---

(1) *Plin.* Hist. nat. VIII, 16.
(2) *Diog. L.* v, 2. *Cic.* Acad. Q. I, 4. *A. Gell.* N. A. xx, 5.
(3) Ol. 114, 3.
(4) J. Gottl. *Buhle*, Commentatio de librorum Aristotelis distributione in exotericos et acroamaticos. Gött. 1788, in-8; et dans le 1er vol. de son éd. d'Arist.

ont subie (1) a rendu plus difficile la critique et l'exposition de ses doctrines, déjà obscures par elles-mêmes à cause de la concision et de la terminologie toute spéciale qu'il y emploie (2).

§ 140.

Aristote possédait à un degré éminent le talent de la distinction et de l'analyse, joint aux plus vastes connaissances tirées des livres et de l'observation de la nature. L'étude de la nature était proprement le but qu'il se proposait. De là vint qu'il rejeta les Idées (3), soutenant que toutes les pensées, même les plus élevées de l'intelligence, sont le produit de l'expérience qui en donne la matière et les développe (4); et que le monde est éternel, même dans sa forme, et non l'ouvrage d'une providence. Il n'avait point comme Platon le sentiment de l'idéal; sa philosophie ne s'adresse qu'à l'entendement. Ce n'est

---

(1) Voyez *Strab.* Geogr., l. IX, et *Plut.* in vit. Syllæ, c. 26. *Heyne*, Opusc. Acad., vol. I, p. 126, et *Schneider*, Epimetrum de fatis libror. Aristotelicorum, dans son édit. de l'Hist. des animaux d'Arist. Lips. 1811, p. 76.

(2) Petr. Joh. *Nunnesius*, De causis obscuritatis Aristotelis earumque remediis, una cum vita Aristotelis a Joh. Philopono descripta, etc. Lugd. Bat. 1621.

Fülleborn (*Beitræge*, IX° cahier), Sur la manière et la philosophie d'Aristote (all.).

(3) Metaph. I, 7. XII, 9.

(4) Analyt. prior. 1, 30.

pas comme ce dernier de l'universel au particulier, c'est toujours du particulier à l'universel qu'il procède dans son système, véritable empirisme modifié par le rationalisme de Platon (1).

§ 141.

La philosophie selon Aristote est la science née du pur désir de savoir, la science qui connaît selon les principes (2). Il y a deux sortes de connaissances, l'une médiate, l'autre immédiate (3). La seconde est nécessaire pour que la première soit possible. C'est immédiatement par l'expérience que nous apercevons d'abord le particulier, τὰ καθ'ἕκαστα, l'universel, τὰ καθόλου, et c'est par-là que le réel et le nécessaire arrivent à notre connaissance exprimés en définitions

---

(1) Ici se placent les comparaisons entre les deux philosophes, par Georges de *Trebizonde* et Ge. *Gemisthus Pletho*.

En outre : Paganinus *Gaudentius*, De dogmatum Aristotelis cum phil. Platonis comparatione. Florent. 1639, in-4.

Jac. *Mazonius*, De comparatione Aristot. cum Platone. Venet. 1547, in-fol.

Jac. *Carpentarii* Platonis cum Arist. in universa philosophia comparatio. Par. 1573, in-4.

Andr. *Bachmann*, Aristoteles cum Platone comparatus. Nordh. 1629, in-4.

Rapin, Comparaison de Platon et d'Aristote. Par. 1671, in-8.

(2) Phys. II, 3. Met. I, 2.
(3) Anal. post. I, 2. II, c. 19.

et en axiomes. De la connaissance immédiate nous tirons la connaissance médiate par des raisonnemens dont la théorie est l'ouvrage de la logique; car l'objet de celle-ci est de montrer comment nous pouvons par le raisonnement reconnaître les choses pour certaines ou vraisemblables. La logique est donc l'instrument (organum) de toute science ou philosophie, mais seulement quant à la forme (restriction qui plus tard fut si souvent méconnue), car c'est l'expérience qui doit fournir la matière pour être travaillée et convertie en principes généraux (1). Le premier principe est le principe de contradiction, d'où résulte toute vérité dans le raisonnement, mais il est la règle et non l'élément constitutif de cette vérité (2). Aristote, par ceux de ses ouvrages que l'on réunit sous le titre d'*Organum*, est avec Platon le philosophe qui a rendu le plus de services à la logique (3), comme science des formes de la pensée et particulièrement comme théorie du raisonne-

---

(1) Anal. post. 1, 18.

(2) Analyt. post., Metaph. 1, 1. IV, 3. De anima III, 5, 6.

(3) Mich. *Pselli* Synopsis logicæ Aristotelis gr. et lat. ed. El. *Ehinger.* Aug. Vind. 1597, in-8.

Niceph. *Blemmydæ.* Epitome logicæ doctrinæ Aristotelis gr. et lat. ed. Jo. *Wegelin*, ibid. 1605, in-fol.

Geo. *Anaponymi* Compendium philosophiæ seu Organi Aristotelis gr. et lat. ed. Jo. *Wegelin*, ibid. 1600, in-8.

Jac. *Carpentarii* Descriptio universæ artis disserendi ex Arist. Organo collecta et in III libros distincta. Par. 1654, in-4.

ment et de la démonstration : il y considère les jugemens ou propositions, et les idées, comme les parties dont se compose le raisonnement (1) envisagé dans le langage ainsi que dans l'esprit, et on ne doit point le rendre responsable de l'abus qu'on a fait depuis de cette science en la considérant comme un instrument propre à donner la matière et non la forme de nos connaissances.

§ 142.

Aristote élargit plus qu'aucun autre philosophe le champ de la philosophie : il y comprit toutes les sciences empiriques, rationnelles et mixtes, (uniquement à l'exclusion de l'histoire); et il paraît l'avoir divisée, tantôt en logique, physique et morale, tantôt en spéculative et pratique (2). La philosophie *spéculative* a pour objet l'ordre réel qui ne dépend point de notre volonté ; la philosophie *pratique*, l'accidentel et le volontaire. Les êtres réels sont ou invariables, ἀκίνητα, ou variables, κίνητα. Ces derniers sont périssables, φθαρτά, ou impérissables. Les choses sublunaires sont variables et périssables ; le ciel est impérissable, mais toutefois variable ; Dieu seul ne peut changer ni périr. Conséquemment la philosophie spéculative est, en raison du degré d'abstraction auquel

---

(1) Sophist. elench., 34 fin.
(2) *Diog. L.* v, 28.
Ge. Paul. *Roetenbeck*, Diss. Aristotelicæ philosophiæ divisionem sub examen vocans. Altd. 1705, in-4.

on s'élève, ou la physique ou les mathématiques ou la philosophie première (appelée depuis métaphysique); en raison de ses objets, elle devient physique, cosmologie, psychologie, théologie. La philosophie pratique comprend la morale, la politique et l'économie (1). Toutes ces parties ne sont point encore séparées et délimitées les unes par rapport aux autres selon des principes rigoureux, mais il faut savoir gré à Aristote, comme de services très-réels, d'avoir tracé le commencement d'un système encyclopédique des sciences), d'avoir soumis à une épreuve attentive les idées fondamentales et les principes de ses devanciers, d'avoir cherché à en établir lui-même par l'induction et la réflexion, auxquelles on pût ramener toutes les notions particulières; il faut remarquer enfin la multitude d'aperçus, de questions, et d'observations isolées qui se présentent dans ses ouvrages sans faire partie du système.

§ 143.

Jac. *Carpentarii* Descriptio universæ naturæ ex Aristotele; p. I et II. Par. 1562, in 4.

Pet. *Rami* Scholarum physicarum libri VIII. Par. 1565, in-8.

Sebastiani *Bassonis* Philosophiæ naturalis adversus Aristotelem libri XII. Par. 1621, in-8.

---

(1) Metaph. I. 2. VI, 1. XI, 3. Ethic. X, 9. OEcon. 1, 1.

Philosophie spéculative. I. *Physique* ou *philosophie naturelle*. La nature, φύσις, est la somme de toutes les choses réelles, dont l'existence ne peut être connue qu'au moyen de la perception, et de l'expérience fondée sur la perception. Les objets de la conception, les *noumènes*, νοητά, n'existent point par eux-mêmes (1). La nature est aussi le principe intérieur des changemens d'une chose, et par là on fait la distinction d'un être naturel d'avec un produit de l'art. La science de la nature est proprement la science générale des lois des corps en tant que sujets au mouvement. Elle comprend donc le développement des idées suivantes : nature, cause, accident fin, changement (et ses espèces), infini, espace, et temps ; et en outre une théorie universelle du mouvement. La nature, comme principe du changement, ne fait rien sans un but ; ce but est la forme (2). Quand on parle du hasard, τὸ αὐτόματον, ce sont toujours des causes et des lois réelles qu'il faut supposer, quoique nous les ignorions. Tout changement suppose nécessairement un *substratum*, une matière, ὑποκείμενον, ὕλη, et une forme, εἶδος. Un changement, κίνησις, μεταβολή, est la réalisation du possible, ἐντελέχεια (3), en tant que

---

(1) Metaph. III, 2—4. v, 5.
(2) Phys. II, 4—6, 8 sq.
(3) Cf. *Suidas s. h. v.*; *Ancillon* père, Recherches critiques et philosophiques sur l'Entéléchie d'Aristote, dans les Mém. de l'Acad. roy. de Prusse, classe philos., aux années 1804—11. Berlin, 1815, p. 1, suiv.

possible, ἡ τοῦ δυνάμει ὄντος ἐντελέχεια ᾗ τοιούτου (1). Dès lors que le possible, δυνάμει ὄν, la matière, prend une forme et se développe d'une certaine manière particulière, il est tel et non autre ; tout autre état lui manque (στέρησις). La matière, la forme et la privation sont donc les trois principes du changement. Il y a lieu à changement quant à la substance, οὐσία, la quantité, la qualité et le lieu. Cette dernière condition, et en général celle de l'espace et du temps, sert de base commune à toutes les autres (2). Le lieu, τόπος, est la première limite immobile de l'élément qui enveloppe tous les corps, τὸ τοῦ περιέχοντος πέρας ἀκίνητον πρῶτον (3), c'est-à-dire la dernière limite immobile du ciel, qui touche au corps en mouvement, car il n'y a point de vide, τὸ κενόν ; le temps est la mesure ou le nombre, ἀριθμός, du mouvement par rapport à l'ordre d'antériorité et de postériorité, ἀριθμός κινήσεως κατὰ τὸ πρῶτον καὶ ὕστερον (4). L'infini est ce qui donne toujours à concevoir une nouvelle grandeur par delà celle qu'on lui a d'abord attribuée. Il n'y a point d'être infini dans la réalité ; mais seulement dans l'idée que nous en concevons. Le temps est infini, le corps et l'espace sont finis, bien que susceptibles de division à l'infini (5). Le

---

(1) Phys. III, 1. VIII, 1.
(2) Phys. III, 1. VII, VIII, 7.
(3) Phys. IV, 4 sq.
(4) Phys. IV, 11.
(5) Phys. III, 1—7. VI, 1—9.

mouvement en général n'a, comme le temps, ni commencement ni fin. Il doit pourtant y avoir un premier moteur, qui ne soit point mu lui-même, τὸ πρῶτον κινοῦν ἀκίνητον; ce moteur doit être éternel et invariable; son être est l'activité, la vie éternelle et pure : c'est Dieu. La première mue éternellement c'est le ciel (1).

§ 144.

Cosmologie. Le monde, κόσμος, οὐρανός, est l'ensemble des êtres sujets au changement. Hors de lui il n'y a point de changement, point de temps, point d'espace. Lui-même est éternel et immuable (2). Le premier Être qui est la cause de tout mouvement, ne fait point partie du monde : celui-ci est un, forme un tout limité par le ciel, sans commencement ni fin, et de forme sphérique. La terre est le point central, le ciel est la limite. De là résultent trois mouvemens simples : vers le centre (les corps pesans, la terre); du centre à la circonférence (les corps légers, le feu); enfin, autour du centre (le cercle supérieur ou ciel). Le mouvement circulaire est le plus parfait, et le ciel supérieur, auquel il appartient, est un corps parfait et divin, indestructible, non sujet à changer ni à souffrir, et par conséquent d'une nature plus noble que les corps sublunaires. L'élément

---

(1) Phys. VIII, 5 sq. De cœlo II, 3 sq.
(2) De cœlo I, 12.

des astres est le principe de toute vie, de toute action et de toute pensée dans la région inférieure, et tout est placé ici bas sous son empire et sa direction. Les étoiles sont des êtres animés, ἔμψυχα ; elles ont en elles-mêmes le principe de leur mouvement, quoiqu'elles se meuvent selon le cercle auquel elles sont attachées. En général, cette partie du système d'Aristote est obscure, incohérente, et semble chanceler entre des doctrines opposées (1).

§ 145.

La *Psychologie* doit à Aristote un premier essai, imparfait encore, d'une théorie régulière, fondée sur des principes d'expérience, mais auxquels se rattachent des vues spéculatives. L'âme est exclusivement et par excellence le principe actif de la vie, la forme première de tout corps physique capable de vie, c'est-à-dire organisé : ψυχή ἐστιν ἐντελέχεια ἡ πρώτη σώματος φυσικοῦ ζωὴν ἔχοντος δυνάμει (2). L'âme est distincte du corps : mais comme forme, εἶδος ou ἐντελέχεια, elle en est inséparable (3). Les facultés de l'âme, δυνάμεις, sont : la génération

---

(1) De cœlo I, 6—12. II, 1, 2, 3, 4. De gener. et corrupt. II, 10. De gener. animal. II, 3. III, 11. Meteorol. I, 1. Metaphys. XII, 8. Physic. VIII, 2, 3, 5.

(2) De an. II, 1.

(3) De an. I, 1—4.

Ici se rapportent les Commentaires sur les livres d'Aristote qui traitent de l'âme, et les divers traités psychologiques.

et la nutrition (1), la sensibilité (2), la pensée, τὸ διανοητικόν, la volonté ou le mouvement. Néanmoins Aristote soutient l'unité de l'âme en un seul être identique, et rejette la pluralité des âmes. Ses observations sur les conditions de nos moyens de connaître, c'est-à-dire sur les sens (3), offrent un intérêt particulier, ainsi que ses réflexions sur le sens commun, κοινὴ αἴσθησις, sur la conscience qu'il observa le premier avec quelque clarté (4), sur l'imagination, φαντασία, la réminiscence, ἀνάμνησις, et la mémoire, μνήμη (5). L'intuition est la perception des formes ou idées au moyen des objets ; la pensée est la perception des idées d'après les idées mêmes, ce qui présuppose l'exercice de la sensibilité et de l'imagination (6). De là une intelligence passive, παθητικός, et une intelligence active, ποιητικὸς νοῦς. La dernière a le privilége d'être impérissable (immortalité, sans conscience ni mémoire) (7). La faculté pensante est une force distincte du corps, venant du dehors dans l'homme (8), semblable à l'élément des étoiles (9). La volonté, ὄρεξις, est l'activité et le mouvement dirigés vers des

---

(1) De an. II, 2, 4. de gener. anim. II, 3.
(2) De an. II, 5, 6, 12. III, 12.
(3) De an. II, 6. III, 12 sq. De sensu et sensibil.
(4) De an. III, 1 sq.
(5) De an. III, 3, et De memoria.
(6) De an. III, 4.
(7) De an. II, 1—6. III, 2 sq., 5.
(8) De gen. animal. II, 3.
(9) *Cic.* Ac. Qu. I, 7.

objets pratiques, c'est-à-dire vers le bien, qui est véritable ou apparent, selon. qu'il procure une jouissance durable ou momentanée (1); elle se divise donc en βούλησις et ἐπιθυμία, volonté proprement dite et désir. La jouissance est la suite du développement complet d'une force, développement par lequel cette force elle-même se perfectionne. La plus noble jouissance résulte de la raison (2). Ainsi, Aristote regarde la raison pratique, la moralité, comme une faculté de vouloir plus relevée, qui se détermine par des jugemens, sans autre vue idéale supérieure, et en vertu de l'expérience.

§ 146.

J. G. *Buhle*, Sur l'authenticité de la métaphysique d'Aristote; dans la Biblioth. der alten Literat. und Kunst. IVe cahier.

Fülleborn, Sur la métaphysique d'Aristote; dans ses *Beitræge.* ve cahier (all.).

Petri *Rami* Scholarum metaphysicarum libb. XIV. Par. 1566, in-8.

La *philosophie première*, ou science de l'être en soi, était, dans Aristote, un premier essai de ce qu'on a nommé depuis *métaphysique*; cet essai devait être par conséquent encore très-imparfait. Il contient une exposition analytique des notions méta-

---

(1) De an. III, 9—11. Eth. III, VI.
(2) Ethic. X, 4—5,-8.

physiques ou catégories (au nombre de dix) (1), titre sous lequel on trouve comprises et développées, sans un grand ordre systématique, des notions premières de l'intelligence et de la sensibilité, et quelques notions déduites, telles que l'auteur les avait tirées par l'abstraction des faits de l'expérience (2). Là se rattache la question de l'être primitif et de ses propriétés (théologie) (3). Dieu,

---

(1) Les dix catégories, ou *prædicamenta* d'Aristote, sont : ἡ οὐσία, τὸ ποσόν, τὸ ποιόν, πρός τι, ποῦ, ποτέ, κεῖσθαι, ἔχειν, ποιεῖν, πάσχειν (substance, quantité, qualité, relation, lieu, temps, situation, possession, action, passion). De ces catégories, Aristote distingue les catégorèmes, ou *prædicabilia* qui se rapportent aux premières, et sont au nombre de cinq : Ὅρος, γένος, εἶδος, διαφορά, ἴδιον καὶ συμβεβηκός (Top. 1, 6).

Cf. Les Catégories d'Aristote avec des éclaircissemens, et présentées comme introduction à une nouvelle théorie de la pensée, par Sal. *Maimon*, Berl. 1794, in-8 (all.). — Sur l'authenticité du traité des catégories : *Krug*, Observationes crit. et exeget. in Aristotelis librum de Categoriis P. 1. Lips. 1809, in-4.

(2) Metaph. v, 7. Cf. Categor., 11, ed. Buhle.

(3) Outre les anciens ouvrages sur la Théologie d'Aristote, par Jo. *Faustius*, Hier. *Caprædonus*, Fortunius *Licetus*, et le Traité de Valerianus *Magnus* et de Zachar. *Grapius* sur l'Athéisme d'Aristote, consultez :

Joh. G. *Walch*, Exercitatio histor. philosophica de atheismo Aristotelis, Parerga academica. Lips. 1721. in-8.

Joh. Sev. *Vater*, Theologiæ Aristotelicæ vindiciæ. Lips. 1795, in-8.

Fülleborn, dans ses *Beitræge*, 3e cahier, sur la théologie naturelle d'Aristote (all.).

cause absolue du mouvement régulier (1), est l'intelligence, νοῦς, la plus parfaite, à laquelle appartient, par sa propre essence, l'activité pure et indépendante, et la félicité la plus accomplie (2); enfin il est la fin de la nature (3).

§ 147.

La *philosophie pratique* devint, par l'analyse savante d'Aristote, un système dans le point de vue empirique, et se convertit en une théorie morale du bonheur. Le point fondamental est l'idée du souverain bien et du but final. Le but final, τέλος, est le bonheur, εὐδαιμονία, εὐπραξία, ou la somme des jouissances qui résultent de l'exercice parfait de la raison (4); un tel bonheur étant ce qu'il y a de plus élevé, est aussi un état plein de dignité. Cet exercice parfait de la raison est la vertu; or, la vertu est la perfection soit de la raison spéculative soit de la raison pratique : de là, vertu intellectuelle, διανοητικὴ ἀρετή, et vertu morale, ἠθική (5). La première n'appartient dans toute sa plénitude qu'à Dieu, et emporte la suprême félicité ou la béatitude absolue;

---

(1) Cf., § 143—144.
(2) Pol. vii, 1.
(3) Metaph. 1, 1. xii, 7 sq. De cœlo ii, 3 sq. De gener. et corrupt. i, 6.
(4) Eth. Nic. 1, 1—7. x, 5—6.
(5) Eth. Nic. 1, 13. ii 1.

la seconde, faite pour l'humanité, est le perfectionnement constant de la volonté raisonnable, (ἕξις, *habitus*), produit d'une résolution réfléchie, et par conséquent de la liberté, προαιρετική, dont Aristote, le premier, mit en lumière le caractère psychologique, et dont la loi est de marcher constamment entre le trop et le trop peu, τὸ μέσον, μεσότης (1). La vertu morale se produit relativement aux divers objets que l'on doit désirer ou repousser, sous sept formes principales (vertus cardinales). — Dans la vertu de la justice, Aristote comprend aussi le droit (2), qui n'est point distinct du juste. Il considère cette vertu comme consistant à rendre à chacun le sien, et il la développe en lui appliquant la proportion arithmétique et la proportion géométrique (*justitia arithmetica et geometrica*). Dans le droit, δίκαιον, il distingue celui de la famille, οἰκονομικόν, et celui de la cité, πολιτικόν; ce dernier comprend un droit naturel, φυσικόν, et un droit positif, νομικόν.

Aristotelis Ethicorum Nicomacheorum adumbratio accommodate ad nostræ philosophiæ rationem facta, Disp. Jo. Fr. Gottl. *Delbrück*. Hal. 1790, in-8.

La morale d'Aristote traduite et expliquée par Christ. *Garve*. Bresl. 1798-1802, 2 vol. in-8 (all.).

Aristotle's Ethics and Politics comprising his practical

---

(1) Eth. Nic. ii, 6.
(2) Eth. Nic. v, 1, 6 sq.

philosophy translated from the Greek, illustrated by introductions and notes, the critical history of his life and a new analysis of his speculative works by J. *Gillies*. Lond. 1797, 2 vol. in-4.

§ 148.

Un rapport parfait avec sa Morale domine dans sa Politique et son Economique. L'une et l'autre enseignent comment cette fin de l'homme déterminée dans la morale, savoir, la vertu et le bonheur, peut être remplie dans la condition civile et domestique par une bonne constitution de l'état et de la famille (1). L'état, πόλις, est l'association complète d'un certain nombre de sociétés pour suffire en commun à tous les besoins de la vie (2). La force intellectuelle doit seule dominer. La politique est la recherche des moyens qui conduisent au but final, indiqué plus haut; son principe est l'utilité, la convenance des moyens à leur fin. De là Aristote tire sa solution de la question de la légitimité de l'esclavage (3); il ramène aussi l'éducation au but de la société politique.

---

(1) Ethic. VIII, 9. x, 9. — Ici se placent les traductions de la Politique et de l'Économique, par *Schlosser*. Lubeck et Leips. 1798, 2 vol., et celle de la Politique par *Garve*, avec des remarques et des dissertations par Fülleborn. Bresl. 1799 — 1802, 2 vol. in-8. (All.)

(2) Polit. 1, 2.

(3) Pol. 1, 5. *W. T. Krug*, Commentatio de notione servitutis apud Aristotelem. Jen. 1821, in-4.

§ 149.

Aristote servit aussi fort utilement la science dans les applications dont elle est susceptible, par ses recherches sur le langage, dont il rend compte d'une manière philosophique, particulièrement dans le traité περὶ ἑρμηνείας, et par le premier examen approfondi des bases d'une théorie des beaux arts (1), dont il fit consister le principe, conformément à son système d'empirisme, dans l'imitation de la nature.

§ 150.

Les premiers successeurs d'Aristote furent, pour la plupart, d'habiles commentateurs, qui s'efforcèrent, dans des écrits sous les mêmes titres que les siens, de reproduire plus clairement sa doctrine, et en développèrent quelques parties d'une manière encore plus conséquente, ce qui fit qu'elle s'éloigna davantage encore du platonisme, et se rapprocha du matérialisme. Les plus distingués de ses disciples immédiats furent *Théophraste* d'Eressos (2), qu'Aristote avait désigné lui-même comme le plus savant et le plus habile de ses auditeurs, pour être son successeur et

---

(1) A cet objet appartiennent la Rhétorique et la Poétique d'Aristote.

(2) Ville appelée antérieurement Tyrtamos.

son héritier (1); *Eudème* de Rhodes, lequel, ainsi que Théophraste, reproduisit, avec peu d'altérations, la doctrine d'Aristote en physique, en logique et en morale; *Dicéarque* de Messine (2), et *Aristoxene* de Tarente, le musicien, tous deux matérialistes en psychologie; le premier considérait l'âme comme une force vitale naturelle au corps (3); le second, comme un son ou un accord produit par le corps, analogue à ceux que produisent les cordes d'un instrument (4). *Héraclide* de Pont a été déjà mentionné plus haut (§ 138). Plus tard, on distingue parmi les Aristotéliciens le disciple et le successeur de Théophraste (5), *Straton* de Lampsaque, mort vers 270, qui établit, sous une forme plus positive, un système de physique (6), dans lequel il ramenait tout à la force productive de la nature, sans cons-

---

(1) *Diog. L.* v, 36 sq. A. *Gell.* Noct. Att. XIII, 5.

De ses nombreux ouvrages, le seul qui se soit conservé jusqu'à nous, outre ses traités d'Histoire naturelle, est son livre des *Caractères*, ηθικοὶ χαρακτῆρες, et quelques fragmens. Opera gr. et lat ed. Dan. Heinsius. Lugd. Bat. 1613, 2 vol. in-fol. Voyez aussi l'ouvrage de *Hill*, mentionné au § suivant.

(2) Florissait vers 320.

(3) Nic. *Dodwell*, De Dicæarcho ejusque fragmentis. Cf, *Bredow*, Epp., Paris, p. 4, et alibi. et Bayle dict.

(4) G. L. *Mahne*, Diatr. de Aristoxeno philos. peripatetico Amstel. 1793, in-8.

(5) *Cic.* Tusc. Q. 1, 10, 31.

(6) De là il fut surnommé le *Physicien*.

cience d'elle-même, ce qui le fit considérer par plusieurs comme un athée (1). Nous avons moins de détails au sujet de *Démétrius* de Phalère (2), comme disciple de Théophraste; il joua d'ailleurs un rôle distingué comme homme d'état et orateur. Pour ceux qui vinrent après, savoir, *Lycon* ou *Glycon*, de la Troade, successeur de Straton (3), vers 270 ou 268 avant Jésus-Christ, *Hieronyme* ou Jérôme de Rhodes, son contemporain (4); *Ariston* de Ceos, successeur de Lycon (5), *Critolaüs* de Phaselis, qui alla à Rome en qualité d'envoyé avec Carnéade (6), et son successeur *Diodore* de Tyr, tout ce que nous savons de ces philosophes aristotéliciens, c'est qu'ils s'occupèrent surtout de recherches sur le souverain bien (7). Après eux, nous ignorons jusqu'aux noms

---

(1) *Diog. L.* v, 58. *Cic.* Ac. Q. iv 38. De nat Deor. 1, 13 *Sext. Emp.* Hyp. pyrrh. III, 32, 136 sq. Adv. Math. VII, 350, x, 155, 177, 228. *Simplic.* in phys., p. 168 et 225. *Lactant.* de ira Dei, 10. *Plutarch.* adv. Coloten, p 163. De plac. IV, 5. De solert. aniln., p. 141. *Stob.* Ecl., p. 298—348.

Phil. Frid. *Schlosser*, De Stratone Lampsaceno et atheismo vulgo ei tributo. Viteb. 1728, in-4.

Brucker, Diss. de atheismo Stratonis; Amœnitates litterariæ de Schellhorn, t. XIII.

(2) Flor. 330.
(3) *Diog. L.* v, 65 sq.
(4) *Diog.* IV, 41. sq., 68.
(5) *Diog.* v, 70-74
(6) 155 av. J.-C.
(7) *Cic.* Ac. Qu. IV, 42. De Fin. II, 3. v, 5.

de ceux qui présidèrent à l'école péripatéticienne jusqu'à Critolaüs (voyez § 183). Long-temps le système d'Aristote se soutint à côté de celui de Platon; plus tard on chercha à les associer, soit comme identiques, soit comme subordonnés l'un à l'autre. Dans le moyen âge, le premier, transformé en une science de formules, devint exclusivement dominant, jusqu'à ce qu'il fut à son tour vaincu par le platonisme; il ne laissa pas néanmoins d'exercer encore, par la logique, une grande influence (1).

III. *Épicure.*

§ 151.

Sources : Epicuri physica et meteorologica duabus epistolis ejusdem comprehensa ed. Jo. Glob. Schneider. Lips. 1813, in-8.

Epicuri fragmenta librorum II et XI de natura, etc., illustrata a *Rosinio* ed. Orellius. Lips. 1818, in-8.

Diogenis Laertii de vitis, dogmatibus et apophthegmatibus clarorum philosophorum lib. x gr. et lat. separatim editus atque adnotationibus illustratus a Car. Nürnberger. Norimb. 1791, in-8.

Rapprochez aussi le poëme didactique de Lucrèce de

---

(1) J. *Launoy*, De varia philosophiæ Aristotelicæ fortuna. Paris, 1653; 3ᵉ ed. Hagæ Comit. 1662, in-8. Recudi curavit Joh. Herm. ab Elswich Witeb. 1720, in-8.

G. Paul. *Roetenbeck*, Oratio de philosophiæ Aristotelicæ per singulas ætates fortuna varia. Altd. 1668, in-4.

rerum natura; et en outre Cicéron, Sénèque, Plutarque.

Petri *Gassendi* Animadversiones in Diogenem Laert. de vita et philosophia Epicuri. Lugd. Bat. 1649, in-fol.

Ejusdem de vita, moribus et doctrina Epicuri. ll. viii. Lugd. 1647, in-4. Hagæ Comit. 1656, in-4.

Sam. *de Sorbière*, Lettres de la vie, des mœurs et de la réputation d'Epicure, avec les réponses à ses erreurs; dans ses lettres et discours. Par. 1660, in-4.

Jacq. *Rondel*, La vie d'Epicure. Par. 1679, in-8. Trad. en latin. Amst. 1693, in-12.

Essai d'une Apologie d'Epicure, par un adversaire de Batteux (Joh. Gottfr. *Bremer*). Berl. 1776, in-8 (all.).

Fr. Ant. *Zimmermann*, (Resp. *Zehner*) Vita et doctrina Epicuri dissertatione inaugur. examinata. Heidelb. 1785, in-4.

Heinr. Ehrenfried *Warnekros*, Apologie et vie d'Epicure. Greifsw. 1795, in-8 (all.).

Nic. *Hill*, De philosophia Epicurea Democritea et Theophrastea. Genev. 1669, in-8.

Petri *Gassendi* Syntagma philosophiæ Epicuri. Hag. Com. 1655 et 1659, in-4; et dans ses *Opp*.

Epicure (1), du bourg de Gargettos, près d'Athènes, appartenait à des parens pauvres: son père, colon à Samos, gagnait sa vie comme maître d'école, et sa mère, comme devineresse. Avec un corps faible et maladif, Épicure possédait un esprit supérieur, mais il reçut une mauvaise éducation. Un vers d'Hésiode et les ouvrages de Démocrite éveillèrent en lui,

---

(1) Né en 337, m. 270.

dès son jeune âge, le génie philosophique. Bientôt il suivit, à Athènes, mais d'une manière superficielle, les leçons de l'académicien Xénocrate, de Théophraste et d'autres. Dans sa trente-deuxième année, il ouvrit lui-même une école à Lampsaque; et la transporta, cinq ans après, à Athènes (1); là il enseigna, dans son jardin, une philosophie qui se recommandait par son indulgence pour les besoins des sens embellis des agrémens de la vie sociale, par son dédain pour toute superstition, et par son esprit d'élégance et d'urbanité. Un reproche qu'on peut faire peut-être à son caractère, c'est que l'orgueil le porta souvent à déprécier les travaux des autres philosophes. De ses nombreux écrits (2) nous ne possédons que quelques fragmens cités par Diogène de Laerte, et le livre περὶ φύσεως, qu'un heureux hasard a fait découvrir dans les ruines d'Herculanum.

§ 152.

Selon lui, la philosophie est l'art de conduire l'homme au bonheur par le moyen de sa raison (3). Par conséquent, l'Éthique en est la principale partie; et il ne considère que comme des accessoires la physique et la canonique; c'est le nom qu'il donne à

---

(1) *Diog.* x, 15.
(2) *Diog. Laert.* x, 17.
(3) *Sextus Emp.* adv. Mathem. xi, 169.

la partie dialectique qui sert d'introduction à son système (1). Cette doctrine du bonheur présente d'ailleurs peu d'originalité; c'est surtout par sa forme qu'elle appartient en propre à Épicure. En effet, sa philosophie est un eudæmonisme entremêlé de quelques idées morales, appuyé sur la physique des atomes perfectionnée, avec une théologie appropriée à cette physique, système qui, rigoureusement suivi dans ses conséquences, doit certainement conduire à l'immoralité.

§ 153.

La théorie de la représentation sur laquelle est fondé le système d'Épicure, est empruntée à Démocrite, et repose sur l'hypothèse des subtiles émanations des corps, ἀπόρροιαι, ἀποστάσεις, et des émissions d'images qui en résultent et se dispersent dans l'air (§ 105). Le contact de ces images avec les organes sensibles produit les perceptions qui répondent parfaitement aux objets eux-mêmes, ainsi que les représentations imaginaires qui se distinguent des perceptions par une plus grande subtilité, par des combinaisons fortuites et un moindre rapport avec les objets. La connaissance de l'objet est comprise dans l'acte immédiat de la perception sensible, ἐπαίσθησις. De ce même acte résultent aussi les idées générales, qui sont

---

(1) *Senec.* Ep. 89. *Diog. L.* x, 24-31.

d'avance en germe dans la sensibilité, προλήψεις(1); toutefois l'entendement contribue aussi pour sa part à les former (2). Toute apperception des sens et de l'imagination est vraie, parce qu'elle répond nécessairement aux images qui leur sont envoyées, et elle ne saurait être ni prouvée ni contredite, ἐναργής, ἄλογος. Les jugemens, au contraire, δόξαι, sont vrais ou faux, selon qu'ils répondent ou non aux perceptions sensibles, d'où il suit que c'est par celles-ci qu'on doit toujours les vérifier. Les sentimens, πάθη, sont nos critères, quant à ce que nous devons choisir, αἵρεσις, et rejeter, φυγή. Il n'y a point de loi nécessaire de la pensée; autrement il y aurait une fatalité. Tels sont les principes de sa canonique (3).

§ 154.

La morale d'Epicure, avec des réflexions, par M. le baron *des Coutures*. Par. 1685. Id. augmenté par *Rondel*, La Haye, 1686, in-12.

La morale d'Epicure, tirée de ses propres écrits par l'abbé *Batteux*. Par. 1758, in-8.

Magni *Omeisii* Diss. Epicurus ab infami dogmate,

---

(1) Joh. Mich. *Kern*, Diss. Epicuri prolepsis seu anticipationes sensibus demum administris haustæ, non vero menti innatæ, in locum Cic. de nat. D. 1, 16, Gott. 1756, in-4.

(2) *Diog.* x, 31 sq., 46 sq. 52. *Lucret.* iv, particulièrement aux vers 471-476, 226-753. *Cic.* Divin. ii, 67.

(3) *Diog.* x, 32. *Sext.* adv. Math. vii, 203 sq. *Cic.* Ac. Qu. iv, 25, 32. *Nat. D.* 1, 25. De fato, 9. 10.

quod summum bonum consistat in obscœna corporis voluptate, defensus. Altd. 1679, in-4.

Recherche sur les opinions partielles et exclusives de l'école Stoïcienne et de l'école d'Epicure, dans leur théorie de l'origine du bonheur (par E. Platner); dans la *Neue Biblioth. der Schœnen Wissenschaften*, t. XIX (all.).

Remarque. Différence entre le système du bonheur des Cyrénaïques et celui d'Epicure, qui paraît avoir éclairci et perfectionné le sien successivement et à mesure que la contradiction lui fesait voir les défauts du précédent. Voyez *Diog.* x, 6, 131, 137. *Cic.* Tusc. Qu. III, 18. Fin. I, 17.

Morale: Le plaisir est le souverain bien de l'homme; car tous les êtres vivans, dès leur naissance, recherchent le plaisir et fuient la peine. Or, le plaisir consiste dans l'activité et le repos de l'âme, ou dans la jouissance des sensations agréables, et l'absence des sensations pénibles, ἡδόνη ἐν κινήσει, ἡδόνη καταστηματική. Épicure considère donc comme la fin et le but de l'homme ce bien-être, qui consiste à être affranchi des maux corporels et des troubles de l'âme; et il place le souverain bonheur dans un état entièrement exempt de peine, lequel résulte de la satisfaction des besoins, appétits et désirs naturels et nécessaires (1). Toutes nos sensations sont en soi égales en valeur et en dignité, mais elles diffèrent

---

(1) *Diog.* x, 131-136-137-139. *Cic.* Fin. I, 9, 11.

beaucoup quant à leur intensité, leur durée et leurs suites. Les plaisirs et les peines de l'esprit sont plus grands que ceux du corps. Il est donc nécessaire, pour arriver au bonheur, de savoir faire un choix, αἵρεσις, et de diriger les désirs à l'aide de la raison et de la liberté, ou de la force individuelle indépendante de la nature, qu'Épicure explique d'une manière peu philosophique (1). La prudence, φρόνησις, est en conséquence la vertu principale ; à côté d'elle se placent la modération et la justice. La vertu en général n'a de prix que par ses suites, parce qu'elle est inséparablement unie au plaisir (2). Les contracts sont la source du droit ; leur but est l'utilité réciproque des contractans, et l'avantage qui en doit résulter est le principe obligatoire de leur accomplissement (3). Parfois Épicure tirait ses maximes d'une source plus pure (4), par cette même inconséquence qui força ses adversaires eux-mêmes à faire l'éloge de sa vie (5).

§ 155.

Gualt. *Charleton*, Physiologia Epicureo - Gassendo - Charletoniana, etc. Lond. 1654, in-fol.

---

(1) *Diog.* x, 144. *Cic.* Nat. D. 1, 25.
(2) *Diog.* x 129-140-142.
(3) *Diog.* x, 150, 151.
(4) *Diog. L.* x; 135. *Cic.* Tusc. Qu. 11, 7.
(5) *Cic.* Tusc. Qu. 111, 20. *Senec.* De vita beata, 13.

Gottfrid. *Ploucquet*, Diss. de cosmogonia Epicuri. Tub. 1755; in-4.

Restaurant, L'accord des sentimens d'Aristote et d'Épicure sur la physiologie. Lugd. Bat. 1682; in-12.

Physique. La science de la nature est en partie subordonnée à la morale, et elle doit se proposer de délivrer l'homme de toute terreur superstitieuse en présence des phénomènes célestes, des dieux, de la mort et de ses conséquences, vaines craintes qui troublent son bonheur (1). Dans cette vue, Épicure ne pouvait rien trouver de plus convenable que la doctrine des atomes, qu'il augmenta d'un grand nombre d'hypothèses, et d'après laquelle il tâcha d'expliquer les divers phénomènes naturels. Si l'on admet des corps composés comme objet de nos perceptions, on est conduit à supposer des élémens simples et invariables, des atomes. Outre la pesanteur, la forme et le volume, et outre le mouvement primitif et uniforme en sens perpendiculaire, les atomes ont encore un mouvement détourné ou oblique (2), en faveur duquel Épicure ne fournit aucune preuve. Les divers mouvemens mécaniques des atomes dans le vide, τὸ κένον, ou l'espace, τόπος, χῶρα, ont produit des aggrégats ou corps, et même l'univers entier, qui est aussi un corps, et qui, dans

---

(1) *Diog.* x, 81 sq., 142 sq. *Lucret.* 1, 147. *Plutarch.* Non posse suaviter vivi secundum Epicurum, 8, 9.

(2) *Lucr.* 11, 217. *Cic.* Fin. 1, 6.

son ensemble, est immuable et infini, quoique variable et périssable dans ses parties ou dans les mondes dont il se compose (1). Le monde étant imparfait, et n'offrant que des scènes de misère, de destruction et de mort, imperfections qui se manifestent surtout dans l'homme, on ne peut le considérer comme l'ouvrage d'une cause intelligente. De plus, une telle origine du monde est inconcevable, et ne peut se concilier avec la condition paisible et bienheureuse des Dieux (2). Toutes les causes finales que présente le monde sont purement fortuites (3). — L'âme en particulier est de nature corporelle, attendu sa sympathie avec le corps ; mais c'est une matière plus délicate renfermée dans une autre plus grossière. Les parties qui la composent sont la chaleur, l'air, le vent, et une matière sans nom, de laquelle dépend la sensibilité ; ce dernier élément est placé dans la poitrine, les autres répandus dans tout le corps (4). Le corps et l'âme sont unis de la manière la plus intime ; la dernière naît avec le corps, et périt avec lui par la dissolution des atomes qui les composent (5). Notre âme, s'il fallait la con-

---

(1) *Diog.* x, 39, 43 sq., 73 sq. *Lucret.* ii, 61 sq.

(2) *Diog.* x, 139-76-77. *Lucret.* v, 157-235. iii, 859-984. *Cic.* Nat. D. 1, 9-16.

(3) *Lucret.* iv, 851.

(4) *Diog.* x, 63 sq. *Lucret.* iii, 31 sq., 95 sq., 138-188-204 sq. *Sextus Emp.* Hypotyp. pyrrh. 187-229.

(5) *Lucr.* iii, 224 sq., 396 sq., 426 sq. *Diog.* 64 sq.

cevoir comme immortelle, serait en opposition avec toutes les conditions d'un être immuable et éternel (1). Épicure combat aussi, par quelques argumens, l'immortalité de l'âme, que Platon avait enseignée. La mort n'est point un mal (2).

§ 156.

Jo. *Fausti* Diss. de deo Epicuri. Argent. 1685, in-4.

J. Conr. *Schwarz*, Judicium de recondita theologia Epicuri. Comment. 1, 11. Cob. 1718, in-4.

Jo. Henr. *Kronmayer*, Diss. (præs. Gottl. *Stolle*) de Epicuro, creationis et providentiæ divinæ assertore. Jen. 1713, in-4.

Joh. Achat. Fel. *Bielke*, Diss. qua sistitur Epicurus atheus contra Gassendum, Rondellum et Baelium. Jen. 1741, in-4.

Chph. *Meiners* (*Abhandl. üb. Epic. Charact.*), Dissert. sur le caractère d'Epicure, et ses contradictions dans la théorie de la divinité; Vermischte Schriften. t. 11, p. 45 sq.

Théologie. Les conséquences de tout ce système semblent conduire plutôt à l'athéisme qu'au théisme, ainsi que les anciens l'avaient eux-mêmes remarqué (3); aussi quelques stoïciens, entre

---

(1) *Lucr.* III, 857 sq.
(2) *Diog.* x, 139. Cf. 124 sq. *Lucr.* III, 670 sq.
(3) *Plutarch.* Non posse suaviter vivi sec. Epicur. c. 8.

autres Posidonius, regardaient-ils Épicure comme un athée déclaré (1); mais il est plus exact de reconnaître en lui un théiste inconséquent, affirmant l'existence des Dieux, et s'expliquant sur leur nature avec toute la hardiesse du dogmatisme. Il démontre leur existence par l'universalité des idées religieuses; ces idées, selon sa théorie de la connaissance, sont le produit d'objets réels qui leur correspondent et nous les communiquent. Les Dieux sont des aggrégats d'atomes ayant la figure humaine, la plus parfaite de toutes les figures; mais ils n'ont qu'une substance assez analogue au corps humain, sans être la même; ce sont des êtres éternels, impérissables et souverainement heureux; comme tels, ils sont dignes de nos hommages, quoiqu'ils vivent, au sein de l'espace intermédiaire, dans un repos et une indifférence qui fait leur félicité, sans exercer aucune influence sur la marche du monde.

§ 157.

Épicure eut un grand nombre de disciples, parmi lesquels on distingue *Métrodore* (2) et son frère *Timocrate*, *Colotès*, celui contre lequel est dirigé un traité de Plutarque; *Polyænus*, *Leonteus* et sa femme *Themista*, tous trois de Lampsaque; puis un autre *Métrodore* de Stratonique, qui passa ensuite

---

(1) *Cic. Nat. D.* 1, 30-44.
(2) *Diog. L.* x, 22 sq.

à l'Académie (1); et l'amie, la confidente d'Épicure, la célèbre courtisanne *Léontium* d'Athènes : viennent ensuite *Hermachus* de Mitylène, successeur d'Épicure (2); et plus tard, *Polystrate, Dionysius, Basilides, Apollodore, Zénon* de Sidon, *Diogène* de Tarse, et *Diogène* de Séleucis, *Phædrus* et *Philodème* de Gadara, etc. Son école subsista longtemps sans éprouver de modifications importantes (3). On trouve les raisons de cette fixité dans l'esprit de cette philosophie, et dans le respect profond des sectateurs d'Épicure envers leur maître. De plus, il s'était appliqué à préserver d'avance sa doctrine de tout changement essentiel, en la fondant sur des propositions formelles, ou maximes générales, κύριαι δόξαι (4). Si, d'un côté, cette philosophie éteignait tout idéal dans l'âme humaine, elle la prémunissait, d'un autre côté, contre la superstition, mais elle n'obtenait cet avantage qu'aux dépens des croyances qui appartiennent à la raison (5).

---

(1) *Diog.* x, 9.
(2) 270 avant J.-C.
(3) *Sen.* Ep. 33.
Quels sont les vrais épicuriens et les vrais sophistes ? (Voyez *Diog.* x, 26.)
(4) *Lucret.* III, 14. *Cic.* Fin. I, 5-7. II, 7. *Diog.* x, 12-13.
(5) *Lucian.* Alexander.

IV. Zénon et les Stoïciens.

§ 158.

Sources. L'hymne de Cléanthe, et les fragmens de Chrysippe et de Posidonius; Cicéron, Sénèque, Arrien, Antonin, Stobée, Diogène de Laerte, VII, Plutarque dans plusieurs traités contre les Stoïciens; Simplicius.

Ouvrages modernes.

Hemingii *Forelli* Zeno philosophus leviter adumbratus, Exercitatio academica. Ups. 1700, in-8.

Justi *Lipsii* Manuductio ad stoicam philosophiam. Antwoerp. 1604, in-4. Lugd. Bat. 1644, in-12; et dans ses *Opp.*

Thom. *Gatakeri* Diss. de disciplina stoica cum sectis aliis collata; en tête de son édit. d'Antonin. Cambridge, 1653, in-4.

Fr. *de Quevedo*, Doctrina stoica, in ejus opp. t. III. Bruxell. 1671, in-4.

Jo. Fr. *Buddei* Introduct. in philos. stoicam, en tête de l'édition d'Antonin de Wolle. Lips. 1729, in-8.

Dan. *Heinsii* Oratio de philos. stoica; in suis orationib. Lugd. Bat. 1627, in-4 p, 326, sq.

Dietr. *Tiedemann*, Système de la philosophie stoïcienne Leips. 1776, 3 vol. in-8; et dans son Espr. de la philosophie spéculative (All.).

Joh. Alb. *Fabricii* Disp. de cavillationibus Stoicorum. Lips. 1692, in-4.

Zénon naquit à Cittium en Chypre (1); il était fils de Mnaséas, riche marchand. Déjà formé par une bonne éducation, le hasard et son penchant le conduisirent vers les écoles des socratiques. Il suivit le cynique Cratès, les mégariques Stilpon et Diodorus Cronus, et les académiciens Xénocrate et Polémon, Stilpon et Xénocrate pendant dix années; il eut ainsi l'avantage de pouvoir rapprocher plusieurs divisions de l'école socratique. Ses travaux eurent pour objet de fonder un large système de la connaissance humaine qui pût résister au scepticisme, et en particulier d'établir en morale des principes rigoureux, auxquels il sut conformer sa propre conduite. — Il forma (2), dans le portique, στόα, à Athènes, une école qui s'illustra par une foule de philosophes habiles et passionnés pour la vertu, ainsi que par son influence dans le monde sur la vie pratique, et par sa lutte contre les vices et le despotisme. Zénon mourut après Épicure (3). Son système fut étendu, développé et perfectionné, pendant le cours d'une longue rivalité avec les autres écoles, particulièrement avec celle d'Épicure, et de la nouvelle Académie. Les principaux soutiens de cette école furent *Persæus* ou *Dorothée* de Cittium(4),

---

(1) Vers 340.
(2) Vers 300 avant J.-C.
(3) Entre 264-260 environ.
(4) *Suidas* s. v. Persæus et Hermagoras.

Ariston de Chio (1), lequel fonda une école séparée, et se rapprocha de l'école sceptique (2), *Hérillus* de Carthage (3); enfin l'élève et le digne successeur de Zénon, *Cléanthe* d'Assos (4). Vinrent ensuite le disciple de ce dernier, *Chrysippe* de Soli ou de Tarse, la colonne du portique (5); puis son disciple *Zénon* de Tarse (6),

---

(1) Godofr. *Buchneri*. Diss. hist. philos. de *Aristóne* Chio, vita et doctrina nota. Lips. 1725, in-4.

Jo. Ben. *Carpzovii* Diss. Paradoxon stoïcum Aristonis Chii: Ὁμοῖον εἶναι τῷ ἀγαθῷ ὑποκριτῇ τὸν σοφόν, novis observationibus illustratum. Lips. 1742, in-8.

(2) Il faut le distinguer d'Ariston de Céos, le péripatéticien, § 150.

(3) Peræus, Ariston et Hérillus floriss. v. 260.

Quill. Traugott. *Krug*, Herilli de summo bono sententia explosa non explodenda, Symbolar. ad hist. philos. partic. III. Lips. 1822, in-4 (D'après un passage de Cic. de offic. 1, 2.).

(4) Florissait vers 264 avant J.-C.

Hymne de Cléanthe à l'Être-Suprême, en grec et en allemand, accompagné d'une exposition des principales maximes de la philosophie stoïcienne, par Herm. Heimart *Cludius*. Gœtt. 1786, in-8 (all.).

Gottl. Chr. Fried. *Mohnike*, Cléanthe le stoïcien. Greifswald. 1814, in-8 (all.).

J. Fr. Herm. *Schwabe*, Specimen theologiæ comparativæ exhibens Κλεάνθους ὕμνον εἰς Δία, Jen. 1819.

(5) *Cic*. Acad. Qu. IV, 24. *Diog*. VII, 183. Il était né en 280, et mourut en 212 ou 208 avant J.-C.

J. Fr. *Richter*, Diss. de Chrysippo stoico fastuoso. Lips. 1738, in-4.

et *Diogène* de Babylone, qui alla à Rome en qualité d'envoyé avec Carnéade et Critolaus, vers 155; plus tard, *Antipater* de Tarse ou de Sidon (1); *Panœtius* de Rhodes, qui lui succéda à Athènes, enseigna aussi à Rome, et accompagna à Alexandrie Scipion-l'Africain (2); enfin *Posidonius* d'Apamée en Syrie, disciple du précédent, surnommé le *Rhodien*, à cause de l'école qu'il établit à Rhodes (3). Lorsqu'on aura épuisé toutes les sources historiques relatives à ces philosophes, il ne sera pas encore facile de rapporter avec exactitude à chacun d'eux les parties de la doctrine stoïque qui leur appartiennent. Ici nous

---

Ge. Albr. *Hagedorn*, Moralia chrysippea e rerum naturis petita. Altd. 1685, in-4.

Joh. Conr. *Hagedorn*, Ethica Chrysippi. Norimb. 1715, in-8.

(6) Vers 212.

(1) Vers 146.

(2) Il florissait vers 130.

Mémoires sur la vie et les ouvrages de Panætius, par l'abbé *Sévin*, dans les Mém. de l'Acad. des Inscr., t. x.

Car. Günth. *Ludovici* Progr. Panætii vitam et merita in Romanorum tum philosophiam tum jurisprud. illustrans. Lips. 1733, in-4.

Fr. Ge. *van Lynden*, Diss. historico-critica de Panætio Rhodio, philos. stoico. præs. Dan. Wyttenbach. Lugd. Bat. 1802, in-8.

(3) Il florissait vers 103.

Fr. *Bake*, Posidonii Rhodii reliquiæ doctrinæ, collegit atque illustravit. Lugd. Bat. 1810, in-8.

ne pouvons donner place qu'aux principes et aux formes générales du système.

§ 159.

La philosophie, selon les stoïciens, est la science de la perfection humaine ($\sigma o\varphi i\alpha$, la sagesse), laquelle se manifeste dans la pensée, dans la connaissance et dans l'action. Elle montre à l'homme le chemin qui le conduit à ce terme élevé; ses trois parties principales sont la logique, la physiologie (dans le sens le plus étendu), et la morale. Cette dernière est la science importante, et les deux autres lui sont subordonnées comme ses moyens. Toutefois les stoïciens ne purent jamais lui donner des principes solides et une forme systématique, parce qu'ils obéissaient au principe de l'empirisme; leur maxime fondamentale était: suivre la nature (1).

§ 160.

La logique de Zénon et de ses successeurs a beaucoup plus d'étendue que celle d'Aristote, parce qu'elle fait partie intégrante de la science du sage, qu'elle se propose pour objet la matière même des vérités, et qu'elle comprend en soi une partie de la psycologie,

---

(1) *Cic.* Fin. III, 21. IV, 2. Ac. Qu. I, 10 sq. *Senec.* Ep. 89. *Plutarch.* Decret. philos. proœm., et De stoicorum repugn., p. 342. *Diog.* VII, 40 sq., 54.

de la logique proprement dite, de la grammaire et de la rhétorique. Elle était spécialement destinée à fonder, en opposition à l'incertitude et au caprice des opinions vulgaires, une science solide et stable, la seule qui convienne au sage; elle devait lui donner la pierre de touche du vrai et du faux. Elle se fonde sur une théorie des perceptions. Toute perception primitive résulte d'impressions produites sur l'âme, et s'appelle, à ce titre, φαντασία, *visum*. De ces premières perceptions sensibles, la raison, force active supérieure et dirigeante, τὸ ἡγεμονικόν, engendre toutes nos autres notions et jugemens. Les véritables sont ce que Zénon appelle φαντασίαι καταληπτικαί, autrement, καταλήψεις, c'est-à-dire, celles qui sont vérifiées par leur objet même, et correspondantes à cet objet, auxquelles s'attache toujours un libre assentiment, et qui font la base de la science. La règle du vrai est par conséquent la droite raison, ὀρθὸς λόγος, qui conçoit l'objet conformément à ce qu'il est. C'est sur cet empirisme dogmatique que reposait le système de Zénon. Chrysippe marqua avec plus de précision encore la différence entre les notions sensibles, αἰσθητικαί, et les notions qui ne viennent point des sens. Ces dernières sont produites par la comparaison des premières entre elles, et par leur réunion en une notion collective ou générale; cette réunion a lieu tantôt involontairement, tantôt par une application volontaire de la pensée, et de là résultent d'une part des notions naturelles, φυσικαί ἔννοιαι καὶ προλήψεις, de l'autre, des notions acquises artificiellement, ἔννοιαι; les naturelles constituent le sens commun, κοινὸς λόγος, qui est le criterium de la vérité (1). La souplesse d'esprit, on peut même dire la subtilité minutieuse de Chrysippe se montre particulièrement dans la manière dont il perfectionna la syllogistique, et particulièrement dans sa théorie des raisonnemens hypothétiques et disjonctifs.

§ 161.

Justi *Lipsii* Physiologiæ stoicorum libri III. Antwoerp. 1610, in-4.

Th. A. *Suabedissen*, Programma : cur pauci semper fuerint physiologiæ stoicorum sectatores. Casel. 1813, in-4.

La prétention de la physiologie de Zénon était de rendre compte, sans hypothèses, des notions communes sur les objets réels de la nature, de telle sorte que les croyances pratiques pussent être fondées sur cette base. De tous les anciens systèmes, celui d'Héraclite, fondé sur le λόγος qui pénètre toutes choses, parut à Zénon s'accommoder le mieux à l'objet qu'il avait en vue, et à son idée fondamentale que les êtres immatériels sont des chimères (2).

---

(1) *Cic.* Acad. Qu. I, 11. II, 42. *Plutarch.* Dogm. IV, 11. *Diog.* VII, 54. *A. Gellius*, XIX, 1.

(2) *Cic.* Ac. Q. I, 11.

Tout ce qui est réel, tout ce qui peut agir ou souffrir est corps, selon les Stoïciens. Ils distinguent aussi des corps solides, στερεά, et des corps non solides. Le lieu, l'espace, le temps sont des choses incorporelles (1). Chrysippe fit de plus la distinction du vide et de l'espace, et jugea le premier l'infini comme le temps. Il y a deux principes éternels, αρχαί, de toutes choses; l'un passif, la matière, ὕλη (2); l'autre actif, Dieu, le principe plastique, qui ne fait qu'un avec la nature, et duquel dérivent l'action, la forme et la constitution finale des choses dans le monde. Dieu est un feu vivant artificiel, non semblable au feu ordinaire; il est nommé aussi πνεῦμα ou æther (3), et il forme, engendre et pénètre toutes choses, suivant des lois, λόγοι σπερματικοί; c'est la raison universelle qui s'exerce sur la matière, c'est la loi de toute la nature (4).

Diverses preuves furent données par les Stoïciens en faveur de l'existence de Dieu, et en particulier par Cléanthe et Chrysippe (5).

Dieu, d'après ce qui précède, est donc dans le

---

(1) *Diog. Laert.* VII, § 134—135. *Plutarch.* adv. Stoic.

(2) *Diog. L.* VII, 150.

(3) *Cic.* Nat. D. II, 14. *Diog. Laert.* VII, 139. *Stob.*, p. 538.

(4) *Cic.* Ac. Qu. I, 11. Nat. D. II, 8-9-14-22-32. *Sextus* adv. Math. IX, 101. *Diog.* VII, 134 sq., 147—156 sq. *Stob.* Ecl. phys. I, p. 312-538.

(5) Guill. Traug. *Krug*, Progr. de Cleanthe divinitatis assertore ac prædicatore. Lips. 1819, in-4.

monde, non hors du monde. Ce dernier est lui-même un être vivant et divin. De là, l'association dans cette doctrine de la providence, πρόνοια, et du destin, εἱμαρμένη, considéré comme la concordance nécessaire des causes et des effets dans le monde (1); l'idée de concordance amena Chrysippe à la doctrine du déterminisme; de là encore l'optimisme (2), la divination, μαντική, et l'interprétation du polythéisme mythologique par la physiologie et la théologie (3). De même que le monde a été produit par le feu, lorsque du sein de la matière primitive, les quatre élémens, στοιχεῖα, avec lesquels Dieu forma toutes choses, se divisèrent (4); de même c'est par le feu que le monde doit périr un jour (5). Cette combustion ou résolution par le feu à l'état de la matière

---

(1) *Plut.* De stoic. repugn., p. 1056. *Stob.* Ecl. phys., p. 1, p. 180.

(2) Joh. Mich. *Kern*, Disp. Stoicorum dogmata de Deo. Gotting. 1764, in-4.

Jac. *Brucker*, De providentia stoica in Miscell. hist. philos., p. 147.

S. E. *Schulze*, Commentatio de cohærentia mundi partium earumque cum Deo conjunctione summa secundum stoicorum disciplinam. Viteb. 1785, in-4.

Mich. Heinr. *Reinhard*, Progr. de Stoicorum Deo, Torgav. 1737, in-4. Et. Comment. de mundo optimo præsertim ex stoicorum sententia. Torgav. 1738, in-8.

(3) *Cic.* Nat. D. I, II, III. De fato c. 12, 13, 17. *A. Gellius*, N. Att. VI, c. 2.

(4) *Diog.* VII, 142.

(5) *Cic.* Nat. D. II, 46.

primitive, ἐκπύρωσις τοῦ κοσμοῦ, a été rejeté par quelques Stoïciens des époques suivantes (1), entre autres par Zénon de Tarse, Panætius et Posidonius (2).

§ 162.

L'ame est un air ardent, πνεῦμα ἔνθερμον, faisant partie de l'ame du monde, mais, comme toute individualité réelle, elle est corporelle et périssable (3). Cléanthe et Panætius allèrent jusqu'à tâcher de démontrer sa condition mortelle (4). Elle se compose de huit parties ou forces; l'une de ces parties, la force fondamentale, ἡγεμονικόν, ou l'intelligence, λογισμος, est le principe des autres savoir, les cinq sens, la parole et l'imagination, comme la divinité est dans la nature le principe de toutes les autres forces particulières (5); de même encore les sensations ainsi que les mouvemens de l'ame et les vo-

---

(1) *Philo*, De ætern. mundi.

(2) Jac. *Thomasii* Exercitatio de Stoica mundi exustione, etc. Lips. 1672, in-4.

Mich. *Sonntag*, Diss. de palingenesia stoicorum. Jen. 1700, in-4.

(3) *Cic.* De nat. D. III, 14. Tusc. Q. I, 9. *Diog.* VII, 156.

(4) Chph. *Meiners*, Commentar. quo Stoicorum sententia de animorum post mortem statu et fatis illustratur; Verm. philos. Schriften, t. II, p. 265.

(5) *Plut.* Decret. philos. IV, 4, 21. *Sextus* adv. Math. IX, 101.

litions, πάθη et ὁρμαί, résultent de la faculté intelligente, parce qu'ils reposent toujours sur quelque croyance à la vérité de leur objet, sur quelque approbation, sur quelque jugement (1).

§ 163.

Casp. *Scioppii* Elementa stoicæ philosophiæ moralis. Mogunt. 1606, in-8.

J. Fr. *Buddei* Exercitt. historico philos. iv de erroribus stoicorum in philos. morali. Hal. 1695-96 ; et dans ses Analect. hist. philos. p. 97, sq.

Ern. Godf. *Lilie*, Commentationes de stoicorum philos. morali. Comment. 1. Alton. 1800, in-8.

Joh. *Neeb*, Rapport de la morale des stoïciens avec la religion. Mainz, 1791, in-8. (All.)

Ern. Aug. Dankegott *Hoppe*, Diss. hist. philos. : principia doctrinæ de moribus stoicæ et christianæ. Viteb. 1799, in-4. — (Voyez aussi les ouvrages de *Conz* et de *Wegscheider*, cités au § 182.)

La morale des Stoïciens repose sur une observation remarquable des caractères essentiels de l'humanité, de la raison et de la liberté, et sur une étroite association de la loi pratique et de la nature (2),

---

(1) *Cic.* Tusc. Qu. iv, 6 sq. Fin. iv, 38. *Diog.* vii, 110. Stob. Écl. eth, p. 166, 170. *Plutarch.* De virt. morali; de decret. philos. iv, 25.

(2) *Cic.* De nat. deor. 1, 14.

en vertu de ce principe, que Dieu, cause immanente de toute forme et de toute proportion dans le monde, est par lui-même la raison et la loi suprême. Partant de l'observation de la nature raisonnable de l'homme, le Stoïcien considère l'ordre, la légitimité, la raison, comme des choses que nous devons surtout respecter, comme la condition unique sous laquelle l'homme peut atteindre au but de son existence, et ce but c'est la vertu, vers laquelle toute la nature est faite pour nous conduire. Aussi la première maxime est-elle (1): *Vivre selon la loi de la raison bien ordonnée*, ὀρθὸς λόγος, ou bien, suivant la formule de Cléanthe et d'autres Stoïciens : *Vivre conformément à la nature*, ὁμολογουμένως ζῆν, ou ὁμολογουμένως τῇ φύσει ζῆν (2). Voyez ci-dessus Polémon (§ 138). Vivre de la sorte est le but de l'humanité (3).

§ 164.

Les principes les plus remarquables du système pratique de cette école sont : 1° La moralité, l'honnêteté, καλόν, est le seul bien qui ait une valeur, ἀξία, absolue (4), le vice est le seul mal positif;

---

(1) Aut. *Cress.* Comment. de stoicorum supremo ethices principio. Viteb. 1797, in-4.

(2) *Cic.* Fin. III, 6. Cléanthe, Hymn., v. *Diog.* VII, 87. *Stob.* Ecl. eth. pl. II, p. 32-132-134-138 sq.

(3) Joh. Jac. *Dornfeld*, Diss. de fine hominis stoico. Lips. 1720, in-4.

(4) Guil. Traug. *Krug*, Programma, præmissa dissertatione,

tout le reste est purement indifférent, ἀδίαφορον, et n'a qu'une valeur relative, qui le rend plus ou moins susceptible d'être admis ou évité, ou seulement toléré, ληπτὸν, ἄληπτον, μεσόν (1). 2° La vertu repose sur la sagesse, φρόνησις, c'est une pratique de la raison libre, indépendante, en harmonie avec elle-même et avec la nature appliquée, à connaître et à faire le bien (2); ou encore la vertu est une conduite réglée toute entière sur ce principe, que rien n'est bon si ce n'est de pratiquer le bien, et que là seulement réside le caractère de la liberté (3). Le vice est une manière d'agir inconséquente (*inconstantia*), qui résulte de la raison dédaignée ou pervertie; les mauvais penchans ou les passions coupables qui en proviennent encourent le démérite et la responsabilité (4). Toutes les actions sont ou conformes ou non conformes à la nature de l'agent, καθήκοντα, παρὰ τὸ καθῆκον; les premières sont ou parfaitement conformes ou imparfaitement, καθήκοντα τελεῖα, καθήκοντα μεσά; dans le premier cas, comme étant

---

qua Zenonis et Epicuri de summo bono sententiæ cum Kantiana hac de re doctrina breviter comparantur. Viteb. 1800, in-4.

(1) *Cic.* Fin. III, 3, 8, 15.
(2) *Diog. L.* VII, 89. Διάθεσις ὁμολογουμένη. *Stob.* Ecl. eth. II, p. 204: Διάθεσις ψυχῆς σύμφωνος αὑτῇ περὶ ὅλον τὸν βίον.
(3) *Cic.* Acad. Qu. I, 10. Fin. III, 7. Tusc. Q. IV, 15. Paradoxon v. *Plutarch.* De virt. mor. c. 3.
(4) *Cic.* Ac. Qu. I, 10. Tusc. Qu. IV, 9-23.

l'accomplissement de la loi, elles s'appellent de bonnes actions, κατορθώματα, et leurs contraires, méfaits, transgressions, ἁμαρτήματα. Les κατορθώματα sont les seuls actes absolument bons et dignes d'éloges, sans aucun égard à leurs conséquences (1). 4° La vertu étant le seul bien, peut seule nous faire atteindre à la félicité (2), εὐδαιμονία; celle-ci consiste à laisser couler facilement le cours de la vie, εὔροια βίου; la vie ne saurait s'étendre au-delà de ce monde (3). 5° Il n'y a qu'une seule vertu et un seul vice, l'un et l'autre ne sont susceptibles ni de s'accroître ni de diminuer (4). Toutes les bonnes actions sont équivalentes entre elles, de même toutes les mauvaises; mais la vertu se manifeste sous quatre formes essentielles, savoir : la prudence, φρόνησις; le courage, ἀνδρία, la tempérance, σωφροσύνη, la justice, δικαιοσύνη; et il en est de même en sens contraire pour le vice (5). 6° L'homme vertueux est exempt et de passions, πάθη, mais non pas insensible; c'est ainsi

---

(1) *Cic.* Fin. III, 7-9-17-18. *Stob.* Ecl. eth. II, p. 58 sq.

(2) Ben. *Bendtsen*, Progr. de αὐτάρκεια τῆς ἀρετῆς πρὸς εὐδαιμονίαν. Hafn. 1811, in-4.

Joh. *Colmar*, (Præs. Ge. Paul. Rœtenbeccio.) Diss. de stoïcorum et Aristotelis circa gradum necessitatis bonorum externorum ad summam beatitatem disceptatione. Norimb. 1709, in-4.

(3) *Cic.* Fin. III, 14. *Stob.* Ecl. eth. p 138, 154. *Diog.* VII, 88.

(4) *Cic.* De fin. III, 14, 15.

(5) *Cic.* Ac. Qu. I, 10. Fin. III, 14-15-21. IV, 20-27 sq. Paradox. III, 1. *Plutarch.* De virt. mor. c. 2. *Stob.* Ecl. eth., pl. II, p. 110-116-218-220.

qu'il faut entendre l'ἀπαθεία des Stoïciens (1). Les passions ne doivent pas être tempérées, mais déracinées. Ce fut surtout Chrysippe qui forma la morale des Stoïciens, et qui posa le principe du droit ou du juste comme fondé sur *la nature des êtres raisonnables*, φύσει καὶ μὴ θέσει δίκαιον, et par là établit la véritable idée du droit naturel.

§ 165.

Les Stoïciens distinguaient deux espèces d'hommes, les bons, σπουδαῖοι, et les méchants, φαῦλοι, sans admettre entre ces deux classes aucun intermédiaire. De là ce portrait de leur sage (2), dans lequel ils rassemblaient tous les traits les plus sublimes de la

---

(1) *Cic. Ac. Qu.* 1, 10. *Tusc. Qu.* IV, 16—19. *A. Gellius*, XIX, 2.

Joh. Barth. *Niemeyer*, Dissert. de stoicorum ἀπαθεία, etc. Helmst. 1679, in-4.

Joh. *Becnii* Dispp. III, de ἀπαθεία sapientis stoici. Hafn. 1695, in-4.

Joh. Henr. *Fischer*, Diss. de Stoicis ἀπαθείας falso suspectis. Lips. 1716, in-4.

Mich. Fr. *Quadius*, Diss. hist. philos. tritum illud Stoicorum παράδοξον περὶ ἀπαθείας expendens. Sedini, 1720, in-4.

Chph. *Meiners*, Dissertation sur l'apathie des stoïciens; Verm. philos. Schriften, t. II, p. 130 sq (all.).

(2) Ant. *le Grand*, le sage stoïque. La Haye, 1662, in-12.

Erh. *Reusch*, (Præs. *Omeisio*.) Diss. vir prudens Aristotelicus cum sapiente stoico collatus. Altorf. 1704, in-4.

perfection intellectuelle et morale, mais sans observer assez la différence qui existe entre l'idéal et la réalité ; et en paraissant croire plutôt au privilége d'une nature supérieure qu'à la possibilité d'une perfection acquise (1). De là vient aussi qu'ils accordaient au sage, sous certaines conditions, le droit de s'ôter la vie, αὐτοχειρία, comme une suite de sa liberté absolue (2). Plus tard, ce droit fut étendu, et les conditions en furent beaucoup élargies, particulièrement par Sénèque (3). L'union du système moral, chez les Stoïciens, avec le système naturel et théologique, et une vue incomplète des différences qui séparent la nature et la liberté, la moralité et la félicité, donnent lieu, dans cette doctrine, à beaucoup d'inconséquences et de défauts qui se font remarquer, surtout dans les idées sur la liberté absolue, et dans l'incompatibilité de cette indépendance avec le destin (4). C'est aussi le principe d'un orgueil excessif et d'une âpreté farouche, qui ne s'accorde même pas avec la culture morale. Mais, d'un autre côté, on trouve dans cette école le germe de nobles doctrines, faites pour élever l'homme et lui donner le sentiment de sa dignité ;

---

(1) *Stob.* Ecl. eth., p. 198—221.

(2) Chr. Aug. *Heumann*, Diss. de αὐτοχειρία philosophorum, maxime stoicorum. Jena, 1703, in-4.

(3) *Cic.* Fin. III, 18. *Diog.* VII, 130—176. *Stob.* Ecl. eth. II, p. 226.

(4) *Cic.* De fato, c. 12 sq., 17. *A. Gell.* VI, 2.

plus d'une fois elle a communiqué à ses adhérens une force invincible et une audace soutenue pour résister à toutes les rigueurs du despotisme.

V. *Nouvelle Académie.*

§ 166.

Sources. Cicéron, Sextus Empiricus ; Diog., l. IV.

Staudlin, Ouvrage indiqué ci-dessus (§ 38, II).
Foucher, Histoire des académiciens. Paris, 1690, in-12. Diss. de philos. academica. Paris, 1692, in-12.
J. D. *Gerlach*, Commentatio exhibens academicorum juniorum de probabilitate disputationes. Gotting, in-4, 1815.
J. Rud. *Thorbecke*, Responsio ad qu. philos. : quæritur in dogmaticis oppugnandis numquid inter Academicos et Stoicos interfuerit? Quod si ita sit quæritur, quæ fuerit discriminis causa ? 1820, in-4.

Le dogmatisme rigoureux et plein d'assurance qui dominait dans le Portique, et les objections souvent étroites et amères dirigées par Zénon et Chrysippe contre le fondateur de l'Académie (1), engagèrent ses successeurs à éprouver, par un examen plus sévère, les systèmes dominans des dogmatiques, et en particulier des Stoïciens. De là résulta une manière de traiter la philosophie par le doute, manière qui distingue toute une suite d'académiciens d'avec leur

___

(1) *Diog.* VII, 32.

ancienne école; de là la *nouvelle Académie*. Son chef fut *Arcesilaus* de Pitane en Éolie (1). On appelle quelquefois l'école qu'il fonda, la *seconde* ou la *moyenne* Académie, à cause de celle qui lui succéda. Déjà versé dans l'étude de la poésie, de l'éloquence et des mathématiques, ce philosophe entendit, à Athènes, Théophraste, et ensuite Polémon. Il eut pour condisciples sous ce dernier Crantor et Zénon, dont l'esprit systématique et novateur l'excita à la contradiction. Ensuite il prit, comme chef de l'Académie, la place de Sosicrate, et mourut en 241 ou 239 avant Jésus-Christ. C'était un homme d'une science très-étendue, d'une grande habileté en dialectique, et d'une vertu sans reproche.

§ 167.

Le caractère que l'esprit de doute et d'examen prit dans l'Académie, est la modestie, une réserve qui tend à limiter les prétentions de la raison philosophique, mais sans retrancher la possibilité d'une connaissance certaine ou au moins vraisemblable. C'est ainsi qu'Arcesilaus, à l'aide d'une dialectique plus subtile, appela le doute sur les principales doctrines dogmatiques, afin d'ouvrir une nouvelle carrière à des recherches plus approfondies, et qu'il introduisit à cet effet dans l'Académie la méthode de la

---

(1) Né 318 ou 316.

dispute (1). Avant tout, il attaqua la représentation accompagnée de conception, φαντασία καταληπτική, enseignée par Zénon, et admise par ce philosophe comme criterium *in thesi*, tandis qu'il la niait *in hypothesi* (2). Occupé sans cesse à combattre les propositions de ses adversaires en relevant les contradictions de leurs raisonnemens, il fut amené à un scepticisme général sur les questions de l'être absolu et de la substance des choses (3), de telle sorte qu'il nia l'existence d'un criterium suffisant pour la vérité, et recommanda, comme une condition de sagesse, la suspension du jugement apodictique (4). Dans la philosophie pratique, il maintint pour valable et comme règle de conduite le principe de conformité à la raison, τὸ εὔλογον (5). Ses successeurs immédiats furent *Lacydes* de Cyrène, *Évandre* et *Téléclès*, tous deux de Phocide, et *Hégésinus* de Pergame (6).

§ 168.

Mais un rôle bien plus important fut rempli par

---

(1) *Cic.* Ac. Q. 1, 12. 11, 6 sq. Fin. 11, 1. *Diog.* IV, 28. *Plutarch.* Adv. Coloten, c. 27.

(2) *Cic.* Ac. Qu. 11, 24. *Sextus* adv. Math. VII, 154—408 sq.

(3) *Cic.* Ac. Qu. 1, 12. *Sext.* Hypotyp. 1, 252. Adv. Mathem. VII, 153.

(4) *Sext. Emp.* Pyrrh. hyp. 1, 252 sq. Adv. Math. VII, 150. sq.

(5) *Sext.* Adv. Mathem. VII, 158. Cf. hyp. pyrrh. 1, 231.

(6) *Diog. L.* IV, 59 sq.

Carnéade de Cyrène (1). Il fréquenta d'abord l'école des Stoïciens; puis il devint disciple et successeur d'Hégésinus à l'Académie; envoyé en députation à Rome (2), il y excita une admiration générale par son éloquente dialectique (3). Ce philosophe, que l'on considère aussi comme le fondateur d'une *troisième* Académie, dirigea, surtout contre Chrysippe, son scepticisme, secondé par une grande force logique et oratoire. Partant du double rapport de la représentation, φαντασία, à l'objet, τὸ φαντασ1όν, et au sujet, ὁ φαντασιούμενος, il en conclut l'impossibilité de la connaissance réelle objective, attendu que ni les sens ni l'intelligence n'offrent un sûr témoignage, κριτήριον, de la vérité objective, et il ne laissa subsister que la vraisemblance de cette vérité, τὸ πιθανόν, *probabilitas* (4), à trois degrés différens : ἔμφασις ou πιθανὴ φαντασία, ἀπερισπαστός, διεξωδευμένη ἢ περιωδευμένη φαντασία (5). C'est là ce qu'on appelle le *probabilisme* de Carnéade. Il attaqua en détail la théologie des Stoïciens, montrant que Dieu ne peut être considéré comme un ζῶον, et que nulle application des idées ontologiques et morales ne peut lui être faite. Il mit également à nu les vices de

---

(1) Né vers 215. m. 130.

(2) Voyez ci-dessus § 158.

(3) 598 de Rome; 155 ou 156 avant J.-C.

(4) *Cic.* Ac. Qu. II, 10 sq.

(5) *Cic.* Ac. Qu. II, 931 sq. *Sext.* Adv. Mathem. VII, 159 sq., 161, 167 sq. *Euseb.* Præpar. évang. XIV, 7 sq.

l'anthropomorphisme par des démonstrations victorieuses (1). Il défendit, contre les Stoïciens, l'existence d'un droit particulier, et leur opposa aussi, au sujet du souverain bien, l'opinion d'un certain *Calliphon*, qui le faisait consister dans la vertu jointe au plaisir. Par l'opposition de la justice civile et naturelle, ou de la prudence et de la moralité, il jeta un grand jour sur la nature de nos actes; mais, en ne résolvant pas la contradiction apparente de ces deux lois, il compromit singulièrement la notion du devoir et la morale, bien que sa propre conduite et son caractère fussent très-éloignés d'y être contraires (2). *Clitomachus* de Carthage, disciple et successeur de Carnéade (129 avant J.-C.), mit par écrit les argumens sceptiques de son maître (3).

§ 169.

Les Stoïciens virent de quel danger étaient menacées les bases de leur système; mais ils ne surent y opposer que les reproches d'inconséquence dont *Antipater* taxait les académiciens (4), ou bien ils

---

(1) *Sext.* Adv. Math. IX. 138 sq., 140 sq.; 182 sq. *Cic.* De nat. D. III, 12 sq. De divin II, 3.

(2) *Lact.* Div. instit. V, 14-16-17. *Quintil.* XII, 1. *Cic.* De leg. I, 13. Fin. II, 18.

(3) *Heinius*, Dissertation sur le philosophe Clitomaque, dans les Mém. de l'Acad. roy. des Sciences de Berlin, 1748.

(4) *Cic.* Ac. Qu. II, 9-34.

éludaient les attaques de ces derniers par cette décision tranchante : qu'on ne devait plus chercher à découvrir, pour la connaissance et la certitude, aucun nouveau motif (1). Cependant le dogmatisme et le septicisme s'étaient insensiblement relâchés de leur rigueur dans les deux écoles, et un certain rapprochement fut enfin opéré par *Philon* de Larisse et *Antiochus* d'Ascalon (2). Le premier était disciple et successeur de Clitomachus ; il enseigna aussi à Rome, où il se réfugia pendant la guerre de Mithridate, cent ans avant J.-C. ; quelques-uns font commencer avec lui une quatrième Académie. Il réduisit le scepticisme à n'être qu'une contradiction de la métaphysique stoïcienne et de leur prétendu *criterium* de la connaissance (3); il limita la sphère de la logique (4); réduisit la philosophie morale à n'être qu'un objet d'enseignement populaire, et chercha à prouver que l'ancienne et la nouvelle académie se confondaient dans un doute commun à l'égard de la certitude de la connaissance spéculative (5). *Antiochus* trouva dans la conscience morale un besoin impérieux et un puissant moyen de résistance à opposer

---

(1) *Cic.* Ac. Qu. II, 6.
(2) M. 69 avant J.-C.
(3) *Sext.* Hypotyp. 1, 235. *Cic.* Ac. Qu. II, 6.
(4) Si du moins c'est de lui que Cicéron veut parler, Ac. Qu. II, 28.
(5) *Cic.* Ac. Qu. II, 5—23. *Sext.* Hypotyp. 1, 220. *Stob.* ecl. eth. II, p. 38 sq.

au scepticisme (1), auquel il s'était adonné dans sa jeunesse; en conséquence il devint l'adversaire de son maître (2); enfin, il s'efforça de montrer l'unité de doctrine des écoles académique, péripatétique et stoïque à l'égard de la morale (3), n'admettant d'opposition entre elles que les mots. C'est à tort qu'on l'a considéré quelquefois comme le fondateur d'une cinquième académie, car il se rapprochait plutôt des Stoïciens, en admettant comme eux quelque chose de certain dans la connaissance humaine (4), et en rejetant le probabilisme académique. Ces deux essais de réunion furent le prélude de beaucoup d'autres (5). Antiochus, dans son système moral, parlait de l'amour de soi comme premier mobile de l'homme et des animaux; l'action de ce principe lui paraissait d'abord être instinctive, puis accompagnée de conscience et de raison. Par là il modifiait et atténuait le principe du stoïcisme (6).

§ 170.

Ainsi fut suspendue, de ce côté, la dispute entre le dogmatisme et le scepticisme; ce dernier du moins

---

(1) *Cic.* Ac. Qu. II, 8 sq., 34.
(2) *Cic.* Ac. I, 4. II, 4—22.
(3) *Cic.* De Fin. II, 3—8—25.
(4) Ac. Qu. II, 7—11—13 sq.
(5) *Cic.* Ac. Qu. II, l. l., et 35, 43 sq. De finib. V, 3—7. De Nat. Deor. I, 7. *Sext. Emp.* Hyp. I, 235.
(6) *Cic.* Fin. V, 8—9—11 sq., 21 sq.

ne se fit plus entendre à l'académie. Il est vrai que toutes ces querelles n'avaient pas résolu le grand problème dont il s'agissait; savoir, de trouver un principe solide pour la connaissance en général, et en particulier pour la science philosophique; mais on avait été amené, par l'observation de la conscience morale, à mieux voir la nécessité d'une certitude, et on avait énoncé avec plus de précision l'opposition du subjectif et de l'objectif dans les termes de notre connaissance. Les quatre grands partis philosophiques continuèrent à entretenir, l'un à côté de l'autre, leurs écoles dans Athènes, sans que leurs travaux fussent inquiétés; ils soutinrent leurs anciens débats, mais avec moins de vivacité que par le passé.

CHAPITRE TROISIÈME.

DE LA PHILOSOPHIE CHEZ LES ROMAINS, ET DU NOUVEAU SCEPTICISME D'ÆNÉSIDÈME, JUSQU'A JEAN DAMASCÈNE (60 AVANT J.-C., JUSQU'AU VIIIe SIÈCLE).

Propagation et chute de la philosophie grecque.

Coup-d'œil général.

§ 171.

Le scepticisme, après avoir cessé de se produire avec éclat à l'académie, se releva dans les écoles des médecins ; mais il provoqua, par la contradiction, de nouvelles recherches dogmatiques, fondées sur la contemplation de l'absolu ; et ces recherches furent préparées et favorisées par des rapports plus fréquens entre les Orientaux et les Grecs, ainsi que par quelques grands événemens extérieurs, tels que les conquêtes d'Alexandre et celles des Romains, ensuite la propagation du christianisme. Ces événemens, combinés avec d'autres causes, contenaient aussi le principe de la décadence et de la chute de la philosophie grecque, en même temps qu'ils ouvraient à l'esprit philosophique de nouvelles voies pour l'avenir.

§ 172.

Alexandre (1) avait anéanti la liberté républicaine de la Grèce, et soumis à la domination grecque une grande partie de l'Asie jusqu'à l'Indus, ainsi que l'Égypte; il avait rapproché l'Orient et l'Occident par des rapports nouveaux, qui servirent à étendre la sphère de l'art et de la science chez les Grecs. Alexandrie, cette célèbre ville de commerce, qui insensiblement prit dans le monde l'importance et le caractère d'Athènes déchue, fortifia ces relations lointaines, et les fit tourner en partie à l'avantage de la science. Les Ptolémées, successeurs d'Alexandre en Égypte (2), par l'établissement de la fameuse Bibliothèque et du Musée d'Alexandrie, rendirent d'importans services à l'instruction, bien que la masse des ressources scientifiques ainsi accumulées, la facilité d'en faire usage et de les transmettre, semblent avoir considérablement affaibli à cette époque l'originalité des recherches. Il se manifesta une décadence progressive dans l'esprit philosophique, et le goût dominant favorisa de préférence des travaux souvent pédantesques, consacrés à des commentaires, des comparaisons, des mélanges et des compilations. On peut consulter :

---

(1) M. 323 avant J.-C.
(2) 3ᵉ siècle avant J.-C.

Chr. Gottl. *Heyne*, De genio seculi Ptolemæorum. Opusc. Acad., vol. 1 p. 76.

Chr. Dan. *Beck*, Specimen historiæ bibliothecarum Alexandrinarum. Lips. 1779, in-4.

§ 173.

Voyez les ouvrages indiqués § 38.

Les Romains, nation toute guerrière et conquérante, chez qui les idées politiques prévalaient sur les goûts de l'humanité, ne commencèrent à connaître la philosophie grecque, et en particulier les doctrines stoïque, péripatétique et académique qu'après la conquête de la Grèce, et principalement par l'entremise des trois philosophes que les Athéniens leur envoyèrent (1). Malgré des préjugés fortement prononcés, et des interdictions réitérées (2), l'une de ces doctrines, celle de l'Académie, trouva chaque jour plus d'accès à Rome, après que Lucullus et Sylla y eurent fait transporter des bibliothèques. Ce dernier y envoya, après la prise d'Athènes, quatre-vingt-quatre ans avant J.-C., la bibliothèque

---

(1) 155 avant J.-C.

Levesow, De Carneade, Diogene et Critolao, et de causis neglecti studii philosophiæ apud antiquiores Romanos. Stettin. 1795.

Dan. *Boethii* Digest. de philosophiæ nomine apud veteres Romanos inviso. Upsal. 1790, in-4.

(2) *A. Gell.* N. A. xv, 11.

d'Apellicon, qui comprenait particulièrement les ouvrages d'Aristote. Il est vrai que les Romains considérèrent presque toujours la philosophie comme un moyen pour atteindre diverses fins personnelles et politiques ; et en cela même se trahit en eux l'absence de vraies dispositions philosophiques. Ils devinrent néanmoins les dépositaires de la philosophie grecque.

§ 174.

Le Christianisme, religion du cœur, prescrivant l'amour désintéressé de Dieu et de l'humanité, et annonçant à tous les peuples, sans aucun appareil scientifique, l'alliance de Dieu et du genre humain, présentait un texte nouveau, et d'un intérêt puissant qui s'autorisait de la raison aussi bien que de la révélation. Par le fond de son enseignement comme par ses formes, il influa diversement sur la marche de la raison philosophique.

§ 175.

L'esprit de recherche si original et si indépendant de la philosophie grecque était épuisé. La raison avait tenté toutes les voies, toutes les directions alors possibles, sans parvenir à se satisfaire, car elle n'avait pas pénétré jusqu'au problème fondamental ; celui de la nature même de la raison, et par conséquent elle était restée une énigme pour elle-même. Les systèmes divers avaient saisi la vérité chacun par une seule de ses faces, et par conséquent se trouvaient mêlés d'erreurs; le manque de méthode philosophique avait rendu plus difficile le dégagement de ces erreurs ; et une transaction était devenue impossible entre les divers partis philosophiques, dont les disputes empêchaient sans doute la raison de s'endormir, mais avaient aussi l'inconvénient d'affaiblir l'amour pur et impartial de la vérité. De là vint que le mouvement de la science consista moins dans de nouvelles recherches sur les premiers principes de nos connaissances, que dans les efforts qu'elle fit pour soutenir, éclaircir et appliquer les résultats déjà obtenus.

§ 176.

L'état politique, religieux et moral de l'empire romain durant les premiers siècles après Jésus-Christ, n'étaient point de nature à encourager et entretenir l'ardeur pour les recherches de la raison. La Grèce avait perdu son existence politique, Rome sa constitution républicaine. Le luxe, l'égoïsme et l'indolence se répandirent au loin du sein de la capitale. Négligence pour le culte national, préférence pour des rites étrangers, dont on tolérait le mélange confus, superstition généralement répandue, dédain du naturel en tous genres, manie du bizarre et de l'extraordinaire, étroite et mesquine curiosité pour une prétendue science des choses occultes, extinction de tout sentiment véritablement noble et élevé ; tels sont les traits caractéristiques de cette époque, dont l'épicurien *Lucien* de Samosate (2ᵉ siècle) nous offre la satire, en flétrissant par ses vives railleries les mauvais philosophes de son temps (Cf. § 181).

Voy. Chph. *Meiners*, Hist. de la décadence des mœurs sous la constitution politique des Romains. Leips. 1782, in-8 (all.).

§ 177.

Le mouvement des études rationelles se partagea donc en diverses directions, et eut pour objets : 1° de conserver les écoles et les systèmes déjà existans, mais non sans y introduire des changemens nombreux; 2° de faire revivre les doctrines surannées, telles que celles des Pythagoriciens, des Orphiques et des Hermétiques; 3° de réunir les différens systèmes par l'interprétation, le syncrétisme, l'éclectisme appliqué surtout à la philosophie de Platon et d'Aristote, et de les ramener tous aux antiques dogmes de Pythagore, d'Orphée, de Zoroastre et d'Hermès; 4° de fondre ensemble l'esprit de l'Orient et celui de l'Occident.

§ 178.

Cependant la philosophie, durant cette période, a gagné soit en extension, soit en progrès du moins apparens : en extension, puisque les Romains et les Juifs se familiarisèrent avec les doctrines des Grecs, et qu'ils enfantèrent quelques productions philosophiques assez neuves; et si l'on veut aussi en progrès, attendu que le scepticisme se produisit sous une forme plus sérieuse, et donna lieu, dans l'école platonicienne, à un nouveau dogmatisme. En imaginant une nouvelle source de connaissance, la contemplation de l'absolu, en travaillant à un syncrétisme des anciennes et des nouvelles idées de l'Orient et de l'Occident, on s'efforça de donner une base plus solide à la philosophie dogmatique, de défendre la religion existante, et d'opposer une barrière aux progrès rapides du christianisme, mais on se perdit de plus en plus dans la région des rêves métaphysiques. Les docteurs de la foi catholique, qui, pendant un temps, avaient repoussé et méprisé la philosophie grecque, finirent par en accepter une partie, qu'ils employèrent à former et à défendre leur système religieux, jusqu'à ce qu'enfin les invasions des peuples barbares, et la dissolution des provinces occidentales de l'empire amenèrent une interruption presque absolue de tout travail scientifique.

Introduction et translation de la philosophie grecque chez les Romains.

§ 179.

Sans doute le génie des Romains, plus porté à l'action qu'à la spéculation, ne permit pas à la philosophie de s'élever d'elle-même parmi eux; sans doute aussi leurs révolutions politiques, la perte de leur constitution républicaine, le despotisme de la plupart des empereurs, et la corruption toujours croissante, ne furent point favorables au développement de l'esprit philosophique dans sa pureté : toutefois ils ne laissèrent pas de manifester de temps à autre un certain intérêt pour la philosophie, et ils la regardèrent comme une partie indispensable des études d'un esprit cultivé, ou comme un moyen utile pour parvenir à d'autres fins. Conséquemment à leurs pratiques et à leur caractère, ils montrèrent plus de goût pour la philosophie du Portique et celle d'Épicure que pour celle de Platon et d'Aristote, où prédominait la partie spéculative. Les Romains propagèrent la philosophie grecque, réussirent à en discuter quelques parties dans leur langue nationale, et, par les applications qu'ils en firent, perfectionnèrent leur jurisprudence et leur science politique, mais ils ne firent par eux-mêmes aucun pas dans le champ des recherches philosophiques. On ne voit donc qu'un petit nombre de Romains qui aient mérité une place dans l'histoire de la philosophie. Nous ne laisserons pas de citer les principaux personnages romains et étrangers qui entretinrent et répandirent les doctrines grecques, et apportèrent quelques modifications partielles dans la manière de les enseigner.

§ 180.

Cicéron.

Sources : les ouvrages de Cicéron, Plutarque, vie de Cicéron.

Morabin, Histoire de Cicéron. Paris, 1745, 2 vol. in-4.

Jac. *Facciolati*, Vita Ciceronis litteraria. Patav. 1760, in-8.

Conyer *Middleton*, Histoire de Cicéron, traduit de l'anglais par Prevost. Paris, 1745, 3 vol. in-12.

H. Chr. Fr. *Hulsemann*, De indole philosophica M. T. Ciceronis ex ingenii ipsius et aliis rationibus æstimanda. Luneb. 1799, in-4.

Gautier de Sibert, Examen de la philosophie de Cicéron; dans les mém. de l'Acad. des inscr. t. XLI et XLIII.

Chph. *Meiners*, Oratio de philosophia Ciceronis ejusque in universam philosophiam meritis; dans ses *Verm. philos. Schriften*, t. I.

J. Cph. *Briegleb*, Progr. de philosophia Ciceronis, Cob. 1784, in-4. Et : de Cicerone cum Epicuro disputante. Ibid. 1779, in-4.

J. C. *Waldin*, Oratio de philosophia Ciceronis platonica. Jen. 1753, in-4.

Math. *Fremling*, (Resp. de *Schantz*) Philosophia Ciceronis. Lond. 1795, in-4.

J. Fried. *Herbart* Dissert. sur la philosophie de Cicéron; dans les *Konigsb. Archiv.* n° 1. (all.)

Adam. *Bursii* Logica Ciceronis stoica. Zamosc. 1604, in-4.

Conr. *Nahmmacheri* Theologia Ciceronis; accedit ontologiæ Ciceronis specimen. Frankenb., 1767, in-8.

Dan. *Wyttenbachii* Dissert. de philosophiæ ciceronianæ loco qui est de deo. Amstel. 1783, in-4.

Essai pour terminer le débat entre Middleton et Ernesti sur le caractère philosophique du traité *de Natura Deorum*; en cinq dissertations. Altona et Leips. 1800, in-8 (all.).

Gasp. Jul. *Wunderlich* (resp. Andr. *Schmaler*), Cicero de anima platonizans. Disp. Viteb. 1714, in-4.

Ant. *Bucheri* Ethica ciceroniana. Hamb. 1610, in-8.

Jasonis. *de Nores*, Brevis et distincta institutio in Cic. philos. de vita et moribus. Patav. 1597.

M. T. *Cicéron* (1), fut instruit, comme beaucoup d'autres jeunes Romains de bonne famille, par des précepteurs grecs; ensuite, afin de se former à l'éloquence et à la politique, il alla étudier à Rhodes et à Athènes la philosophie grecque, principalement celle des écoles académique et stoïque. Il se livra avec ardeur à cette étude, à laquelle il fut en partie redevable de ses succès comme orateur, et de son influence politique. Dans un âge plus avancé, lorsque

---

(1) Né à Arpinum, 108 avant J.-C., m. 44.

sa carrière publique fut terminée par la chute de la république; il consacra ses loisirs, dans une intention toute patriotique, à traiter des questions de philosophie, et s'efforça de transplanter sur le sol romain les théories des Grecs; mais ses concitoyens lui en surent peu de gré (1). Dans toutes les questions spéculatives, il conserva la liberté et l'impartialité d'un disciple de la nouvelle Académie, dont il suivit aussi la méthode, quant à la forme de ses écrits; dans les questions morales, il préféra les austères principes des Stoïciens (2), mais il ne laissa pas d'ailleurs de rendre justice à Platon, à Aristote, et même à Épicure pour la régularité de sa vie (3). Ses ouvrages philosophiques, dans lesquels il imite surtout Platon, sont un précieux recueil de discussions intéressantes, et de jugemens lumineux sur les sujets les plus importans, par exemple, sur Dieu, sur le souverain bien et les devoirs moraux, sur la destinée, la divination, sur les lois, etc., etc. (4); ils sont devenus une source d'instruction pour les siècles suivans, sans toutefois qu'on y puisse découvrir beaucoup de profondeur. Ils sont aussi très-importans pour l'histoire de la philosophie (5); et

---

(1) *Cic.* Orat. pro Sextio. *Plutarch.* Vit. Cic., v.
(2) De offic. 1, 2.
(3) De Nat. D. 1, 5. Ac. Qu. iv, 3.
(4) De Div. ii init.
(5) M. T. Ciceronis historia philosophiæ antiquæ. Ex illius script. ed. Fried. *Gedike.* Berl. 1782, in-8.

peuvent être d'un grand secours pour former la langue technique de cette science.

§ 181.

Épicuriens.

La doctrine d'Épicure trouva d'abord chez les Romains une foule de partisans (1), à cause de son caractère léger et commode, de son indulgence pour les penchans individuels (2), et parce qu'elle tendait à dégager l'âme des terreurs et des superstitions, malheureusement aussi en favorisant l'esprit de frivolité. Parmi tous ces épicuriens de Rome, fort peu se distinguèrent comme de véritables esprits philosophiques; encore ce petit nombre se borna-t-il à la doctrine du maître sans la faire avancer d'un seul pas. Tel fut entre autres *Lucrèce* (3), qui l'exposa dans son poëme didactique *de rerum natura*, ouvrage supérieur sous le rapport de la poésie (4).

---

(1) On cite comme les premiers, Catius et Amafanius; ensuite C. Cassius, Tit. Pomponius Atticus, Caius Velleius, Bassus Aufidius; de plus le poète Horace et beaucoup d'autres.

(2) *Cic.* Fin. 1, 7. Tusc. Qu. iv, 3. Ep. ad. div. xv, 19. *Senec.* Ep. 21, 30.

(3) N. 95, m. 50 avant J.-C.

(4) Ajoutez C. Plinius secundus, auteur de l'Histoire Naturelle, mort en 79 après J.-C. dans l'éruption du Vésuve, et Lu-

§ 182.

Stoïciens et Cyniques.

Carl. Phil. *Conz*, Dissertations sur l'histoire et le caractère particulier de la philosophie stoïcienne des dernières époques, avec un essai sur la morale du christianisme, de Kant et des Stoïciens. Tüb. 1794, in-8 (all.).

J. A. L. *Wegscheider*, Ethices stoicorum recentiorum fundamenta ex ipsorum scriptis eruta, cum principiis ethicis quæ critica rationis practicæ sec. Kantium exhibet, comparata. Hamb. 1797, in-8.

Après la philosophie d'Épicure, ce fut celle des Stoïciens qui obtint à Rome le plus de succès, surtout parmi les hommes de principes sévères (1),

---

cien le satirique, de Samosate (§ 176), lequel vivait au second siècle de J.-C. (voyez Joh. Christ. *Tiemann*, sur la philosophie et la langue de Lucien. Zerbst, 1804, in-8 (all.)). Quant à ses contemporains Diogène de Laerte (florissait vers 211), et Celsus, on les compte sans motifs suffisans parmi les épicuriens. Le dernier est cet adversaire des chrétiens, qu'Origène nous a fait connaître par un ouvrage polémique dirigé contre lui. Quelques-uns le placent parmi les éclectiques.

(1) Tels sont, dès le temps de la république, les Scipions, et en particulier le second Scipion. Cf. § 158. — C. Laelius, les jurisconsultes Pub. Rutilius Rufus, Q. Tubero, Q. Mucius Scævola l'augure, et plus tard Caton d'Utique, et M. Brutus,

dont la vie était consacrée aux affaires publiques. Par eux cette philosophie, en s'appliquant davantage à la vie réelle, et en exerçant une influence marquée sur la législation et la science du droit (1),

---

le meurtrier de César, sont cités comme partisans de la philosophie stoïque.

(1) Voyez la rem. précédente. Nous devons mentionner ici la secte des Proculiens, fondée sous Auguste par Antistius Labéon, et son disciple Sempr. Proculus. Cette secte se forma en opposition à celle des Sabiniens, dirigée par Masurius Sabinus, disciple de C. Ateius Capito. Voyez Just. Henning. *Bœhmeri* Progr. de philosophia jureconsultorum stoica. Hal. 1701, in-4.

Ever. *Ottonis* Oratio de stoica veterum jurisconsultorum philosophia. Duisb. 1714, in-4.

J. Sam. *Hering*, De stoica veterum romanorum jurisprudentia. Stettin, 1719.

Ces trois ouvrages sont réunis dans Gottlieb *Slevoigt*, de sectis et philosophia jurisconsultorum opuscc. Jen. 1724, in-8.

Chr. *Westphal*, De stoa jurisconsultor. roman. Rest. 1727 in-4.

Chr. Fried. Geo. *Meister*, Progr. de philosophia jurisconsultorum romanorum stoica in doctrina de corporibus eorumque partibus. Gott. 1756, in-4.

Jo. Godofr. *Schaumburg*, De jurisprud. veterum jurisconsultorum stoica. Jen. 1745, in-8.

J. Andr. *Ortloff*, Sur l'influence de la philosophie stoïcienne sur la jurisprudence des Romains; dissertat. philos. jurid. Erlang. 1787, in-8 (all.).

dut acquérir elle-même un esprit plus pratique, et se dégager des subtilités spéculatives. Outre *Athénodore* de Tarse (1), *C. Musonicus Rufus* de Volsinium (2), *Annœus Cornatus* de Leplis, en Afrique (ces deux derniers chassés de Rome, vers 66, par Néron), *Chœrémon* d'Égypte, qui donna des leçons à Néron, *Euphrates* d'Alexandrie, *Dion* de Prusa, ou Dion Chrysostôme (3), *Basilides* et d'autres, on doit remarquer comme s'étant rendus célèbres par leur philosophie morale ou leur sagesse pratique, *Sénèque* (4), *Épictète* d'Hiérapolis, en Phrygie, esclave

---

(1) Il florissait vers l'an 2 après J.-C.

Sevin, Recherches sur la vie et les ouvrages d'Athenodore, dans les Mém. de l'Acad. des Inscr., t. XIII.

J. Fr. *Hoffmanni* Diss. de Athenodoro Tarsensi, philosopho stoico. Lips. 1732, in-4.

(2) *Burigny*, Mém. sur le philosophe Musonius, dans les Mém. de l'Acad. des Inscr. t. XXXI.

Niewland, Diss. præs. D. Wyttenbachio, de Musonio Rufo philosopho stoico. Amstel. 1783, in-4.

Quatre fragmens inédits du philosophe Stoïcien Musonius, traduits du grec, avec une introduction sur sa vie et sa philosophie, par G. H. *Moser*, accompagné d'un article de Creuzer sur cette publication, dans les *Studien*, 1810, t. VI, p. 74 (all.).

(3) L'un et l'autre vivaient sous Trajan et Adrien.

(4) Luc. Ann. Seneca, né à Cordoue, en Espagne, précepteur de Néron, né vers 3, m. 65 après J.-C.

Senecæ opera ed. Ruhkopf. Lips. 1797, sq. VI, voll. in-8.

qui conserva dans la servitude une âme libre (1), et qui, banni de Rome, éleva une école à Nicopolis, en

---

Essai sur la vie de Sénèque le philosophe, sur ses écrits et sur les règnes de Claude et de Néron, avec des notes (par *Diderot.*) Par. 1778, in-12. Se trouve aussi dans la collection de ses œuvres, et dans la traduction française de Sénèque par la Grange.

Fel. *Nüscheler*, Sénèque le moraliste caractérisé d'après sa vie et ses ouvrages. Zurich, 1783, in-8, 1 vol. (all.).

Carl. Phil. *Conz*, Sur la vie et le caractère de Sénèque, en tête de sa traduction de la consolation à Helvia et Marcia. Tübing. 1792, in-8 (all.).

Jo. Jac. Czolbe, vindiciæ Senecæ. Jen. 1791, in-4.

Jo. Andr. *Schmidii* Disp. de Seneca ejusque theologia. Jen. 1668, in-4.

Jo. Ph. *Apini*, Disp. de religione Senecæ. Viteb. 1692, in-4.

Justi *Siberi* Seneca divinis oraculis quodammodo consonans. Dresd. 1675, in-12.

Fried. Chr. *Gelspke*, Tractatiuncula de familiaritate quæ Paulo apostolo cum Seneca philosopho intercessisse traditur verisimillima. Lips. 1813, in-4.

Christ. Ferd. *Schulze*, Prolegomena ad Senecæ librum de vita beata. Lips. 1797, in-4.

L. Ann. Seneca, pub. par Joh. Ge. Carl. *Klotzsch*. Wittemb. 1799, 1802, 2 vol. in-8.

Henr. Aug. *Schick*, Diss. de causis quibus Zeno et Seneca in philosophia discrepent. Marb. 1822, in-4.

(1) Epicteti Enchiridium et Arriani Dissert. Epicteteæ; Edit. de J. *Schweighaeuser*: Epicteteæ philosophiæ monumenta, etc. Lips. 1799-1800, 5 vol. in-8.

Le manuel d'Épictète trad. en all. par *Linck*. Nürenb. 1783; et par *Thiele*. Francf. 1790 (all.).

Épire (1) ; *Arrien* (2), disciple du précédent, dont il recueillit la doctrine par écrit, et *Marc-Aurèle Antonin*, philosophe sur le trône (3), disciple du

---

Arrien, Entretiens d'Epictète avec ses disciples, trad. et accompagnés de remarques historiques et philosophiques, et d'une courte exposition de la philosophie d'Epictète, par J. Math. *Schulz*. Altona, 1801-1803, 2 vol. gr. in-8. (All.)

Gilles *Boiléau*, Vie d'Épictète et sa philosophie, seconde édition revue et aug. Par. 1667, in-12.

Mich. *Rossal*, Disquisitio de Epicteto qua probatur eum non fuisse christianum. Groning. 1708, in-8.

Jo. Dav. *Schwendneri* Idea philosophiæ Epicteteæ ex Enchiridio delineata. Lips. 1681, in-4.

Chph. Aug. *Heumanni* Diss. de philosophia Epicteti. Jen. 1703, in-4.

Lud. Chr. *Crellii* Diss. II, τὰ τοῦ Ἐπικτήτου ὑπέρσοφα καὶ ἄσοφα in doctrina de deo et officiis erga se ipsum. Lips. 1711 — 16, in-4.

Jo. Erd. *Waltheri* Diss. de vita regenda secundum Epictetum. Lips. 1747, in-4.

H. *Kunhardt*, Sur les points principaux de la morale des Stoïciens, d'après le manuel d'Epictète; dans le *Neues Museum der philos. und literatur*, publ. par Bouterwek, t. 1, 2ᵉ cah. et t. II, 1ᵉʳ cah. (all.).

Jo. Franc. *Beyer*, Sur Épictète et son manuel de la philosophie morale. Marb. 1795, in-8 (all.).

(1) Florissait vers 90 après J.-C.
(2) Flavius Arrianus de Nicomédie, préfet de Cappadoce en 134.
(3) Empereur en 161, m. 180.

Antonini Commentarii ad se ipsum (εἰς ἑαυτὸν βιβλία δώδεκα) ed. Thom. *Gataker*, *Wolle*, *Morus*; Jo. Math. *Schulz*; Slesv.

stoïcien Q. Sextus de Chæronée, petit-fils de Plutarque. *Sénèque*, qui admettait qu'on devait chercher la vérité dans les divers systèmes, mais qui s'attachait principalement à la doctrine du Portique (1), fut des premiers à distinguer une philosophie pour l'école, et une pour la vie pratique; celle-ci lui parut la plus importante, et ayant pour objet surtout la morale spéciale (*philosophia præceptiva*). Il donna d'excellens préceptes de conduite dans l'esprit des Stoïciens (2), mais non sans accorder beaucoup trop au goût de l'exagération et des antithèses (3). *Épictète* ramena le système moral des Stoïciens à une

---

1802 sq. in-8. Trad. en allem. par le même, avec des remarques et un essai sur la philosophie d'Antonin. Schlesw. 1799, in-8.

Chph. *Meiners*, De M. Aurelii Antonini ingenio, moribus et scriptis, in Comment. soc. Gotting. 1784. t. IV p. 107.

Cf. C. Fr. *Walchii* Comm. de religione M. Aur. Antonini in numina celebrata, dans les Acta soc. lat. Jenensis p. 209.

J. Dav. *Cochleri* Diss. de philosophia M. Aurel. Antonini in theoria et praxi. Alton. 1717, in-4.

Jo. Franc. *Budaei* Introductio ad philosophiam stoicam ad mentem M. Antonini; en avant de l'édit. d'Antonin, par Wolf. Lips. 1729, in-8.

J. W. *Reche*, Essai d'une exposition des maximes stoïques d'après les idées d'Antonin; dans sa traduction d'Antonin. Francf. 1797, in-8 (all.).

(1) Ep. 20, 45, 82, 108.
(2) Ep. 94.
(3) *Quintil.* Inst. x, 1.

simple formule, ἀνέχου καὶ ἀπέχου, *sustine et abstine*, et il prit en même temps pour principe l'idée de la liberté. *Antonin* donna à ce même système un caractère particulier de douceur et de bienveillance, en y faisant dominer l'amour pour l'humanité, associé à la religion. Ces deux derniers philosophes sont bien moins prononcés que Sénèque en faveur du suicide (§ 165.). On vit alors se manifester, dans un grand nombre d'écrits de cette école, une croyance plus forte en faveur de l'existence des âmes après la mort. — Quant aux Cyniques, ceux que l'on cite comme les plus remarquables pendant le second siècle, sont : *Démonax* de Chypre, qui enseignait à Athènes ; *Crescens* de Mégalopolis, et *Peregrinus*, surnommé *Protée*, de Parium en Mysie, qu'on prétend s'être brûlé lui-même à Olympie vers 168 après Jésus-Christ. Au reste, ces deux derniers ne firent rien pour les progrès de la science (1).

§ 183.

Péripatéticiens.

Sur chacun des philosophes nommés dans ce §, consultez Suidas et le tome 1 de Patricius, ouvrage cité au § 139.

---

(1) *Lucian.* Demonax, et de morte Peregrini. — Cf. *A. Gellius*; N. A. VIII, 3. XII, 11.

La philosophie d'Aristote était moins à la portée de l'esprit essentiellement pratique des Romains, et les Grecs qui s'en occupaient étaient réduits à commenter péniblement Aristote avec plus ou moins de succès, et dans des sens divers, à cause de la forme souvent obscure, et souvent altérée de ses écrits. Après *Andronicus* de Rhodes (§ 150), qui mit en ordre et expliqua à Rome les livres d'Aristote (1), et *Cratippe* de Mitylène, que Quintus Cicéron, ainsi que beaucoup d'autres Romains, entendit à Athènes (2), on compte comme purs péripatéticiens *Nicolas* de Damas ou Damascène (3), et *Xénarque* de Séleucie, qui donnèrent tous deux des leçons à Rome au temps d'Auguste, *Alexandre Ægæus* (d'*Ægæ*), qui fut aussi l'un des maîtres de Néron (4);

---

(1) Il florissait vers 80 avant J.-C.

On regarde comme lui étant faussement attribués, le livre Περὶ παθῶν, ed. *Hoeschel* Aug. Vind. 1594, et la Paraphrase de la Morale d'Aristote, ed. Dan. *Heinsius* Lugd. B. 1607, in-4; 1617, in-8; Cantabr. 1678, in-8.

(2) Florissait vers 48 avant J.-C.

(3) Franç. *Sévin*, Recherches sur l'Histoire de la vie et des ouvrages de Nicolas de Damas, dans les Mém. de l'Acad. des Inscr., et dans les Fragmens de Nicolaus Dam., publiés par Orelli. Lips. 1804; Suppl. 1811, in-8. Quelques critiques lui ont attribué sans fondement le livre Περὶ κόσμου, que l'on trouve dans les Œuvres d'Aristote.

(4) On lui attribue les Commentaires sur les Météorologiques et la Métaphysique d'Aristote, que d'autres donnent à Alexandre d'Aphrodise.

Adraste d'Aphrodise (1), et particulièrement le célèbre commentateur *Alexandre* d'Aphrodise (2), disciple d'Herminus et d'Aristoclès, lequel enseignait à Alexandrie. Il fonda une école critique particulière qui porte son nom, et il combattit la doctrine du fatalisme, comme inconciliable avec l'ordre moral. Parmi les péripatéticiens syncrétiques, on cite *Ammonius* d'Alexandrie, qui enseigna à Athènes; *Themistius* de Paphlagonie; *Syrianus* et *Simplicius*. Les commentaires de ce dernier sont, avec ceux d'Alexandre d'Aphrodise, les plus remarquables que ces écoles aient produits.

Nouveaux Pythagoriciens.

§ 184.

Pythagore, ce sage illustre, dont la renommée et même la philosophie étaient déjà depuis long-temps

---

(1) Second siècle après J.-C.

(2) On a imprimé séparément à Venise et à Florence, dans le XVIᵉ siècle, les divers commentaires qui lui sont attribués sur les ouvrages suivans d'Aristote :

Les Premières Analytiques, les Topiques, les Elenchi Sophistarum, les livres de Sensu et Sensibili, la physique, et en outre les livres de Anima, et de Fato (Περὶ εἱμαρμένης καὶ τοῦ ἐφ' ἡμῖν). Voyez *Casiri* Biblioth. Arabico-Hisp.; vol. 1, p. 243 sur les ouvrages d'Alexandre d'Aphrodise.

répandues chez les Romains (1), eut, à l'époque dont nous nous occupons, un grand nombre d'imitateurs; sa vie exemplaire, mais plus encore le mystère qui couvrait son histoire et ses doctrines, et les traditions miraculeuses qui relevaient la sainteté de son personnage, furent les principales causes de cet enthousiasme. Quelques-uns voulurent arriver à une réforme morale en adoptant le système de vie et les principes pratiques de Pythagore; de ce nombre furent *Qu. Sextius* (2), *Sotion* d'Alexandrie (3), tous deux connus de Sénèque à Rome (4), et c'est encore à cette classe de pythagoriciens qu'il faut sans doute rapporter *Apollonius* de Tyane, en Cappadoce (5), disciple d'Eu-

---

(1) *Cic.* De Senect., c. 21. Tusc. IV, 2.

(2) Ou *Sextus*. Il florissait vers l'an 2 après J.-C. Il ne faut point le confondre avec Sextus de Chéronée (§ 182), le stoïcien. On trouve ses Sentences morales dans la traduction suspecte de Rufinus, pub. par Th. *Gale*, Opusc. mythol. phys., etc., p. 645 sq.

De Burigny, Sur la philosophe Sextius, dans le t. XXXI des Mém. de l'Acad. des Inscriptions.

(3) Vers 15 après J.-C.

(4) *Sen.* Ep. 108.

(5) Florissait vers 70 après J.-C.

Flavius Philostratus de vita Apollonii Tyanæi, in Philostratorum opp. cura *Olearii*, Lips. 1709, in-fol., où sont imprimées, avec beaucoup d'autres lettres, celles qu'on attribue à Apollonius.

Jo. Laur. *Mosheim*, Diss. de existimatione Apollonii Tyanæi; in ejus commentationib. et oratt. var. arg. Hamb. 1751, in-8, p. 347 sq.

xenus d'Héraclée, imitateur de Pythagore, associant le mysticisme religieux aux doctrines morales, adonné à la divination, et dont Philostrate semble avoir voulu faire comme le Messie du Polythéisme; enfin, *Secundus* d'Athènes (1). D'autres, tels qu'*Anaxilaus* de Larisse, banni d'Italie comme suspect de magie (2), appliquèrent le pythagoréisme à l'étude de la nature, ou cherchèrent, comme *Moderatus* de Gades (3), et *Nicomaque* de Gerasa (4), à découvrir dans la doctrine des nombres de Pythagore une science supé-

---

Sigism. Chr. *Klose*, Diss. i et iii de Apollonio Tyanensi philosopho pythagorico thaumaturgo et de Philostrato. Viteb. 1723—24, in-4.

J. C. *Herzog*, Diss. : Philosophia practica Apollonii Tyanæi in sciagraphia. Lips. 1719, in-4.

Voyez aussi *Bayle*, et l'article de *Buhle* dans la grande Encyclopédie pub. par *Ersch*, ive partie (all.).

(1) Vers 120 après J.-C.
Pour ses Sentences morales : Secundi atheniensis responsa ad interrogata Hadriani, dans l'ouvrage de Th. Gale, indiqué ci-dessus, note 2, p. 633, suiv.

(2) Il vivait sous Auguste.

(3) Florissait au premier siècle après J.-C

(4) Dans le deuxième siècle après J.-C.
Nicomaque passe pour être l'auteur d'une Théorie des Nombres (Introductio in arithmeticam, gr. Paris, 1538, in-4.), expliquée ensuite par Jamblique, et d'un Manuel de l'Harmonie (Dans *Meibom.* : Antiquæ musicæ auctores vii. Amst. 1652, in-4.). On trouve des fragmens de sa Symbolique de la Science des Nombres, Θεολογούμενα ἀριθμητικά, dans Photius, Biblioth. cod. 187, p. 237.

rieure et occulte (1), et ils la fondirent dans les théories de Platon.

§ 185.

Néoplatoniciens.

Après la chute de l'Académie sceptique (§ 169, 170), il se forma, dès le siècle d'Auguste, une nouvelle école platonicienne, et ce fût celle qui trouva le plus de partisans. Parmi eux on distingua *Thrasylle* de Mendes (2), dit l'astrologue; *Théon* de Smyrne (3), auteur d'une explication de Platon (4); *Alcinous*, qui a laissé une courte esquisse de la philosophie platonicienne (5); *Albinus*, le maître de Galien; *Plutarque* de Chéronée (6), disciple d'Am-

---

(1) On trouve un essai de cette Science occulte des Nombres dans *Sextus Empiricus* adv. Mathem. x, 248. Voyez aussi Porphyre : vita Pythag., § 32 sq.

(2) Premier siècle de l'ère chrét.

(3) Deuxième siècle.

(4) Theon Smyrnensis de iis quæ in mathematicis ad Platonis lectionem utilia sunt, gr. et lat. ed. Ism. *Bulialdus*. Paris, 1644, in-4.

(5) Alcinoi introductio ad Platonis dogmata, gr. cum vers lat. Mars Ficini. Paris, 1533, in-8.; réimpr. plusieurs fois, entre autres avec : Platonis dialogi iv, ed. Fischer, 1783, in-8.

(6) Plutarchi opera omnia gr. et lat. ed. Henr. *Stephanus*; ed. *Reiske* xii, voll. in-8. Lips. 1774—82; ed. *Hutten* xiv, voll.

monius (§ 83); et précepteur d'Adrien; *Calvisius Taurus* de Béryte, près de Tyr (1), maître d'*Aulugelle*; Luc. *Apuleius* de Medaure en Numidie (2); *Maxime* de Tyr, le rhéteur (3). Ces philosophes s'efforcèrent de propager, sous des formes populaires et didactiques, la morale et la théorie religieuse de Platon, et ils imaginèrent un système d'interprétation allégorique, dans lequel ils rattachèrent tous les dogmes de cette philosophie aux anciens mystères religieux (4); ils la fondirent dans un même syncrétisme avec celle de Pythagore et d'Aristote; ils développèrent, sous une forme dogmatique, les spéculations les plus élevées, qui ne sont qu'indiquées rapidement dans les livres de Platon, sur

---

1791—1804, in-8. Plutarchi Moralia ex recensione *Xilandri*. Bas. 1574, in-fol. Ed. *Wittenbach*, v voll. in-4. Oxon. 1795 —1800, et xii voll. in-8.

Plutarque naquit en 50, et mourut vers 120 après J.-C.

(1) Vers 139.

(2) Florissait vers 160.

Apuleii opera Lugd. 1642, 2 voll. in-8.; — in usum Delphini 1688, 2 voll. in-4. Il faut en extraire particulièrement son esquisse de la philosophie platonicienne.

Cf. Apuleii theologia exhibita a Ch. *Falstero* in ejus cogitationib. philos., p. 37.

(3) Florissait vers 180 après J.-C.

Maximi Tyrii Dissertationes xxxi. gr. et lat. ed. Dan. *Heinsius*, Lugd. Bat. 1607 et 1614; ex recens. J. Davisii recudi curavit Jo. Jac. *Reiske*. Lips. 1774—75, 2 voll. in-8.

(4) *Euseb.* Præp. evang. ix, 6—7.

Dieu, le Démiurge, l'âme du monde, les démons, l'origine du monde et celle du mal; ils donnèrent aux idées une réalité substantielle, et appliquèrent arbitrairement leurs principes abstraits à l'explication des faits remarquables de leurs temps; par exemple, à la cessation des oracles (1). Le médecin *Galien* (2), inventeur de la quatrième figure de logique, était un platonicien grave et calme, qui admettait, pour rendre compte des phénomènes de la vie, un esprit vital et un esprit-âme, πνεῦμα ζωϊκὸν-ψυχικόν (3); *Favorinus* d'Arles en Gaule, inclinait davantage vers le scepticisme (4). Au reste, la plupart de ces platoniciens étaient en même temps des éclectiques, mais non pas toutefois à la manière de *Potamon* d'Alexandrie (5), qui, tout

---

(1) *Plutarch.* De def. Orac.; de Is.

(2) *Claudius Galenus*, né à Pergame 131, m. vers 200.

(3) Galeni opera omnia, ed. Ren. *Charterius*, Paris, 1679, XIII voll. Cf. ci-dessus § 81.

Kurt. *Sprengel*, Lettres sur le système philosophique de Galien, dans ses pièces pour servir à l'Histoire de la Médecine, 1.re partie, p. 117 (all.).

(4) Imm. Fried. *Gregorii* Duæ commentatt. de Favorino Arelatensi philosopho, etc. Laub. 1755, in-4.

Z. *Forsmann*, Diss. (Præs. Ebr. *Porthan*) de Favorino philosopho academico. Abo, 1789, in-4.

(5) On est incertain sur l'époque où il a vécu.

C. G. *Glockner*, Diss. de Potamonis Alexandrini philosophia eclectica, recentiorum Platonicorum disciplinæ admodum dissimili. Lips. 1745, in-4.

en extrayant ce qu'il y avait de mieux dans chaque système, prétendait en former un systême à part, sur lequel nous n'avons pas de renseignemens suffisans (1). C'est à tort qu'on a voulu déduire de cet essai isolé le néoplatonisme des alexandrins, comme on le verra plus loin.

Scepticisme de l'Ecole empirique.

§ 186.

Ænesidème.

Sources : Eusebii præparatio evangelica XIV, 7. 18; Fragmens des ouvrages d'Ænesidème, πυρρωνείων λόγων ὄκτω βιβλία, dans Photius, Myriobiblion sive bibliotheca cod. 212, et dans Sextus-Empiricus (Cf. § 189); Diog. Laert. IX.

Voyez aussi l'article Ænesidème par Tennemann, dans l'Encyclopédie univ. donnée par *Ersch*, 2.e partie.

Ænesidème, natif de Gnosse, en Crète, et qui vécut à Alexandrie (2), renouvela, vers le commen-

---

(1) *Diog. Laert.* 1, 21.
(2) Il florissait probablement un peu plus tard que Cicéron.

cement de cette période, le scepticisme (1), qui s'était réduit au silence dans l'Académie, et il voulut le faire servir à relever les opinions d'Héraclite, auxquelles il était attaché (2). En effet, pour reconnaître avec Héraclite que toute chose a son contraire, il prétendait qu'il fallait d'abord se convaincre, avec les sceptiques, de la contradiction que présente à un même esprit chacune de ses apperceptions (3). Il attribua à la pensée une règle extérieure, et fit consister la vérité dans l'universalité de l'apparence subjective (4). Il reprochait à la philosophie sceptique des académiciens de manquer d'universalité, et par là d'être en contradiction avec elle-même (5). Aussi, afin de fortifier le scepticisme, lui donna-t-il la plus grande extension ; il admit et soutint les dix motifs, δέκα τρόποι ἐποχῆς, attribués aussi à Pyrrhon (§ 124), pour justifier la suspension de tout jugement décisif: ces motifs sont tirés : 1° de la diversité des animaux; 2° de celle des hommes pris individuellement ; 3° de

---

(1) Au témoignage d'Aristoclès, rapporté par Eusèbe, l. l. Néanmoins Diogène de Laerte (ix, 115) cite parmi les disciples de Timon (§ 124), un certain *Euphranor* de Seleucie, dont *Eubulus*, d'Alexandrie, aurait suivi les leçons. A ce dernier il donne pour disciple *Ptolémée* de Cyrène, lequel aurait, selon lui, renouvelé le Pyrrhonisme, et dont le disciple *Héraclide*, philosophe sceptique, aurait été le maître d'Ænésidème.
(2) *Sext.* Adv. Math. ix, 337. x, 216, 233.
(3) *Sext.* Hypot 1, 210 sq.
(4) *Sext.* Adv. Mathem. vii, 349—350. viii, 8.
(5) *Photius.*

l'organation physique; 4° des circonstances et de l'état variable du sujet; 5° des positions, des distances, des diverses conditions locales; 6° des mélanges et associations dans lesquelles les choses nous apparaissent; 7° des diverses dimensions et de la conformation diverse des choses; 8° des rapports des choses entre elles; 9° de l'habitude ou de la nouveauté des sensations; 10° de l'influence de l'éducation et de la constitution civile et religieuse (1). Enfin, Ænésidème opposa à toutes les parties de la philosophie dogmatique des objections sceptiques. Selon lui, le scepticisme, πυρρωνείος λόγος, est une réflexion appliquée aux phénomènes sensibles et aux idées, au moyen de laquelle on y découvre la plus grande confusion et l'absence de toute loi constante (2). Le vice de ce scepticisme est dans sa prétention d'universalité et dans le but qu'il se propose.

§ 187.

Les efforts les plus hardis que la philosophie ancienne ait dirigés contre la possibilité de toute connaissance apodictique ou démonstrative, ce sont les attaques tentées par Ænésidème contre la réalité de l'idée de cause, tout en appliquant néanmoins cette idée à la

---

(1) *Euseb.* Præpar. Evang. xiv, 18. *Sextus*, Adv. Mathem. vii, 345. Hypot. 1, 36. Cf. *Diog. L.* ix, 87.

(2) *Diog.* ix, 78.

recherche des causes de la nature (*Ætiologie*) (1).
L'idée de causalité, prétendait-il, est nulle, parce
que le rapport de la cause à l'effet est incompréhensible; ce qu'il s'efforça de démontrer non-seulement
par des preuves *a priori*, mais encore en mettant
au grand jour les erreurs et les faux raisonnemens
des dogmatiques dans la recherche des causes.

§ 188.

Depuis Ænésidème jusqu'à Sextus parut une succession de sceptiques, qui tous étaient des médecins
de l'école des empiriques et des méthodiques (2), se
tenant à l'observation, et rejetant la théorie qui
remonte aux causes des maladies; dans ce nombre,
Favorinus (§ 185), s'attacha aux principes d'Ænésidème. Ceux que l'on distingue le plus sont *Agrippa*,
Ménodote de Nicomédie, et *Sextus*. Agrippa réduisit
les dix motifs de doute à cinq plus généraux, savoir:
1° la discordance des opinions; 2° la nécessité indéfinie pour toute preuve d'être prouvée elle-même;
3° la relativité de nos représentations; 4° le besoin
des hypothèses; 5° le cercle vicieux inévitable dans
les preuves. Enfin il appuya, et avec plus de méthode, sur cette opinion, qu'il ne saurait y avoir
dans la connaissance rien de certain, ni immédiate-

---

(1) *Sextus*, Adv. Math. ix, 217 seq. Hypotyp. 1, 180 sq.
(2) *Diog. L.* ix, 116.

ment, ἐξ ἑαυτοῦ, ni médiatement, ἐξ ἑτέρου; et ce fut surtout par la critique de ses conditions formelles qu'il s'attacha à nier la connaissance (1).

§ 189.

Sextus-Empiricus.

Sexti Empirici opera gr. et lat. ed. Jo. Alb. *Fabricius.* Lips. 1718, in-fol. Recens. *Struve.* Regiomont, 1823, 2 vol. in-8.

Critiques sur cet écrivain.

Guil. *Langius*, De veritatibus geometricis adv. Sextum Empiricum. Hafn. 1656, in-4.

De primis scientiarum elementis seu theologia naturalis methodo quasi mathematica digesta. Accessit ad hæc Sexti Empirici adversus mathematicos decem modorum ἐποχῆς seu dubitationis, secundum editionem Fabricii, quibus scilicet Sextus scepticorum coryphæus, veritati omni in os obliqui atque totidem retia tendere haud dubitavit succincta tum philosophica tum critica refutatio (per Jac. *Thomson*). Regiomont. 1728, (id. 1734), in-fol.

Gotofr. *Plouquet*, Diss. examen rationum a Sexto Empirico tam ad propugnandam quam impugnandam dei existentiam collectarum. Tubing. 1768, in-4.

Sextus, surnommé *Empiricus*, à cause de l'école de médecins à laquelle il appartenait, natif, à ce

---

(1) *Diog.* IX, 88 sq. *Sextus*, Hypotyp. 1, 164—178.

qu'on peut croire, de Mitylène (1), et disciple du sceptique *Hérodote* de Tarse (2), donna la dernière main à la philosophie du doute, vers la fin du second siècle. Tout en profitant du travail de ses devanciers, surtout d'Ænésidème, d'Agrippa et de Ménodote, il sut fixer avec beaucoup d'habileté l'objet, le but et la méthode du scepticisme, particulièrement dans ses trois livres, πυρρονείων ὑποτυπώσεων; et afin de le mettre à l'abri des attaques des dogmatiques, il en distingua avec plus de précision les procédés en opposition avec ceux de ses adversaires et des nouveaux académiciens.

§ 190.

Le scepticisme, suivant Sextus, est la faculté, δύναμις, de mettre en opposition dans toutes leurs contradictions les représentations sensibles et les conceptions de l'esprit, φαινόμενά τε καὶ νοούμενα, afin de parvenir par ce balancement, διὰ τὴν ἐν τοῖς ἀντικειμένοις πράγμασι καὶ λόγοις ἰσοσθένειαν, d'abord à la suspension de tout jugement, ἐποχὴ, sur les objets, ὑποκείμενα, dont l'essence nous est cachée, ἄδηλον, ἀφανές, de là au repos de l'âme, ἀταραξία, et enfin à un équilibre parfait, μετριοπαθεία. Le scepticisme admet des représentations et des apparences, φαινόμενα;

---

(1) C'est ce que Visconti établit dans son Iconographie, d'après le témoignage d'une médaille de cette ville.
(2) *Diog. L.* IX, 116.

ne nie point la possibilité, mais seulement la réalité de la connaissance des objets, et s'interdit cette recherche. Il n'est qu'une manière de voir toute subjective, et non une doctrine, par conséquent il n'a besoin que d'être exposé, et non prouvé (1). Sa formule est, οὐδὲν μᾶλλον (2), c'est-à-dire, nulle chose n'est préférable à nulle autre.

§ 191.

Toutefois Sextus semble oublier souvent ce caractère de son scepticisme, lorsqu'il l'élève à une doctrine, et à un art positif tendant à anéantir toute curiosité du vrai et toute croyance à la possibilité de connaître. Voici dans quels cas il mérite ce reproche : 1° quand les motifs de contradiction viennent à lui manquer, il en appelle à la possibilité d'en découvrir un jour(3); 2° il se refuse à entrer dans toute explication de la perception et de la connaissance (4); 3° il se retranche, au besoin, dans de purs sophismes (5); 4° il cherche à démontrer également par des sophismes, qu'aucune science ne peut être enseignée ni apprise (6); 5° il va jusqu'à argumenter, en con-

---

(1) *Sextus*, Hypotyp. 1, 1—4—25.
(2) Ibid., 14.
(3) Ibid. 1, 33 sq. 11, 259.
(4) Ibid. 1, 9 sq.
(5) Adv. Mathem. 1, 9.
(6) Ibid.

tradiction avec sa propre doctrine (§ 190), contre l'existence de nos perceptions (1); 6° enfin, il ne donne pas non plus avec précision les faits certains qui lui servent de point de départ, et dont il admet la certitude, par exemple, les perceptions et les lois de la pensée.

§ 192.

Malgré ces défauts, son exposition du scepticisme est un ouvrage fort important, et par la manière dont il est traité, et comme monument de l'état de la science chez les anciens, particulièrement de la philosophie. Dans les cinq derniers livres de son traité, πρὸς τοὺς μαθηματικούς, il passe en revue les doctrines des philosophes du premier ordre sur les questions les plus importantes, et fait ressortir ce qu'elles ont d'incertain, de chancelant dans leurs principes, de contradictoire ou d'inconséquent dans leurs raisonnemens. Les dogmatiques, à ce qu'il prétend surtout démontrer, n'ont encore trouvé aucun *criterium* solide et irréfragable de la vérité; ils ne peuvent s'accorder sur les fondemens et les principes de la logique, de la physique et de la morale. Niant toute certitude immédiate, attendu la contradiction qui règne dans les assertions des philosophes, il commence par exiger que toute vérité soit démontrée, et prouve ensuite que cela est impossible, faute de

---

(1) *Sextus*, Adv. Mathem. 1, 351 sq.

principes certains en soi. Par là il bat en ruine tous les travaux scientifiques de l'esprit humain, même les mathématiques.

§ 193.

Un tel scepticisme coupait court à toute recherche ultérieure, et semblait menacer l'avenir de la science, en lui opposant une barrière insurmontable. Cependant ce scepticisme impliquait contradiction en soi; il prétendait détruire un besoin réel de la raison, et était incapable de réaliser l'objet même dont il faisait le but de ses efforts, le repos de l'âme. Il paraît avoir fait peu d'impression dans le monde à l'époque où il se produisit, à cause de l'indifférence générale pour les études philosophiques, et il s'éteignit dès-lors avec *Saturninus*, disciple de Sextus (1). Quelques médecins, par exemple, Galien, *de optimo docendi genere*, (2), et le philosophe Plotin (3) furent les seuls qui s'en occupèrent (4). Ce dernier lui opposa un dogmatisme supernaturaliste et enthousiaste

---

(1) *Diog. L.* ix, 116.
(2) Voyez le § 185.
(3) Voyez le § 203.
(4) *Plot.* Enn. v, lib. v, 1:

Doctrines philosophiques des Juifs et des Gnostiques.

§. 194.

On n'a encore pu établir d'une manière bien certaine si à cette époque il existait proprement une philosophie orientale, ἀνατολικὴ διδασκαλία (1), question résolue affirmativement par Mosheim, Brucker, Walsch (2) et Buhle; et négativement par Meiners (3) et Tiedemann (4). On ne saurait révoquer en doute l'existence de quelques formules propres à l'Orient; mais la difficulté est de savoir si elles avaient dès-lors pris un caractère philosophique, ou si plutôt elles ne se développèrent et ne se perfectionnèrent qu'à l'occasion des progrès que fit en Orient la philosophie grecque, et en particulier celle de Platon (5). Cette dernière conjecture acquiert plus de vraisemblance,

---

(1). Voyez Theodot. dans *Fabricius*, Bibl. gr. t. v, p. 135. Porphyr. vita Plotini, E. xvi. Eunapii vita Ædesii, p. 61.

(2) Commentat. de philosophia orientali in *Michaelis* syntagma commentatt. P. ii, p. 279.

(3) Hist. de la Philosophie, p. 170 (all.).

(4) Esprit de la Philosophie spéculative, t. iii, p. 98. Du même, ouvrage couronné : de artium magicarum origine. Marb. 1788, in-8 (all.).

(5) *Bouterwek*, Dans l'excellente Dissertation que nous indiquerons au § 200, considère les dogmes mystiques de l'intuition immédiate, de l'émanation et des esprits comme venus

quand on remarque l'apparition qui eut lieu à cette époque des livres apocryphes faussement attribués à Zoroastre, Hermès et autres; ainsi que les efforts de beaucoup de gnostiques (1), pour déprimer le mérite de Platon (2).

§ 195.

Si l'on suppose que les Orientaux avaient une philosophie à eux, il est naturel aussi de supposer que cette philosophie a dû, au sein de la vaste monarchie romaine, entrer en contact avec celle de l'Occident, et qu'elles ont dû se modifier l'une par l'autre. L'histoire nous fournit à cet égard des renseignemens positifs par les doctrines des Juifs, des gnostiques et des derniers néoplatoniciens. Alexandrie, où, depuis les Ptolémée, tous les systèmes de la philosophie grecque n'avaient cessé d'être enseignés, fut le principal théâtre sur lequel celle-ci se rencontra avec les idées orientales.

---

de l'Orient par la Perse, puis transportés dans l'Occident, et en particulier à Alexandrie, à une époque déjà avancée de leur développement.

(1) *Plotin.* Enn. 1, lib. IX, 6.
(2) Voyez *Buhle*, Élémens de l'Hist. de la Philosophie (§ 37), IVe partie, p. 73, suiv.; et le grand ouvrage de *Tennemann* sur l'Hist. de la Philosophie (ibid.), t. VI, p. 438.

PREMIÈRE PARTIE.

I. *Juifs.*

§ 196.

La théologie de l'Ancien Testament, ou esquisse des idées religieuses des Hébreux. Leips. 1796, in-8 Cf. § 73. (all.).

Les Juifs, pendant leur exil, avaient recueilli plusieurs idées appartenant à la philosophie religieuse de Zoroastre (§ 76), telles que, par exemple, celles d'une lumière primitive de deux premiers êtres, l'un bon l'autre malfaisant, et des démons. Plus tard, un certain nombre d'entre eux qui s'établirent en Égypte, et que leurs études en médecine engageaient dans les recherches spéculatives, acquirent quelque connaissance de la philosophie grecque (1); mais fidèles à leur préjugé national, que toute sagesse avait dû originairement provenir des Juifs, ils regardèrent toutes les vérités qu'ils y trouvaient, et tout ce qui s'accordait avec leurs antiques traditions religieuses comme un larcin des Grecs. Afin de donner à cette prétention une apparence de réalité, *Aristeas* (2) imagina la fable

---

(1) Déjà avant cette époque on avait remarqué la ressemblance entre la secte ascétique des Esséniens et celle des Pythagoriciens. Voyez J. J. *Bellermann*, Renseignemens historiques tirés de l'antiquité sur les Esséniens et les Thérapeutes. Berl. 1821, in-8 (all.).

(2) Humfredi *Hody*, Contra historiam Aristeæ de LXX interpretibus, etc. Oxon. 1685, in-8. Et : De bibliorum textibus origin., versionibus, etc. 1705, in-fol.

d'une antique traduction grecque du Vieux-Testament; et *Aristobule* (1), péripatéticien, supposa frauduleusement des livres et des passages apocryphes.

§ 197.

Philon d'Alexandrie.

Philonis opera. Fl. Josephi opera. (Voyez §. 73).

Jo. Alb. *Fabricii* Diss. de Platonismo Philonis. Lips. 1693, in-4. *Id.* Sylloge Dissertat. Hamb. 1738, in-4.

C. F. *Sthal*, Essai d'une exposition systématique de la doctrine de Philon d'Alexandrie; dans l'*Algem. Bibl. der bibl. Literatur de Eichhorn*, t. IV, v^e cahier (all.).

J. Chph. *Schreiter*, Idées de Philon sur l'immortalité, la résurrection, la rémunération; dans les *Analecten* de *Keil* et *Tzchirner*, IIe cahier (all.).

Le juif *Philon* (2), esprit savant et orné, qui vivait à Alexandrie, n'était pas exempt des mêmes préjugés, mais il les servit d'une manière plus honorable. Il mit à profit la connaissance qu'il avait acquise de tous les systèmes grecs, et en particulier du système de Platon, qui s'accorde à tant d'égard avec les idées religieuses de l'Orient, pour représenter sa

---

(1). Lud. Casp *Valkenaer*, Diatribe de Aristobulo judæo, philosopho peripatetico. Lugd. Bat. 1806, in-4. Néanmoins, d'autres critiques regardent son existence comme douteuse, et les Commentaires sur les livres de Moïse, qu'on lui attribue, comme un travail apocryphe d'une époque postérieure.

(2). Né à Alexandrie quelques années avant J.-C.

religion nationale comme une doctrine parfaite et divine. C'est dans le même esprit que plus tard *Josèphe* (1) revêtit le judaïsme de la dépouille philosophique des Grecs. Philon sut y introduire les idées de Platon, et réciproquement il fit pénétrer dans le système platonique divers dogmes orientaux sans que cette double altération fût relevée. On peut donc le compter (avec *Bouterwek*) comme le premier néoplatonicien d'Alexandrie. Dieu et la matière, selon lui, sont les deux principes primitifs existans de toute éternité. Il les caractérise, d'après les idées de Platon, Dieu comme l'être réel, infini, immuable, qu'aucune intelligence ne peut concevoir, ὄν; la matière comme le non-être, μὴ ὄν, qui a reçu de Dieu la forme et la vie. Il se représente Dieu, d'après des images orientales, comme la lumière primitive et l'intelligence infinie des rayons de laquelle sont sorties les intelligences finies ; en Dieu sont renfermées les idées de toutes les choses possibles. La pensée de Dieu, λόγος, qui comprend les Idées, λόγος ἐνδιάθετος, est le monde idéal lui-même, et s'appelle aussi le Fils de Dieu ou l'archange. Ce logos est l'image de Dieu, le type d'après lequel Dieu, au moyen de sa puissance féconde (λόγος προφορικός, la parole créatrice), a formé le monde sensible. De-là trois hypostases de l'Être divin. La connaissance de Dieu ne peut avoir lieu que par une action immédiate qu'il exerce sur nos âmes : de là l'intuition in-

---

(1). Flavius Josephus, né à Jérusalem, 37 après J.-C.

terne (1). On voit donc manifestement dans Philon comment les doctrines primitives et acquises des Juifs furent remuées et modifiées par celles du platonisme, et comment de ce mélange résultèrent ensuite de nouvelles doctrines. *Numenius* d'Apamée, en Syrie (2), admit en partie ces innovations, et maintint la raison comme faculté de connaître l'absolu et tout ce qui dépasse la portée des sens ; il perfectionna la notion de la Trinité, en distinguant dans l'Être divin incorporel, ἀσώματον, d'abord le Dieu primitif, suprême, l'intelligence immuable, éternelle et parfaite; secondement, le créateur du monde, le demiurgue, le νοῦς, qui existe dans un double rapport, avec le Dieu primitif comme son fils, et avec le monde comme son auteur. Le même philosophe soutint l'immatérialité et l'immortalité de l'âme, et qualifia Platon du surnom de Moïse Attique, ἀττικίζων (3).

§ 198.

Cabbalistique.

Sources : Le Talmud.

Artis cabbalisticæ, hoc est reconditæ theologiæ et phi-

---

(1) Philo de mundi opificio, de confusione linguarum, de somniis, quod Deus sit immutabilis, de præmiis et pœnis. *Euseb.* Præp. Evang. VII, 13. XI, 15. Hist. Eccles. II, 4 sq. 7 sq.

(2) Dans le 2ᵉ siècle après J.-C.

(3) *Euseb.* Præp. Evang. XI, 10—18. IX, 6. XIII, 5. XIV, 5. XV, 17.

losophiæ scriptores; (l'éditeur de ce recueil est J. *Pistorius*) t. I, Basil. 1587, in-fol.

Liber Jezirach translatus et notis illustratus a Rittangelo. Amstel. 1642, in-4.

Kabbala denudata, seu doctrina Ebræorum transcendentalis et metaphysica atque theologica, opus antiquissimæ philosophiæ barbaricæ variis speciminibus refertissimum, in quo ante ipsam libri translationem difficillimi atque in literatura ebraica summi, commentarii nempe in Pentateuchum et quasi totum scripturarum V. T. Kabbalistici, cui nomen Sohrr, tam veteris quam recentis, ejusque Tikkunim seu supplementorum tam veterum quam recentiorum præmittitur apparatus. T. I, Solisb. 1677, in-4. T. II, Liber Sohar restitutus (Editore Christ. *Knorr de Rosenroth*). Francof. 1684, in-4.

Rabbi Cohen *Irira*, Porta cœlorum (commentaire des deux livres cabalistiques ci-dessus), *Wolf* biblioth. Hebr. Hamb. 1721, 4 vol. in-4; (dans le 1er volume).

Eisenmenger, Le judaïsme dévoilé. Konigsberg, 2 vol. 1711, in-4 (all.).

De la Nauze, Remarques sur l'antiquité et l'origine de la Cabbale, dans les Mém. de l'acad. des inscr. t. IX.

J. Fred. *Kleuker*, Sur la nature et l'origine de la doctrine de l'Emanation chez les Cabbalistes, etc. Riga, 1786, in-8 (all.).

Vie de Salomon *Maimon*, publié par Phil. *Moritz*. Berlin, 1792, 2 part. in-8.

Sur l'émanation et le panthéisme dans les premiers âges de l'antiquité, considérés particulièrement chez les écrivains de l'Ancien et du Nouveau Testament. Essai historique, critique et exégétique. Erf. 1805, in-8 (all.).

La *Cabbale* (c'est-à-dire *transmission orale*) est une prétendue sagesse divine perpétuée et propagée parmi les Juifs par une tradition secrète, dont l'histoire est enveloppée de fables. Pour ne parler que de sa partie philosophique, elle prit naissance dans les premiers siècles après Jésus-Christ, et elle fut créée ou mise en ordre par rabbi *Akibha* (1), et son disciple *Siméon Ben Jochai*, l'étincelle de Moïse. C'est une série de récits philosophiques représentant l'origine de toutes choses comme ouvrages de Dieu, l'*ensophe*, ou la lumière primitive, d'où sont émanées, selon divers degrés de perfection, dans une échelle décroissante, tous les êtres de la nature. De là les dix sephiroths ou cercles lumineux, et les quatre mondes, Aziluth, Briah, Jésirah, Aziah. Adam Kadmon, le premier homme, est le fils premier-né de Dieu; le Messie, par l'entremise duquel l'univers émane du Père tout-puissant, qui ne cesse pas néanmoins de le contenir, Dieu étant la cause immanente de toutes choses. Il faut peut-être entendre par la personne du Fils, l'idée du monde conçue par Dieu. Tout ce qui existe est de nature spirituelle, et la matière, même le charbon, n'est qu'une condensation et un obscurcissement des rayons de la lumière; en un mot, toute substance est divine. A cette doctrine de l'émanation se mêle une foule de rêveries sur les démons, auxquelles se rattache la magie; sur les quatre élémens des âmes,

---

(1) Mort en 138.

sur leur formation et leur origine, enfin sur l'homme considéré comme microcosme, et cette idée donne lieu à un prétendu moyen de connaissance par l'extase. Le tout offre un mélange de conceptions exaltées et bizarres qui s'étaient formées, surtout sous l'influence des idées religieuses de la Perse, et à l'aide desquelles on s'efforçait de mettre à la portée des esprits la doctrine sacrée des Juifs, la création, et l'existence du mal. Les livres cabbalistiques, Jezirah et Sohar (Voyez les ouvrages indiqués en tête de ce §), le premier attribué au rabbi Akibha, le second à Siméon Ben Jochai, ont été vraisemblablement interpolés de temps à autre par les interprètes. Les Chrétiens n'ont connu qu'au 15° siècle le nom de la Cabbale, dont le mystère leur était soigneusement caché par les Juifs.

II. *Gnostiques.*

§ 199.

Walsch, De philosoph. oriental. Gnosticorum systematis fonte; et *Michaelis* de indiciis gnosticæ philosophiæ tempore LXX interpretum et Philonis, dans la 2.° part. du dernier syntagm. Commentt.

Ern. Ant. *Lewald*, Comment. ad hist. religionum vett. illustrandam pertinens de doctrina Gnosticorum. Heidelb. 1818, in-8.

Joh. Aug. *Neander*, Origine et développement des principaux systèmes gnostiques. Berlin, 1818, in-8 (all.).

Le même avait publié précédemment : De fidei gnoseosque idea, et ea quæ ad se invicem et ad philosophiam referuntur ratione secundum mentem Clem. Alexandrini. Heidelb. 1811, in-8.

Le même esprit de spéculation transcendante dominait chez les Gnostiques : ceux-ci prétendaient à une connaissance, γνῶσις, supérieure et secrète de l'être divin et de l'origine du monde; mêlant les dogmes religieux des Persans et des Chaldéens, avec ceux des Grecs et des Chrétiens. La plupart professaient le christianisme, mais ils étaient considérés comme hérétiques; quelques-uns s'attachèrent au culte juif, d'autres en devinrent les adversaires; quelques autres enfin paraissent n'avoir suivi formellement aucune religion particulière. Les principaux, venus de l'Orient pour la plupart, furent *Simon* le magicien, *Ménandre* le Samaritain, le juif *Corinthus*, tous appartenant au 1er siècle ; ensuite le syrien *Saturninus*, *Basilides* d'Alexandrie ; *Carpocrates* et *Valentinus*, de la même ville : ce dernier se rapprocha des Néoplatoniciens, (2e siècle); *Marcion* de Sinope (1), *Cerdon* et *Bardesane* ou Bardisanes, Syriens (2), (vers le milieu du

---

(1) Aug. *Hanh*, Progr. de Gnosi Marcionis Antinomi, P. 1 et 11. Regiomont. 1821—21, in-8. Et : Antitheses Marcionis Gnostici, liber deperditus, nunc quoad ejus fieri potuit restitutus, ib. 1823, in-4.

(2) Aug. *Hahn*, Bardesanes Gnosticus Syrorum primus hymnologus. Commentat. Hist. Theol. Lips. 1819, in-8.

2e siècle), et *Manès* (1), persan, (3e siècle). Leurs sectes se conservèrent durant les siècles suivans. Une partie d'entre eux reconnut en Dieu le principe unique, duquel ils firent dériver, comme d'une source de lumière, divers ordres de créatures lumineuses ou esprits, autrement dits *Æons*; une autre partie admit deux premiers êtres, un bon et un mauvais, continuellement en guerre l'un contre l'autre; enfin, une troisième secte de gnostiques fit naître les princes de la lumière et des ténèbres, d'un premier et souverain auteur. En général, ils considéraient la matière comme le mauvais principe, et la formation même du monde comme une chute de l'être divin. Autour de ces dogmes principaux se groupaient une multitude d'autres idées plus exagérées et plus hasardées les unes que les autres; chacun leur donnait pour principe une révélation supérieure : en général, c'est l'imagination qui joue le principal rôle dans la philosophie des Orientaux; et ils aiment à se perdre dans leurs hypothèses appliquées sans cesse à un ordre de faits au-dessus de la nature. La morale eut aussi à souffrir de cette manie des rêves supernaturalistes, et fut travestie en un étroit et minutieux ascétisme.

---

(1) *Beausobre*, Histoire critique de Manichée et du Manichéisme. Amst. 1734—39, 2 voll. in-4.

Néoplatonisme enthousiaste de Plotin ; devanciers et successeurs de ce philosophe.

§ 200.

Sources : les ouvrages de Plotin, Porphyre, Jamblique, Julien, Eunape, vitæ philosophorum, (voyez § 81.) Sallustius, de diis et mundo, Proclus, Suidas.

Sainte-Croix, Lettre à M. Dutheil, sur une nouvelle édition de tous les ouvrages des philosophes éclectiques. Paris, 1797, in-8.

Gottfr. *Olearii* Diss. de philosophia eclectica ; dans sa traduction de l'historia philosophiæ de Stanley, p. 1205.

Histoire critique de l'Eclectisme ou des nouveaux Platoniciens. Avignon, 1766, 2 vol. in-12.

Ge. G. *Fülleborn*, Philosophie néoplatonicienne ; dans les *Beitrage*, IIIe cahier n° 3 (all.).

Chph. *Meiners*, Mémoires pour servir à l'histoire des opinions du premier siècle après J.-C. ; renfermant des considérations sur la philosophie néoplatonique. Leips. 1782, in-8 (all.).

C. A. G. *Keil*, De causis alieni Platonicorum recentiorum a religione christiana animi. Lips. 1785, in-4.

J. G. A. *Oelrich*, Comm. de doctrina Platonis de Deo a christianis et recentioribus Platonicis varie explicata et corrupta. Marb. 1788, in-8.

Alb. Christ. *Roth*, Diss. (Præs. J. B. Carpzov) trinitas Platonica. Lips. 1693, in-4.

Joh. Wilh. *Jani* Diss. (Præs. J. G. *Neumann*) Trinitas Platonismi vere et falso suspecta. Viteb. 1708, in-4.

H. Jac. *Ledermüller*, Diss. (Præs. Ge. Aug. *Will.*) de theurgia et virtutibus theurgicis. Altd. 1763, in-4.

J. Aug. *Dietelmajer*, Progr. quo seriem veterum in schola Alexandrina doctorum exponit. Altd. 1746, in-4.

Jm. *Fichte*, de philosophiæ novæ platonicæ origine. Berol. 1818.

Frid. *Bouterwek*, Philosophorum Alexandrinorum ac Neoplatonicorum recensio accuratior. Comment. in Soc. Gott. habita, 1821, in-4 (Voyez Gott. gel. Anz. n° 166-167, 1821).

Le nouveau Platonisme se forma au sein de l'école toujours nombreuse des Platoniciens d'Alexandrie, et fut l'ouvrage d'un zèle ardent et enthousiaste. Ses partisans aspiraient à atteindre les dernières sommités de la science; ils prétendaient à la connaissance de l'Absolu, et à une intime union avec lui, ἕνωσις, comme à la destination finale de l'homme. Le moyen qui devait y conduire, c'était la contemplation de l'Absolu, θεωρία.

§ 201.

Les causes qui amenèrent dans la science ces habitudes nouvelles, furent premièrement la décadence du véritable esprit grec, et sa fusion toujours plus intime avec l'esprit oriental; en second lieu, la manie chaque jour croissante, introduite par l'imitation des Orientaux, de l'exaltation et de l'enthousiasme que l'on fortifiait par de fréquens appels aux révélations célestes, tout en déprimant le mérite philosophique de Platon (1); en dernier lieu, le génie dominant de l'époque, et l'état de dissolution où était tombé l'empire romain. Deux autres causes contribuèrent aux progrès de la nouvelle école, savoir: les contradictions des nouveaux sceptiques qui repoussaient toute prétention à une connaissance rationnelle, et les appréhensions que la marche victorieuse du christianisme faisait concevoir pour la religion jusque-là dominante, et menacée désormais d'une ruine complète. Enfin, l'importance toute nouvelle qu'avait prise le Platonisme parmi les païens dans leur lutte contre le christianisme, jointe à ce contact plus habituel des idées orientales, firent paraître et se développer avec un éclat nouveau cette philosophie enthousiaste, relevée par l'esprit scientifique de la Grèce, et réunissant diverses doctrines déjà connues.

§ 202.

Déjà Philon d'Alexandrie (§ 197), Numenius (ibid.) et Atticus avaient donné l'exemple de ce genre de spéculation mystique, et du mélange des idées orientales et platoniques: ce mélange se retrouve aussi chez plusieurs pères de l'église grecque, comme Justin, Clément d'Alexandrie, Origène, qui

---

(1) *Plotin.*, Enn. ii, lib. ix, 6.

platonisent assez fréquemment. *Ammonius* d'Alexandrie, homme d'une naissance obscure, réduit à gagner sa vie dans l'état de porte-faix (de là son surnom de *Saccas*), vraisemblablement aussi chrétien apostat (1), mais possédant à un haut degré l'ardeur de savoir, le talent et l'enthousiasme, entra dans la nouvelle voie philosophique, et fonda une école (2) qui s'efforçait de rapprocher Platon et Aristote sur les questions les plus importantes (3). Il communiqua son esprit d'enthousiasme à ses disciples, entre lesquels se distinguent *Longin* (4), critique célèbre et penseur judicieux (5), *Plotin*, *Origène* et *Hérennius*. C'est à ce caractère d'exaltation mystique que tient l'engagement formel pris par les trois derniers de tenir leur doctrine secrète (6).

§ 203.

Plotini opera. Florentiæ 1492, in-fol. et cum interpret. Ficini. Bas. 1580, 1615, in-fol.

---

(1) *Euseb.* Hist. Eccles. VI, 19.
(2) Vers 193 après J.-C.
(3) C. F. *Ræsler*, Diss. de commentitiis philosophiæ Ammoniacæ fraudibus et noxis. Tub. 1786, in-4.
(4) Dav. *Ruhnkenii* Diss. de vita et scriptis Longini. Lugd. Bat. 1776, et les éditions du Traité qui lui est attribué περὶ ὕψους par Toup, Morus et Weiske. Leips. 1809, in-8.
(5) Né à Athènes en 213. Mis à mort à Palmyre en 275.
(6) *Porphyr.* Vita Plotini. *Euseb.* Hist. Eccles., l. l. Hieroclès de Providentia dans *Photius* cod. 251—214.

Plotini liber de pulchritudine ad codd. fidem cum annotatione perpetua et præparatione. Ed. Fried. *Creuzer.* Heidelb. 1814, in-8.

Les Enneades de Plotin traduites et accompagnées de remarques pour l'éclaircissement du texte original, par le docteur J. G. d'*Engellardt*, 1re part. contenant la 1re Enneade précédée de la vie de Plotin, par Porphyre. Erl. 1820, in-8 (all.). Voyez aussi la traduction avec remarques du viiie liv. de la iiie Enneade dans les Studien de *Creuzer*, t. i. Francf. et Heidelb. 1805.

Porphyrii Vita Plotini, en tête des éditions des œuvres de Plotin.

Friedr. Chr. *Grimm*, Commentat. qua Plotini de rerum principio sententia (Enn. ii lib. viii c. 8-10) animadversionibus illustratur. Lips. 1788, in-8.

Jul. Friedr. *Winzer*, Progr. Adumbratio decretorum Plotini de rebus ad doctrinam morum pertinentibus. Sp. 1. Viteb. 1809, in-4.

Plotin était né à Lycopolis, en Égypte, en 205; la nature l'avait doué de qualités supérieures, particulièrement d'une rare profondeur d'esprit et d'une imagination grande et forte. De bonne heure il développa ces dispositions dans l'école d'Ammonius, à Alexandrie; ensuite il se décida à passer en Orient avec l'armée de Gordien, afin d'étudier sur les lieux mêmes les doctrines orientales. Il devint un rêveur, livré à des méditations profondes, mais exaltées, toujours tourné vers les régions supérieures, et cherchant par la contemplation à saisir l'Absolu; idée qu'il exagéra après l'avoir prise dans la philosophie de Platon; et égaré par l'enthousiasme, il crut développer cette philosophie selon l'esprit même de son auteur, tandis qu'en effet il dénaturait en grande partie la pensée de Platon, n'en conservant que des parties incomplètes et mutilées. La vivacité fougueuse de son esprit, qui le faisait souvent tomber en extase, l'empêcha de réduire en système son rationalisme mystique. Ses divers traités épars furent revus par Porphyre, et classés en six Ennéades (1). Il mourut dans la Campanie en 270, après avoir donné des leçons à Rome, où il devint l'objet d'une vénération presque religieuse de la part de ses disciples.

§ 204.

Plotin part de ce principe, qu'il n'y a de philosophie possible qu'autant que la connaissance et la chose connue, le subjectif et l'objectif sont ramenés à l'identité. La fonction de la philosophie est de connaître l'Unité, τὸ ὄν, τὸ ἕν, τὸ ἀγαθόν, ce qui est le principe et l'essence de toutes choses, et de le connaître en soi, non par l'entremise de la pensée ou de la réflexion, mais par un moyen bien supérieur, par l'intuition immédiate, παρουσία, qui devance la marche de la réflexion (2). Le but de sa

---

(1) *Porphyr.* Vita Plotini, c. 6 et 24.
(2) Enn. v, lib. III, 8. Lib. v, 7 sq. Enn. vi, lib. ix, 3 et 4.

philosophie, selon Porphyre, c'est l'union immédiate avec l'Être divin (1). Une double intention, à la fois scientifique et morale, le conduisit à ce mystique idéalisme, l'unique voie que la raison n'eût pas encore tentée (Voyez § 216).

§ 205.

Tout ce qui existe est en vertu de l'Unité, est un, et a en soi l'Unité. Néanmoins l'existence et l'unité ne sont point identiques; car chaque objet comprend une pluralité. La raison n'est pas non plus l'unité même, car elle contemple l'unité d'une vue parfaite, non hors d'elle, mais en elle-même; elle est en même temps ce qui contemple et ce qui est contemplé, donc elle n'est point simple, elle est double, elle n'est point l'être premier ou primitif, mais seulement l'unité déduite ou dérivée de quelque autre principe dont elle procède. L'Unité primitive n'est point une chose, mais le principe de toutes choses, le bien et la perfection absolus; ce qui en soi est simple, et ne tombe point sous les conceptions de l'entendement; elle n'a ni quantité ni qualité, ni raison ni âme; elle n'est ni en mouvement ni en repos, ni dans l'espace ni dans le temps; ce n'est ni une unité numérique ni un point, car le point et l'unité numérique sont compris dans quelque chose,

---

(1) Enn. v, lib. 1, 1—2.

savoir le divisible; mais c'est l'être pur sans aucun accident, dont on peut concevoir l'idée en songeant qu'il se suffit constamment à lui-même; elle est exempte de tout besoin et de toute dépendance, de toute pensée et de toute volonté; ce n'est point un être pensant, mais plutôt la pensée elle-même en acte; c'est le principe, la cause de tout, l'infiniment petit, et en même temps, par sa puissance, l'infiniment grand, le centre commun de toutes choses, le *Bien* (1), *Dieu*.

Voyez l'ouvrage d'Oelrich § 200 et :

Gottl. Will. *Gerlach*, Disputatio de differentia, quæ inter Plotini et Schellingii doctrinam de numine summo intercedit. Viteb. 1811, in-4.

§ 206.

L'Unité est aussi représentée comme la lumière primitive, la lumière pure, de laquelle découle incessamment un cercle lumineux; elle possède la vision et la science de soi-même, mais sans dualité de termes (sans réflexion), elle est à la fois la pure virtualité et l'essence de tout ce qui est (2). L'Un, le parfait, coule dans la région supérieure; tout ce qui procède de lui, l'être, la raison, la vie en découle éternellement, sans qu'il perde rien de sa

---

(1) Enn. vi, lib. ix, 1 seq.
(2) Enn. vi, lib. viii, 16. Enn. iv, lib. iii, 17. Enn. v, lib. i, 7.

substance, car il est simple, et non collectif comme la matière (1); et cette provenance n'est point une formation dans le temps, mais elle a lieu selon l'idée pure de cause et d'ordre, sans nulle volonté, car vouloir est changer (2). En premier lieu il en émane, comme la lumière émane du soleil, quelque chose d'éternel qui, selon Plotin, est ce qu'il y a de plus parfait, c'est l'intelligence absolue, νοῦς, qui contemple l'unité, et qui n'a besoin que d'elle seule pour être. De l'intelligence émane à son tour l'âme, l'âme du monde, ψυχὴ τοῦ παντός, ou τῶν ὅλων. Tels sont les trois principes de toute existence réelle, et ils ont eux-mêmes leur principe dans l'unité (3); c'est la Trinité (*Trias*) de Plotin (4).

§ 207.

L'intelligence est le produit et l'image de l'unité; en tant qu'elle contemple l'unité comme son objet, elle devient sujet, et se distingue de ce qu'elle contemple, de là une dualité; en tant que cette intelligence envisage le possible dans l'unité, le possible

---

(1) Enn. vi, lib. ix, 9.
(2) Enn. v, lib. 1, 6.
(3) Enn. ii, lib. ix, 1. iii, lib. v. 3. v, lib. 1, 5 et 6; lib. ii, 1.
(4) Joh. Heim. *Feustking*, De tribus Hypostasibus Plotini. Witeb. 1694, in-4. Voyez aussi les Dissertations de *Roth* et *Janus* citées au § 200.

se détermine, se limite; il devient l'effectif et le réel, ὄν. Il suit de là que l'intelligence est la réalité première, base de toutes les autres, et inséparablement unie avec l'être réel. La pensée, la chose pensée et la chose pensante sont identiques; ce que l'intelligence pense elle le constitue en même temps. C'est en pensant toujours, toujours de même, et pourtant toujours quelque chose de nouveau, qu'elle produit toutes choses; elle est la somme des existences, la vie infinie dans sa totalité (1).

§ 208.

L'âme est le produit de l'intelligence, elle en est la pensée, pensée à son tour féconde et plastique. Elle est donc elle-même intelligence, seulement avec une connaissance et une vision plus obscure, parce qu'elle contemple les objets non en elle-même, mais dans l'intelligence, étant douée d'une force active qui dirige ses regards hors d'elle. C'est une lumière non originale, mais réfléchie, principe du mouvement et du monde extérieur. Son activité propre est dans dans la contemplation, θεωρία, et dans la production des objets par cette même contemplation. C'est ainsi qu'elle produit à son tour

---

(1) Enn. VI, lib. VIII, 16. Enn. IV, lib. III, 17. Enn. VI, lib. VII, 59; lib. VIII, 16. Enn. V, lib. I, 4, 7; lib. III, 5 —7; lib. V, 2; l. IX, 5. Enn. VI, lib. VII, 12—13.

divers ordres d'âmes, entre autres l'âme humaine, dont les facultés tendent à s'élever ou à s'abaisser. Celle du degré le plus bas, dirigée vers la matière, est aussi une force appliquée à la former; c'est la faculté sensitive et végétative, ou la Nature, φύσις (1).

§ 209.

La Nature est une force intuitive, motrice, qui impose la forme à la matière, force plastique et vivifiante, pensée créatrice, λόγος ποιῶν; car forme, εἶδος, μορφή, et pensée, λόγος, sont une seule et même chose. Tout ce qui se passe dans la nature est l'œuvre de l'intuition, et est fait pour elle (2). Ainsi se développe du sein de l'unité, comme du point central d'un cercle, la pluralité, l'être divisible et la vie, par voie de séparation. Dans l'unité se distinguent la forme et la matière; car c'est la forme qui compose, qui façonne, et elle suppose nécessairement quelque chose de non déterminé, mais susceptible de recevoir une détermination (3).

§ 210.

La forme et la matière, l'âme et le corps, sont

---

(1) Enn. v. lib. 1, 6—7; lib. vi, 4. Enn. vi. lib. ii, 22.
(2) Enn. iii, lib. viii.
(3) Enn. ii, lib. iv, 14. Enn. iii, lib. vi, 7.

inséparables; il n'y a point eu de temps où le tout ne fût point animé; mais pour la pensée, la distinction est possible, et de là naît la question : Qu'est-ce que la matière, et comment a-t-elle été produite par l'unité, puisque celle-ci est le principe de toute réalité? La matière est quelque chose de réel, dénué de toute forme; elle est l'indéterminé, susceptible de recevoir la forme, et elle est avec celle-ci dans le même rapport que l'ombre avec la lumière. L'unité, comme produisant toute réalité, sort sans cesse d'elle-même : or, au dernier échelon de cette production perpétuelle arrive un dernier produit, au-delà duquel nul autre n'est plus possible, terme dernier d'où rien ne peut sortir, et qui ne conserve plus rien de l'unité et de la perfection. — L'âme, par sa contemplation progressive, qui est en même temps production, se crée à elle-même le théâtre de son action, c'est-à-dire l'espace. L'âme est une lumière allumée par l'intelligence, et qui rayonne jusqu'à une certaine portée; au-delà de laquelle commence la nuit. L'âme regarde cette nuit, et lui applique une forme, parce qu'elle ne peut rien souffrir autour d'elle qui ne soit empreint d'une pensée, et elle se fait ainsi, au moyen des ténèbres, une habitation belle et variée, inséparable de la cause qui l'a produite, c'est-à-dire qu'elle se donne un corps (1). De là la matière intelligible et

---

(1) Enn. I, lib. VIII, 7. Enn. III, lib. IV, 9. Enn. II, lib. III, IV.

sensible (1). Quelquefois Plotin considère la matière informe, c'est-à-dire dénuée de toute bonne propriété, comme étant bien encore un produit de l'âme, mais par l'effet d'un vice ou d'une défectuosité en elle; il suppose qu'occupée de produire il lui est arrivé de sortir d'elle-même sans fixer ses regards sur le principe premier et parfait, et que par-là elle se trouva remplie d'indétermination (2). Quelquefois aussi il conçoit la matière informe comme quelque chose de réel, qui est donné sans avoir été produit par l'âme (3).

§ 211.

Il y a un monde de l'intelligence et un monde des sens; celui-ci n'est que l'image de l'autre; de là le parallélisme parfait de tous les deux. Le monde de l'intelligence est un tout invariable, absolu, vivant, sans séparation dans l'espace, sans changement dans le temps; là l'unité est dans la pluralité, et la pluralité est une, comme la science (l'empire des esprits). Il y a aussi de l'indétermination dans le monde de l'intelligence : plus il s'éloigne de l'être véritable, plus il devient indéterminé. Dans le monde des sens, image du précédent, les plantes, la terre, les pierres, le feu, tout est vivant, car ce monde est une idée

---

(1) Enn. II, l. IV, 15.
(2) Enn. I, l. VIII, 3—4.
(3) Enn. III, l. IV, 1.

amenée à la vie. Le feu, l'air, l'eau, sont une vie et une idée, une âme habitant la matière comme principe plastique (hylozoïsme). Il n'est rien dans la nature qui soit privé de raison, les bêtes mêmes ont de la raison, seulement d'une autre manière que les hommes (1).

§ 212.

Chaque objet est unité et multiplicité. Au corps appartient la multiplicité divisible et décomposable dans l'espace. Il en est autrement pour l'âme, substance inétendue, immatérielle, être simple sans corps et avec un corps qui a deux natures, l'une supérieure et indivisible; l'autre inférieure et divisible. Plotin développe d'une manière savante et profonde les raisons métaphysiques en faveur de l'immatérialité et de l'immortalité de l'âme; mais en donnant aussi trop de carrière aux rêves de l'exaltation mystique sur la réunion de l'élément immatériel avec la substance corporelle (2).

§ 213.

Dans le monde tout est nécessaire, tout est l'œuvre d'une production nécessaire, et d'un principe qui n'est séparé d'aucun de ses produits (germe du Spi-

---

(1) Enn. IV, lib. IV, VIII, IX. Enn. VI, lib. IV, VII.
(2) Enn. IV, lib. I, II, III, VI.

nozisme et de la Théodicée de Leibnitz) (1). Toutes les choses dépendent les unes des autres par un commun enchaînement (déterminisme universel dont l'unité est la seule exception, plus apparente encore que réelle). De cette liaison des choses se tire la magie naturelle et la divination (2). Pour ce qui est du mal qui apparaît dans le monde sensible, Plotin le considère parfois comme une négation qui est nécessaire, ailleurs comme quelque chose de positif, tel que la matière, le corps, et, dans ce dernier cas, tantôt comme donné hors de l'âme et cause de son imparfaite production, tantôt comme siégeant dans l'âme et son produit imparfait; ainsi il tombe dans la même faute qu'il reproche aux Gnostiques (3). Cela le conduit à un optimisme et un fatalisme contraire à la moralité (4); néanmoins il reconnaît parfois le mal moral comme tenant au libre arbitre, pouvant être surmonté par lui, et imputable à son auteur (5).

§ 214.

L'unité, Dieu, étant la perfection même, est le but vers lequel tendent toutes choses qui tiennent

---

(1) Enn. vi, lib. vii, 8—10. Enn. iv, l. iv. 4—5. Enn. vii, lib. ii, 3.
(2) Enn. iii, l. ii, 16. Enn. iv, l. iv, 32—40.
(3) Enn. i, l. viii. Enn. ii, l. ix, Enn. iii, l. ii.
(4) Enn. i, l. viii, 5. Enn. iii, l. ii, 18.
(5) Enn. iii, l. ii, 9—10.

de lui leur être et leur nature, et ne peuvent devenir parfaites que par lui. Les âmes humaines ne peuvent arriver à la perfection et à la félicité que par la contemplation de l'unité suprême, dans un entier détachement de tout ce qui est divers et multiple (ἁπλωσις, simplification), et en se plongeant dans le sein de l'Être pur. En cela consiste la vertu, qui est de deux sortes, savoir : la vertu inférieure, πολιτική, propre aux âmes qui se purifient, et la vertu supérieure, celle des âmes purifiées, et qui consiste dans l'union intime par la contemplation avec l'Être divin, ἕνωσις. Sa cause est la divinité elle-même qui nous éclaire et nous échauffe. Les âmes doivent obtenir de la divine beauté un charme qui lui ressemble, et être échauffées du feu céleste (1).

§ 215.

Cette philosophie repose sur deux suppositions non démontrées : premièrement que l'absolu, ce qui surpasse les sens, est le principe de l'univers et peut être reconnu pour tel; secondement qu'il peut être reconnu par une intuition intellectuelle qui surpasse la pensée elle-même. Plotin transforme la pensée en une contemplation, la philosophie en une poésie, les pures formes des idées en objets positifs. Sa doc-

---

(1) Enn. 1, l. II, VIII, 13. Enn. VI, lib. VII, c. 22; l. IX, 9—11.

trine est l'abus de quelques idées platoniques livrées à tout l'emportement d'un enthousiasme auquel donnaient lieu les besoins de cette époque; sans examiner la possibilité des moyens, elle prétend atteindre l'absolu, et former un système complet de la connaissance absolue. Mais en même temps elle offre un certain nombre d'excellentes vues sur la faculté de connaître, et des pensées élevées qui depuis ont été reprises, et même portées plus haut encore par d'autres philosophes. Elle obtint la plus grande estime surtout par l'admission d'un principe de connaissance supérieur aux sens, par le dogme de la Trinité et de son rapport avec le monde des objets; enfin elle fut considérée comme l'interprétation complète de la philosophie du grand Platon, et de Platon éclairé de Dieu (1). Alors vint à son tour la prétention de démontrer l'accord de Platon avec des doctrines antérieures dans lesquelles il était censé avoir puisé, celles de Pythagore, d'Orphée, de Zoroastre et d'Hermès; et on ne manqua pas de livres supposés pour servir à cette démonstration. On voulut ensuite établir cette même concordance entre Platon et ses successeurs, et particulièrement Aristote. Toutes ces tentatives qui éloignaient la philosophie de son véritable caractère, ne servaient que l'esprit du temps, la superstition et l'exaltation mystique. Parmi les nombreux disciples de Plotin se distinguèrent

---

(1) Procli Theol. Platonis, lib. 1, c. 1.

Porphyre (proprement *Malchus*), et *Amelius* ou *Gentilianus* d'Étrurie. Les ouvrages de ce dernier, pour l'interprétation de la philosophie de Plotin, ne nous ont pas été conservés.

§ 216.

Porphyrii liber de vita Pythagoræ, ejusdem sententiæ ad intelligibilia ducentes, cum dissertatione de vita et scriptis Porphyrii, ed. Lucas *Holstenius*. Rom. 1630, in-8. Voyez aussi § 88.

Porphyrii de abstinentia ab esu animalium libri IV, ed. Jac. de *Rhoer*. Traj. ad Rhen. 1767, in-8.

Ejusd. epist. de diis, dæmonibus ad Anebonem (dans l'édition de Jamblique de mysteriis. Voyez § suivant).

Ejusd. de quinque vocibus, seu in categorias Aristotelis introductio, gr. Paris, 1543, in-4; lat. per Jo. Bern. *Felicianum*. Venet. 1546 1566, in-fol.

Πορφυρίου φιλοσόφου πρὸς Μαρκέλλαν, etc. Invenit, interpretatione notisque declaravit Angelus Majus, etc. Acc. ejusdem poeticum fragmentum. Mediol. 1816, in-8.

Malchus ou *Porphyre*, né en 233 à Batanea, colonie des Tyriens en Syrie, formé par les leçons d'Origène et de Longin, qu'il entendit à Athènes (§ 202), vint à Rome à l'âge de trente ans, et là il fréquenta l'école de Plotin, dont il devint l'admirateur passionné, et par la suite le biographe (§ 203.) Il possédait beaucoup plus d'instruction positive que son maître, mais moins de profondeur d'esprit, avec beaucoup de vanité et une grande soif de renommée.

On peut juger par quelques passages de ses écrits qu'il était dans plusieurs parties animé d'un esprit de recherche et de sérieuse réflexion, allant jusqu'à exprimer ses doutes sur divers dogmes de la doctrine religieuse des payens, particulièrement sur les démons et leur apparition (1) ; mais en d'autres parties il se laissait aussi entraîner par des idées exaltées. Ce fut sans doute dans un âge très-avancé qu'il fut le plus séduit par le mysticisme, et qu'il fut, ainsi que Plotin, honoré de la vision de Dieu (2). Ses principaux travaux furent consacrés à expliquer et à répandre la philosophie de Plotin, à réunir celle d'Aristote avec celle de Platon et de Pythagore, à éclaircir certains objets de la religion, tels que les sacrifices, la divination, les démons, les oracles, enfin à combattre le christianisme contre lequel il composa aussi des ouvrages (3). Il enseigna après la mort de Plotin, la philosophie et l'éloquence à Rome ; et mourut en 304.

§ 217.

Iamblique.

Jamblichus de mysteriis Ægyptiorum liber seu responsio ad Porphyrii epistolam ad Anebonem, Gr. et Lat. ed.

---

(1) Voyez sa lettre à Anébon.
(2) Porphyr. vita Plot. sub fin.
(3) *Euseb.* vi, 19, Hist. Eccles.

Thom. *Gale.* Oxon, 1678, in-fol.; et les autres ouvrages de Jamblique.

Ejusd. περὶ βίου πυθαγορικοῦ λόγος. Voyez ci-dessus § 88. A cet ouvrage se joint:

Ejusd. λόγος προτρεπτικὸς εἰς φιλοσόφιαν, adhortatio ad philos. Textum, etc., recensuit, interpretatione latina, etc., et animadversionibus instruxit Theoph. *Kiessling.* Lips. 1813, in-8.

Ejusd. de generali Mathematum scientia (en original dans les Anecdota græca de Villoison t. II, p. 188 sqq.), et Introductio in Nicomachi Geraseni. Voyez ci-dessus § 184, Arithmetica, ed. Sam. Tennulius. Arnh. 1668, in 4, et Theologumena arithmetices. Paris, 1543, in-4.

Ge. E. *Hebenstreit*, Diss. de Jamblichi philosophi syri doctrina, christianæ religioni quam imitari studet, noxia. Lips. 1704, in-4.

Le mysticisme philosophique de Jamblique était bien plus accommodé encore au caractère superstitieux de son temps. *Jamblique* de Chalcis en Cœlésyrie, θαυμάσιος et θειότατος, était disciple d'un certain Anatolius et de Porphyre. Il surpassa bientôt ce dernier en réputation, mais non en talent. Dans son ouvrage sur la vie de Pythagore, il se montre compilateur syncrétiste sans critique; dans les fragmens de son livre sur l'âme et dans ses lettres (1), on trouve plus de bon sens et plus de connaissance des anciennes opinions philosophiques, qu'il lui arrive souvent de mêler avec les siennes propres. Mais si

---

(1) Elles nous ont été conservées par Stobée.

le livre sur les mystères des Égyptiens lui appartient, ce qui est fort douteux (1), nul n'aurait porté plus loin que lui l'exaltation et le mysticisme philosophique de son temps. Là, se qualifiant de prêtre de la divinité, il donne, avec une assurance tranchante, des solutions pour les doutes et les questions exprimées dans la lettre de Porphyre à Anébon (§ 216); il distingue, dans le plus menu détail, les diverses classes des anges, les apparitions des Dieux et des démons, appliquant à chaque chose une multitude de circonstances positives; il enseigne l'union avec Dieu à l'aide de la théologie et de la théurgie, science du surnaturel, à laquelle il subordonne la philosophie.

Par la théurgie il entend la pratique de certains actes mystérieux, et particulièrement agréables à Dieu, et la vertu de quelques symboles ineffables, dont la connaissance appartient à Dieu seul, au moyen desquels les divinités sont attirées vers nous; enfin, pour justifier ces hautes extravagances, il s'appuie de l'autorité des livres hermétiques, dans lesquels il pensait que Pythagore et Platon avaient dû puiser. Jamblique mourut en 333.

§ 218.

Successeurs de Jamblique et autres philosophes

---

(1) Voyez Meiners, Commentat. Soc. Gotting. vol. IV, a. 1782, p. 50, et Tiedemann, Esprit de la philosophie spéculative, t. III, p. 473 et suiv. (all.).

contemporains. Jamblique eut un grand nombre de disciples, entre autres *Dexippe*, *Sopater* d'Apamée, *Ædesius*, qui fut son successeur, et *Eustathe*, successeur de ce dernier, tous deux de Cappadoce. Ædesius eut pour disciples *Eusèbe* de Myndes, et *Priscus* de Molosse, tous deux rejetant la magie et la théurgie (1), auxquelles *Maxime* d'Éphèse et *Chrysanthe* de Sardes étaient attachés. A l'école de ce dernier appartiennent *Eunape* de Sardes (2), et l'empereur *Julien* (3). Diverses parties de la philosophie néoplatonicienne furent encore enseignées en partie par *Claudien*, frère de *Maxime*, et par *Salluste*, le même sans doute qui fut consul sous Julien 363, et qui écrivit un résumé de cette philosophie. (4). Vint

---

(1) Eunap. p. 69.

(2) Voyez la Bibliogr. au § 81.

(3) Empereur en 360, mort en 363.

Juliani opera ed. Dion. *Petavius*. Paris, 1630, in-4. Ed. Ezech. *Spanheim*. Lips. 1696, in-fol.

Ad. *Kluit*, Oratio inauguralis pro imperatore Juliano apostata. Middelb. 1760, in-4.

Joh. Pet. *Ludewig*, Edictum Juliani contra philosophos christianos. Hal. 1702, in-4.

Gottl. Fr. *Gudii* Diss. de artibus. Juliani apostatæ paganam superstitionem instaurandi. Jen. 1739, in-4.

Hiller, de Syncretismo Juliani, viteb. 1739, in-4.

Aug. *Neander*, Sur l'empereur Julien et son siècle. Leips. 1812, in-8. (All.)

(4) Sallustii philosophi de diis et mundo, lib. gr. et lat. ed. Gabr. *Naudæus*. Rom. 1638, in-12; et Lugd. 1638. Id. dans les Opusc. Myth. de *Gale*, p. 237, sqq., emendatius edidit

ensuite l'éclectique *Thémiscius* de Paphlagonie (1), (§ 183), lequel enseignait à Nicomédie et à Constantinople ; le commentateur et abréviateur *Macrobe* (2); les éclectiques *Hieroclès* et *Olympiodore*, qui enseignaient à Alexandrie (3) (v. le § suiv.), et le disciple d'Hieroclès, *Énée* de Gaza (§ 224). Depuis la fin du ive siècle, Athènes devint le principal siége de la nouvelle philosophie; là elle fut professée par *Plutarque* d'Athènes, fils de Nestorius (4), et surnommé le Grand, par *Syrianus* d'Alexandrie, son disciple et son successeur, qui présenta la philosophie d'Aristote comme une préparation à celle de Platon (5), par *Proclus* (v. § suiv.), et *Hermias* d'Alexandrie, disciple de Syrianus.

Proclus.

§ 219.

Marini vita Procli gr. et lat. ed. J. A. *Fabricius*. Hamb. 1700, in-4; ed. Jo. Fr. Boissonade. Lips. 1814, in-8.

Procli in Theologiam Platonis lib. iv una cum Marini

Lucæ Holstenii et Thomæ *Galei* annotationibus integris, Formeii autem selectis aliorumque, etc., illustr. Jo. Conr. *Orellius*. Turici, 1821, in-8.

(1) Dans la seconde moitié du ive siècle.
(2) Aurelius, Macrobius, Ambrosius, Theodosius, florissaient vers 409.
(3) Au ve siècle.
(4) 350—430 après J.-C.
(5) Mort vers 450 après J.-C.

vita Procli et Procli instit. Theol. gr. et lat. ed. Æmil. *Portus*. Hamb. 1618, in-fol. ed. Fabricius 1704, in-4.

Ejusdem commentariorum in Platonis Timæum lib. v. Bas. 1534, in-fol.

Commentaire sur l'Alcibiade de Platon, par Proclus. Deux parties de cet ouvrage, savoir : De anima ac dæmone; et de sacrificiis et magia, furent publiées par Ficin, en latin. Ven. 1497, in-fol., et plusieurs fois depuis; une autre partie περὶ ἐνώσεως καὶ κάλλους a été donnée d'après les MS. par *Creuzer*. La dissertation sur Plotin y est jointe (§ 203.).

Procli philosophi platonici opera e codd. Mss. bibl. reg. Paris. Nun primum edid. Victor *Cousin* t. I-V. Paris, 1819-24, in-8.

Initia philosophiæ ac theologiæ ex platonicis fontibus ductæ sive Procli Diadochi et Olympiodori in Platonis Alcibiadem Commentarii. Ex codd. Mss. nunc primum græce ed. Fr. *Creuzer*, P. I, II. Francof. 1920-1821.

De Burigny, Vie du philosophe Proclus et notice d'un Ms. contenant quelques-uns de ses ouvrages qui n'ont point encore été imprimés; dans les mém. de l'Acad. des Inscr. t. XXXI.

Cette philosophie reprit un nouvel essor par les travaux de *Proclus*, surnommé Διάδοχος, né à Constantinople, en 412. Sa jeunesse ardente et portée à l'enthousiasme religieux, fut d'abord cultivée à Xanthe, ville consacrée à Apollon et à Minerve, d'où ses parens étaient originaires. Il passa ensuite à Alexandrie où enseignait Olympiodore, puis à Athènes où les leçons de Plutarque, de sa fille Asclepigénie et de Syrianus (§ 217), son successeur, l'instruisirent dans la philosophie d'Aristote et de Platon; enfin pendant ses voyages, il se fit initier dans tous les mystères et dans tous les secrets de la théurgie. Il devint ainsi un philosophe, c'est-à-dire, selon ses idées, un prêtre de l'univers (1), d'une grande érudition, subtil, minutieux, qui ne savait pas contenir par la force de la pensée la masse de ses connaissances. Il regardait les poèmes orphiques et les oracles chaldéens (§ 71), qu'il avait soigneusement étudiés, comme une révélation divine, et comme pouvant devenir la source de la philosophie, au moyen d'une explication allégorique qu'il employait aussi pour concilier Platon et Aristote (2). Il se considérait lui-même comme le dernier anneau de la chaîne hermétique, σεῖρα ἑρμαϊκή, c'est-à-dire de la série d'hommes consacrés par Hermès en qui s'était perpétuée, par un héritage constant, la sagesse occulte des mystères. (3). Au-dessus de la science il place aussi la foi, πίστις, comme formant l'union la plus complète avec le Bien et l'Unité (4).

§ 220.

Son Esquisse de la théologie contient un commen-

----

(1) Marini vita Procli, p. 47.

(2) Marin., p. 53—67. Procli theol. Plat. 1, 5. Comment. in Tim. v, p. 291.

(3) Marini V. Procli, p. 76. Photius Cod. 242.

(4) Theologia Plat. 1, 25—29.

taire sur les doctrines de Plotin, et l'essai d'une démonstration de ce point, qu'il n'y a qu'un seul principe réel des choses, et que ce principe est l'Unité, laquelle produit toutes choses par triades (παράγειν, πρόοδος). Cette démonstration se fonde sur la confusion des principes abstraits et logiques avec les principes actifs et réels. Les idées dominantes dans cette démonstration sont celles d'unité, de dualité, de limitation, πέρας, d'illimité, ἀπειρία, de mélange, ce qui est composé de deux élémens, qui comprend l'être, c'est-à-dire la vie et la pensée, νοῦς (1). Il divisait les divinités en intelligibles et intellectuelles, surnaturelles et naturelles ; il supposait au nom de l'être divin une vertu surnaturelle, et élevait, comme ses devanciers, la théurgie au-dessus de la philosophie (2). Proclus combattit aussi les chrétiens : ce qui le choquait particulièrement dans leur doctrine, c'était l'idée d'une origine du monde (3). Dans ses trois traités sur la Providence, le destin et le mal (4), où il soutient que ce dernier ne vient pas de la matière, mais de la limitation des forces, il développe habilement cette idée,

---

(1) Institutio theologica, Theologia Platonis, l. III.
(2) In Timæum, p. 291—299. Theol. Plat. 1, 25—29.
(3) Plocli XXII argumenta adversus christianos, dans l'ouvrage de Philoponus, de œternitate mundi contra Proclum. ed. Trincavelli, gr. 1535, in-fol., lat. Lugd. Bat. 1557.
(4) Voyez des extraits d'une traduction latine dans *Fabricius*, Bibl. gr., t. VII et VIII.

tion des forces, il développe habilement cette idée, et tâche d'accorder le système de Plotin avec les croyances de la saine raison.

§ 221.

Proclus qui mourut en 485, avec une réputation de sagesse, et même de puissance miraculeuse presque divine, eut une foule de disciples, parmi lesquels on compte aussi des femmes, telles que *Hypatie* (1); *Sosipatra*, *Aedesie*, *Asclépigenie* ; ces disciples très-inégaux entre eux pour le talent, et d'opinions très-diverses, furent la plupart assez indifférens pour la philosophie poétique de leur école. On compte parmi les principaux, *Marinus*, de Flavia Neapolis (Sichem), qui succéda à Proclus dans l'enseignement à Athènes, et composa sa biographie (v. § 219), mais qui plus tard s'écarta de sa doctrine dans l'interprétation de Platon ; ensuite *Isidore* de Gaza, qui remplaça Marinus à Athènes, puis alla à Alexandrie, esprit enthousiaste sans aucune originalité, et *Zénodote*, successeur de ce dernier dans ce qu'on appelle la *Chaîne d'or*; plus tard *Heliodore* et *Ammonius*, tous deux fils d'Hermias d'Alexandrie (§ 218); le second donna des leçons dans cette ville ; les Égyptiens *Heraisque*

---

(1) Jo. Chph. *Wernsdorf*, Diss. iv. de Hypatia, philosopha Alexandrina. Viteb. 1747—1748 ; et Jo. Chph. Wolf, fragmenta et elogia mulierum græcarum.

et *Asclépiade*, *Asclépiodote*, *Sévérien*, *Hégias* et *Ulpien* : à cette époque appartient aussi le compilateur Jean *Stobée* (1). Le dernier qui enseigna dans l'Académie d'Athènes la philosophie néoplatonicienne fut *Damascius* de Damas (2), disciple d'Ammonius fils d'Hermias, de Marinus, d'Isidore et de Zénodote. Il alliait une certaine clarté d'esprit à une imagination enthousiaste : mécontent de la manière dont Plotin avait subdivisé l'unité première en plusieurs unités subordonnées (la trinité des trinités, ou *l'enneade*), il chercha à tout ramener à l'unité, entrevit l'impossibilité de concevoir une idée du principe absolu des choses, et soutint que l'intelligible et l'absolu ne peut pas être saisi en soi par la pensée humaine, mais seulement à l'aide d'analogies, de symboles, et d'une décomposition en plusieurs notions partielles. Parmi ses disciples et ceux d'Ammonius se distingue le célèbre commentateur d'Aristote, *Simplicius* de Cilicie (3); qui s'efforça, ainsi que ses devanciers, de

---

(1) Joh. Stobaeus de Stobi, en Macédoine, florissait dans le VIe siècle. Voyez, pour son recueil, § 81.

(2) Fragmens de son traité : Ἀπορίαι καὶ λύσεις περὶ ἀρχῶν dans les Anecd. Gr. de Wolf, t. III, p. 195 sq. Fragmens d'une Biographie des philosophes, par Damascius (ces fragmens sont relatifs à Isidore de Gaza), dans Photius, Cod. 142 et 118.

(3) Il florissait vers le milieu du VIe siècle.

Jo. Gottl. *Buhle*, De Simplicii vita, ingenio et meritis. *Gœtt. Anzeige*, 1786, p. 1977. Les Commentaires de Sim-

concilier Platon avec Aristote. Un décret rigoureux de l'empereur Justinien, ordonnant la clôture des écoles des philosophes payens (1), obligea Damascius, ainsi qu'Isidore, Simplicius et d'autres, de se réfugier en Perse auprès du roi Chosroes. Il est vrai qu'ils revinrent en 533, mais on vit de jour en jour décliner l'ardeur que cette philosophie avait si long-temps inspirée dans des contrées si diverses, et qui même avait insensiblement passé dans les idées habituelles des philosophes chrétiens.

Philosophie des Pères de l'Église.

§ 222.

Joh. Aug. *Eberhard*, Esprit du christianisme primitif. Halle, 1807-8, 3 vol. in-8 (all.).

Fried. *Koppen*, Philosophie du christianisme, 2 parties. Leips. 1813-15, in-8 (all.).

Joh. Wilh. *Schmid*, Sur l'esprit de la morale de Jésus et de ses apôtres. Jen. 1790, in-8 (all.).

Jo. Ludw. *Ewald*, Esprit et tendance de la morale chrétienne. Tüb. 1801, in-8 (all.).

---

plicius In Arist. categorias, in physica, in libros de cœlo, de anima, furent publiés à Venise dans le xv° et le xvi° siècles. *Schweighaeuser* a donné son Commentaire sur l'Enchiridion d'Épictète : Monum. Epict. philos., t. iv.

1) En 529.

Chr. Friedr. *Rossler*, Dissert. sur la philosophie de la primitive église chrétienne, dans le t. iv de sa Bibliothèque des Pères. Voyez aussi son ouvrage : de originibus philosophiæ ecclesiasticæ. Tubing. 1781, in-4 (all.).

Joh. Ge. *Rosenmüller*, De christianæ theologiæ origine. Lips. 1786, in-8.

Marheinecke, Sur l'origine et le développement de l'orthodoxie et de l'hétérodoxie, dans les trois premiers siècles du christianisme, *Studien*, t. III, Heidelb. 1807-8, (all.).

C. W. F. *Walch*, Plan d'une histoire complète des hérésies, 11 vol. Lips. 1762-85, in-8 (all.).

C. Ch. Fr. *Schmid*, Progr. de ignavia errorum in religionis christianæ disciplina vulgarium principe causa. Ien. 1698, in-4.

Wilh *Münscher*, Manuel de l'histoire des dogmes chrétiens, 1 et 2 vol., 2ᵉ édit. Marb. 1802-1804; 3 et 4 vol. 1802-9, in-8 (all.); 3ᵉ éd. 1817, sqq.

La religion chrétienne gagna de proche en proche des adhérens et des admirateurs parmi les diverses nations, et ces nouveaux adeptes lui vinrent préoccupés d'idées et de besoins divers, et en partie déjà formés par la philosophie. La connaissance que plusieurs de ses docteurs avaient acquise antérieurement des systèmes de la Grèce, la nécessité de défendre le christianisme, contre les attaques des philosophes payens, enfin le besoin de donner à ses doctrines plus de développement, de les asseoir et de les fixer solidement, et de mettre de l'unité dans les solutions que provoquaient de jour en jour des questions nouvelles, amenèrent à la longue une sorte de philosophie propre au christianisme, qui prit successivement diverses formes, quant aux points de vue, aux principes et aux buts qu'elle se proposa. Par là une partie de la philosophie grecque passa dans les ouvrages des Pères de l'Église, comme pour servir un jour au réveil de l'esprit de recherche indépendante.

223.

La religion chrétienne, par sa simplicité, par son alliance intime avec la morale, et par l'esprit à la fois sévère et humain de son culte, était constituée pour devenir une religion universelle. Ceux qui l'enseignèrent la considéraient comme une doctrine toute divine et révélée; ils se fondaient sur la grandeur morale et la divinité de son auteur. Dans cette vue ils opposèrent ses vérités à celles que l'on avait obtenues par la raison. Ce que la raison humaine avait si long-temps cherché en vain, parut enfin trouvé, et le scandaleux divorce de la science et du devoir sembla pour toujours terminé par la religion chrétienne. Mais en même temps cette même idée de l'origine céleste de la religion donna lieu à diverses questions: on demanda par quelle voie une révélation peut fonder la croyance, à quoi on peut reconnaître qu'une doctrine est divine, et quel est son véritable sens.

§ 224.

Beaucoup de Pères de l'Église, mais pour la plupart grecs, considérèrent la philosophie comme étant d'accord avec la religion chrétienne, du moins en partie, attendu que l'une et l'autre découlent d'une source commune. Cette source de la vérité dans la philosophie payenne est, selon *St. Justin* le martyre (§ 226), la révélation intérieure par le λόγος et la tradition (1); selon *St. Clément* (2) (§ 226) et d'autres Alexandrins, c'est la tradition écrite dans les livres des Juifs (3); selon *St. Augustin* (§ 232), c'est la transmission orale (4). Aux yeux de tous ces Pères, la philosophie était sinon nécessaire, du moins utile pour l'apologie, la défense et l'affermissement de la doctrine chrétienne.

§ 225.

D'autres Pères de l'Église, et en particulier quel-

___

(1) Apolog. II, p. 50—51—83.

(2) Jo. Aug. *Neander*, De fidei gnoseosque idea, et ea qua ad se invicem et philosophiam referuntur ratione secundum mentem Clementis Alexandrini. Heidelb. 1811, in-8.

(3) Justini Cohortatio ad Græcos. Clemens Alexandrinus, Strom. I, p. 298—312. Euseb. Præp. Evang. XIII, 12—13.

(4) Aug. De civit. Dei VII, 11.

ques Latins, comme *Tertulien* (1), *Arnobe* (2) et son disciple *Lactance* (3), surnommé le Cicéron chrétien, jugèrent la philosophie une étude superflue, stérile et décevante, opposée au christianisme, éloignant l'homme de Dieu, même une invention du démon, et une source d'hérésies (4).

§ 226.

L'opinion favorable à la philosophie prit insensiblement le dessus, et il en résulta que les Pères de l'Église firent un usage éclectique de la philosophie

---

(1) De Carthage, devenu chrétien vers 185, m. 220.

(2) Il enseignait l'éloquence à Sicca, et mourut vers 326.

(3) L. Cœlius Lactantius Firmianus, maître d'éloquence à Nicomédie, m. vers 330.

(4) Ern. Sal. *Cypriani* Diatribe academica, qua expenditur illud Tertulliani: Hæreticorum patriarchæ philosophi. Helmst. 1699, in-4.

Ad. *Rechenbergeri* Diss. an hæreticorum patriarchæ philosophi. Lips. 1705, in-4.

Chr. Gottfr. *Schütz*, Progr. de regula fidei apud Tertullianum. Jen. 1781, in-4.

E. W. P. *Ammon*, Cœlii Lactantii Firmiani opiniones de religione in systema redactæ. Erl. 1820, in-8.

Tertullian. Apologia, c. 47. De præscript. Hæres., c. 7. Adv. Marcion. v, 19. Lactant. div. instit. IV, 2. Passim. de falsa sap. L III, c. 1, § 10 sec. Clem. Alex. Strom. I, p. 278 — 309. VII, p. 755. Basilius adv. Eunomium. 1, Chrysostom. Homilia in Mathæum.

grecque (1). Aussi Julien, en prononçant contre les Chrétiens l'interdiction des études et de la philosophie grecque, pensait-il ne pouvoir imaginer un plus puissant moyen de nuire à leur religion. Néanmoins, toutes les écoles philosophiques de la Grèce n'obtenaient pas parmi les Pères de l'Église une égale considération. On fit peu de cas de celles d'Épicure, des Stoïciens et des Péripatéticiens, à cause de la manière négative, ou équivoque, ou contraire au christianisme, dont elles se prononcent sur l'existence de Dieu, la providence et l'immortalité de l'âme. L'école platonique, au contraire, par l'affinité de ses doctrines avec celles des Juifs et des Chrétiens, obtint une haute estime (2). Les premiers Pères de l'Église appartenaient même à l'école d'Alexandrie (3). *St. Justin* le martyr affirmait que le λόγος,

---

(1) Clem. Alex. Strom. 1, p. 288. Lactant. Div. inst. VII. Augustin. de doctr. christ. II, 11—39.

(2) Voyez l'ouvrage de Stæudlin cité ci-dessus § 135.

(3) *Souverain*, le platonisme dévoilé, ou Essai touchant le verbe platonicien. Cologne. 1700, in-8. Trad. en all. avec une préface et des remarques par Jos. Fr. *Lœffler*, 2ᵉ édit. Züllich et Freystadt, 1792, in-8.

Baltus, Défense des saints pères, accusés de platonisme. Paris, 1711, in-4.

J. Laur. *Mosheim*, Comment. de turbata per recentiores Platonicos ecclesia. In diss. Hist. Eccl., t. 1, p. 85.

J. A. *Cramer*, De l'influence de l'école d'Alexandrie sur les destinées de la religion chrétienne, dans sa continuation de Bossuet, II, 268 (all.).

avant son incarnation, s'était révélé aux sages du paganisme (1); *St. Clément* d'Alexandrie répandit la même idée, et considéra la philosophie payenne comme une préparation au christianisme. Parmi ceux qui trouvaient chez les Platoniciens beaucoup de vérités en harmonie avec la religion chrétienne, nous citerons encore les apologistes *Athénagore* d'Athènes, et *Tatien* de Syrie (2); le disciple de *St. Clément* et l'adversaire de Celsus (3), *St. Origène* d'Alexandrie (4), qui, ainsi que son maître, faisait consister la félicité dans la contemplation de Dieu, θεωρία, comme de l'intelligence pure et absolue, et qui faisait une différence entre la doctrine populaire et cette même doctrine développée chez les savans (5); ce qui l'a fait considérer par quelques-uns comme l'auteur de la philosophie du christianisme (6); enfin *Syne-*

Cas. Aug. Theoph. *Kiel*, Exercitationes de doctoribus veteris ecclesiæ culpâ corruptæ per Platonicas sententias theologiæ liberandis. Lips. 1793 seq., 4. Comment. I—XIV.

Henr. Nic. *Clausen*, Apologetæ eccl. christianæ Ante-Theodosiani Platonis ejusque philosophiæ arbitri. Hafn. 1817.

(1) Né payen à Flavia Neapolis en Palestine, en 89 après J.-C., mort chrétien en 165. Apol. II, p. 83.

(2) Mort vers 218.

(3) Tous deux florissaient vers 170.

(4) Né en 185, mort en 253.

(5) Περὶ ἀρχῶν, lib. I, 1.

(6) Ibid. præf., § 3.

sius de Cyrène (§ 230), disciple d'Hypatie; *Enée* de Gaza (1), et même *St. Augustin* (§ 232). L'Église finit aussi par se réconcilier insensiblement avec Aristote, surtout lorsque les débats avec l'Arianisme eurent fait sentir le besoin d'une plus grande subtilité dans l'art des distinctions et de la dialectique. Nemesius, évêque d'Émèse (2), suivit ce philosophe dans son traité anthropologique (3) (§ 230), et le romain *Boèce* (§ 234), traduisit et commenta plusieurs de ses ouvrages sur la logique (§ 235).

§ 227.

La philosophie fut employée d'abord comme moyen de recommandation et de défense en faveur de la doctrine chrétienne auprès des Grecs qui avaient de l'instruction; puis on l'appliqua à la réfutation des hérésies, enfin on la fit servir à développer, à préciser et à étendre l'enseignement de l'Église, particulièrement les points relatifs à la foi. Dans tous ces changemens, le rapport de la philosophie à la théologie resta le même, c'est-à-dire que celle-ci fut toujours regardée au fond comme source de connaissance, comme la plus haute philosophie et la seule

---

(1) Florissait vers 410.
(2) Florissait vers 380.
(3) Περὶ φύσεως ἀνθρώπου, ed. Ch. Fr. Matthæi. Lips. 1802, in-8.

vraie : l'autre, au contraire, comme une servante aux ordres de la théologie, et comme une science toute mondaine, *scientia mundana* (1). La dialectique fut exclusivement à l'usage de la polémique.

§ 228.

La doctrine dominante des Pères est donc un supernaturalisme plus ou moins mêlé de rationalisme. Le point de vue surnaturel ne cessa de prédominer chaque jour davantage par l'effet des combats qu'il fallait livrer aux hérétiques, qui plaçaient en partie la raison à côté de la révélation, et du zèle que déployaient des instituteurs chrétiens pour écarter du texte des révélations divines toute intervention de l'esprit humain et de ses caprices, enfin pour conserver la foi dans son unité et sa pureté. La révélation fut considérée non-seulement comme la source unique des croyances chrétiennes, mais en général comme la source de toute connaissance spéculative et pratique. Comme règle de l'enseignement, on établit une formule de foi, *regula fidei*, qui reposa également sur une révélation ou tradition transmise oralement. On alla plus loin encore : la foi même et la résolution vertueuse

---

(1) Tertull. de præscript. hæret., c. 7. Lactant. div. instit. 1, 1, v, III, 1. Salvianus de gubernat. dei, præfat. Euseb. præp. evang. IV, 22. Damasceni dialectice, c. 1 ; sq. Didymus in Damasceni parallelis, p. 685.

d'aimer comme il convient Dieu et son prochain, sont aussi, d'après la même vue, un effet de la grâce divine ; car l'esprit humain, depuis la chute de l'homme, est devenu incapable de connaître par lui-même la vérité, et de s'élever à la vertu (Passivité de la raison).

Remarque. Les travaux des pères dans l'examen de questions de détail en matière de science religieuse ; (car il était moins question de discuter les grands principes fondamentaux), appartiennent sans doute à l'histoire du dogme, à cause du point de vue spécial du supernaturalisme, et des nombreux rapports que présentent ces questions avec les croyances positives de l'église chrétienne. Toutefois une revue des questions philosophiques qui s'y rencontrent, et une esquisse du système d'Augustin, nous semble nécessaires pour l'intelligence des époques suivantes.

§ 229.

Chr. Fried. *Rosler*, Philosophia veteris ecclesiæ de deo. Tubing. 1782, in-4. *Le même* : Progr. philosophiæ veteris ecclesiæ de spiritu et de mundo. Ibid. 1783, in-4.

Alb. Chr. *Roth*, (præs. Jo. Ben. *Carpzov*) trinitas platonica. Lips. 1693, in-4.

Jo. Wilh. *Jani* Diss. (præs. J. G. *Neumann*) trinitas Platonismi vere et falso suspecta. Vitéb. 1708, in-4.

Dieu, le rapport de Dieu au monde et de l'homme à Dieu, sont les principaux objets des méditations des Pères, et l'on y observe une intention marquée de s'adresser à la conviction rationnelle et de l'éclairer.

I. *Dieu.* — Il y a une triple manière de connaître Dieu : par son image, par la nature extérieure, et par une révélation extérieure immédiate. On trouve chez les Pères la preuve physicothéologique, cosmologique (1) et ontologique (2) de l'existence de Dieu, quoiqu'ils en fassent, en général, un point de foi plutôt que de connaissance. L'essence de Dieu est inaccessible à la raison (3), du moins n'est-elle pas apperceptible au moyen de nos idées, en admettant qu'elle le soit par l'intuition mystique (4). Quelques Pères se prononcent à cet égard moins formellement, et admettent l'usage des idées et de l'intelligence. La plupart des docteurs, dans l'origine, se représentaient Dieu dans l'espace et dans le temps comme un être corporel (5); mais ils épurèrent progressivement cette notion et l'amenèrent à l'immatérialité, ou du moins à une extension infinie dans l'espace (6). Ils réfléchirent plus profondément que les philosophes payens sur les pro-

―――――――――

(1) Greg. Naz. Orat. xxxiv, opp. ed. Colon. 1690, t. 1, p. 559. Joh. Damascenus de fide orthod., l. 1, 3.

(2) August. de libero arbitrio ii, 5—15. Voyez aussi sur la preuve morale de trin., l. viii, 3; et de genesi ad litt., l. viii, c. 14.

(3) Damascen. de f. o. 1, 4.
(4) Dionys. Areop. ep. 5; et de mystica theol., c. 4 sq.
(5) Tertull. adv. Prax., c. 7. Arnob. adv. gent., l. 1, p. 17.
(6) Augustin. de div. Q. xx, ep. 57.

priétés de Dieu, mais sans pouvoir éviter pourtant tout reproche d'inconséquence. La doctrine de la Trinité les occupa surtout comme dogme révélé, néanmoins St. Augustin fit un essai pour lui donner un fondement rationnel (1).

§ 230.

II. *Rapports de Dieu au monde.* — Les Pères soutiennent, contre les Manichéens et les Gnostiques, la doctrine biblique du monde créé par la volonté de Dieu et tiré du néant. De là cette question : la création s'est-elle faite dans le temps? ce que soutiennent St. Athanase, Methodius, St. Augustin; où de toute éternité? comme pensent St. Clément d'Alexandrie et Origène; (2) et dans quel but a-t-elle eu lieu? Les Pères admettent une Providence générale et particulière (3), et l'entretien et le gouvernement du monde par le ministère des anges (4); quelques-uns sans ce ministère (5). Ils combattent la fatalité des astrologues et des stoïciens (6), afin de sauver la liberté de

---

(1) De trinit. VI, 10 sq.
(2) Περὶ ἀρχῶν, III, 5.
(3) Lactant. de ira dei, c. 30, Nemesius de nat. hom., c. 42, 44.
(4) Justin le martyr, Athénagore, Tertullien, Augustin; Jean Damascène.
(5) Nemesius, l. l.
(6) Nemes. 68—34. Augustin. de civ. Dei. V, 9.

l'homme, et cette opposition va quelquefois jusqu'à donner au monde une condition contingente et fortuite (1). Ils s'attachent à concilier l'omniscience divine avec la liberté de l'homme (2), et discutent l'origine du mal physique et moral ; la plupart enseignent qu'il est nécessaire (3), et qu'il ne s'est produit ni par l'ordre ni sans l'ordre de Dieu, c'est-à-dire qu'il a été seulement permis. Ils le font provenir en partie de la liberté humaine, en partie aussi de l'influence des mauvais esprits (4). — Il existe des esprits, c'est-à-dire des êtres spirituels pourvus d'un corps subtil (5), qui assistent la divinité dans le gouvernement du monde. Sur l'origine des mauvais anges, on trouve des idées superstitieuses et extravagantes dans Denys l'Aréopagite (6) et Psellus (7). — *Anthropologie.* L'homme est-il composé de deux ou trois parties essentielles, le corps, l'âme et l'esprit, comme le prétendait St. Justin et les Pères qui lui succédèrent immédiatement, tous attachés au néoplatonisme ? L'âme humaine fut d'abord conçue plutôt comme corporelle, ensuite et toujours les Pères platoniciens, et de

---

(1) Nemesius, l. l., c. 38.
(2) Augustin., l. l.
(3) Par exemple Lactant. div. instit. II, 8—12. V, 7.
(4) Du démon. Tertullien. Augustin. Voyez ci-dessous § 232.
(5) Orig. Περὶ ἀρχ. 1, Jo. Damasc. de f. o. II, 3.
(6) Hierarchie céleste.
(7) De dæmonibus.

plus Némésius et St. Augustin (1) la conçurent comme spirituelle. Quant à l'origine des âmes, on les prétendit créées tantôt immédiatement, tantôt médiatement (création perpétuelle des âmes, ou préexistence des âmes). L'immortalité parut aux uns une propriété inséparable de l'âme (St. Augustin), aux autres un don particulier de Dieu (St. Justin, Arnobe), donné soit à tous les hommes, soit à quelques-uns, les élus.

Barbeyrac, Traité de la morale des pères de l'Église Amst. 1728, in-4. *Le même* : dans son introduction à sa traduction du droit naturel de Puffendorf.

Ceillier, Apologie de la morale des pères de l'Église. Par. 1718, in-4.

(*Baltus*,) Jugemens des SS. pères sur la morale de la philosophie payenne. Strasb. 1719, in-4.

Jo. Dav. *Michaelis*, Morale, 2ᵉ partie. Gotting. 1792, in-8 (all.).

Car. Fred. *Staudlin*, Progr. de Patrum ecclesiæ doctrina morali. Gott. 1796. *Le même*, Hist. de la morale chrétienne. Ibid. 1799, in-8 (all.).

Essai d'une histoire de la morale, de l'Ascétisme et du mysticisme chrétien, où l'on traite particulièrement de tous les ouvrages écrits sur ces matières. T. 1. Dortmund, 1798, in-8 (all.).

---

(1) August. de quantitate animæ, c. 1; et al. Claudianus Mamertinus, prêtre à Vienne en Gaule vers 470, composa un traité de statu animæ, lib. III; ed. Pet. Mosellanus, Bas. 1520, in-4. Plus tard ed. Cas. Barth. Cygn. 1655, in-8.

§ 231.

III. *Morale ou rapport de l'homme à Dieu.* — La morale des Pères de l'Église manque, dans son ensemble, de formes et de principes scientifiques; elle n'offre point les caractères et la liaison d'un véritable système : dans le détail de ses préceptes elle est forte et sévère, et élève l'homme vers la sphère supérieure aux sens. Son principe est la volonté de Dieu, soit subjectivement soit objectivement, et du côté de l'homme, l'obéissance à cette volonté. Les moyens qui la font connaître sont la Bible et la raison : à une époque postérieure cette dernière fut subordonnée à l'autre. Dieu exige l'accomplissement de sa volonté, selon les uns en vertu de sa puissance absolue (1), selon d'autres, en vue du salut éternel et de la félicité des hommes (2). Selon une troisième opinion, Dieu est en même temps le souverain législateur et le souverain bien, le but où doivent tendre les êtres raisonnables. La volonté de s'unir à lui produit la vie bien-heureuse (3). Vient ensuite la doctrine, imparfaite dans le sens théorique, des devoirs, des droits et de la vertu. La sincérité, l'amour désintéressé de l'humanité, la patience, la chasteté sont les principales vertus

---

(1) Tertull. de pœnitentia, c. 4.
(2) Lactant. institut. divin., l. III, c. 11 sq.
(3) Augustin. de libero arbitrio, 1, 6. II, 19.

dont les Pères font le sujet de leurs éloges; ils portent souvent les trois dernières à une rigueur exagérée, dans ce qui regarde la guerre, l'honneur et les divertissemens. La liberté est admise par les Pères comme la condition subjective de l'acte moral, mais elle fut successivement restreinte et presque effacée ensuite par un développement plus conséquent du système supernaturaliste, par les dogmes de la chute de l'homme, de l'héritage du péché, de la grâce et de la prédestination (§ 232, 253). Enfin cette morale, rapportée à un but de sainteté négative ou purification de tout péché, fut transformée en une pratique sanctifiante et en un pur mysticisme ascétique.

§ 232.

Augustini confessiones et retractationes. Opp. t. 1.
Possidii Vita Augustini ed. Jo. *Salinas.* Rome, 1731, in-8. Dans les Acta sanctor. t. v, p. 213, sqq. et dans l'édition des œuvres de St. Augustin par les Bénédictins. Paris, 1677-1700, 11 vol. in-fol., 1700-3, 12 vol. in-fol.

St. Augustin (1) fut l'un des plus grands esprits entre les Pères de l'église latine. Après avoir étudié la philosophie des écoles, et être devenu un ardent Manichéen, il fut ramené à la foi orthodoxe par la puissante éloquence de St. Ambroise à Milan (en 387),

---

(1) Aurelius Augustinus, né à Tagaste en Afrique l'an 354, mort en 430.

et depuis 405 il fut évêque d'Hippone, prédicateur plein de zèle, antagoniste des hérétiques et fécond écrivain. Il fit usage de son instruction philosophique, de son talent étendu et flexible pour donner au dogme chrétien la forme scientifique, et il établit un système rationnel de doctrine religieuse, dans lequel le néoplatonisme et le christianisme étaient habilement associés. Selon ce système, Dieu est l'être le plus élevé et le plus parfait, et comme tel il existe nécessairement (§ 229); il est le créateur du monde (§ 230), l'éternelle vérité et la loi éternelle de toute justice, dont l'homme trouve les idées innées dans sa raison, ou sa faculté d'intuition supérieure aux sens (1); Dieu, enfin, est le bien le plus précieux du monde spirituel, auquel nous tendons à nous rattacher (*religio*) (2). Dieu a appelé tous les êtres raisonnables au bonheur par la vertu, et leur a donné, pour y parvenir, la raison et le libre arbitre (§ 231). C'est dans la volonté que réside, comme causalité absolue, le principe premier du bon ou mauvais usage de la liberté; par lequel l'être raisonnable s'attache à Dieu ou s'en éloigne, se rend digne ou indigne de la félicité. Le vice moral est une privation, et n'a point de cause positive. Les méchans appartiennent nécessairement à l'ensemble de l'univers qui est parfait; car cet ensemble exigeait que tous les êtres possibles,

---

(1) De quantit. an. c. 20.
(2) De civit. Dei x, 3. De vera relig., c. 55.

à tous les degrés possibles, fussent produits (1). Telle est la théodicée de St. Augustin. Dans un âge plus avancé, il abandonna ces idées pour un autre système, dans lequel il soutenait que depuis le péché originel, l'homme a perdu l'immortalité, et la liberté de s'abstenir du péché, mais qu'il a conservé la liberté de le commettre, que par conséquent c'est Dieu qui produit immédiatement la volonté de bien faire, et qu'il accorde ou refuse cette grâce à qui il lui plaît, et de son propre mouvement (élection absolue ou prédestination); enfin, que la persévérance dans le bien est particulièrement un effet de la grâce, à laquelle l'homme ne peut résister (2). Il fut amené à ce système contraire à la nature de l'ordre moral, en s'attachant strictement aux termes de la Bible dans sa dispute avec Pélage, moine de la Bretagne, qui vint d'Irlande en Afrique avec son ami Cœlestius, et qui attribuait à l'homme la libre puissance de faire le bien (3). St. Augustin exposa en outre quelques vues

---

(1) De libero arbitrio I, 14. II, 1—19—20. III, 9. lib. 3. Qu. 41.

(2) De civ. Dei XIV, 10, XV, 21. XXI, 12. XXII, 30. De nuptiis et concupiscentia II, 34. De natura et gratia. De gestis Pelagii, contra duas Epp. Pelagianorum. Contra Julianum de corruptione et gratia, de gratia et libero arbitrio, de prædestinatione sanctorum.

(3) Phil. *Marheinecke*, Dialogues sur la doctrine de St. Augustin au sujet de la liberté et de la grâce divine. Berl. 1821, in-8 (all.).

G. F. *Wigger*, Essai d'une exposition historique de l'Augustinianisme et du Pélagianisme, etc. Berlin, 1821, in-8 (all.)

originales, et souvent reproduites par la suite sur l'âme et ses facultés, sur les sens internes et externes, et les cinq degrés de l'intelligence (1).

§ 233.

Le dernier système supernaturaliste de saint Augustin devint, par l'autorité de son nom, le pivot de la science dogmatique en Occident. L'habitude de déprécier la raison, et la prétention de renfermer dans certaines limites la liberté de la pensée et de l'action, suites inévitables du supernaturalisme, furent favorisées par la destruction de l'empire romain, l'invasion des peuples barbares et la perte de l'ancienne civilisation, en même temps que ces mêmes circonstances concouraient à leur tour à l'affermissement d'un despotisme ecclésiastique. Ce fut encore un bonheur pour les siècles d'ignorance dont cette époque fut suivie, que les ouvrages des Pères de l'Église les plus éminens aient conservé et entretenu les restes de l'ancienne culture intellectuelle. Les ouvrages de St. Augustin contribuèrent beaucoup à ce bienfait; on peut y joindre à ce titre les livres de dialectique (2), qui lui ont été faussement attribués, et qui furent recommandés, au moyen âge, par l'autorité de son nom.

---

(1) De quantit. an. n. 70 sq.
(2) Principia dialecticæ. Et : Decem categoriæ, dans le t. 1 de l'édit. des Bénédictins.

§ 234.

Boèce, Cassiodore et autres éclectiques. Parmi les ouvrages qui servirent de textes aux études des siècles suivans, et d'intermédiaires entre l'ancienne instruction et la nouvelle, outre l'aride abrégé de ce qu'on appelait les sept arts libéraux, par *Marcianus Capella* (1), on distingue les écrits de deux patriciens romains du royaume ostrogothique, Boèce et Cassiodore, avec qui s'éteignirent les lettres classiques en Occident, tous deux éclectiques, et associant dans leurs opinions les doctrines de Platon et d'Aristote. *Boèce* (2) vécut à la cour du roi goth Théodoric, qui le fit décapiter sur de faux soupçons de haute-trahison. Ce fut par lui surtout que fut conservé, dans l'Occident, quelque connaissance d'Aristote. Il traduisit quelques ouvrages de ce philosophe sur la logique, et commenta la traduction que le rhéteur

---

(1) Marcianus Felix Capella, florissait vers 474. Son ouvrage intit. : Satyricon, a été souvent imprimé (Voyez Fabric. Bibl. lat., t. 1, p. 638), et en dernier lieu par J. A. *Goez.* Norimb. 1794, in-8.

(2) Anicius Manlius Torquatus Severinus Boethius, né en 470.

Gervaise, Histoire de Boèce, sénateur romain. Paris, 1715. Ses Œuvres : Basil. 1570, in-fol. De Consolatione, pub. par *Pert.* Lugd. Bat. 1671, in-8. Lips 1753, in-8. Ed. et vitam autoris adjecit. Jo. Theod. Bj. *Helfrecht.* Holf, 1797, in-8.

Victorinus avait faite de l'*Isagoge* de Porphyre, que l'on considérait toujours comme une introduction à l'étude d'Aristote. Il écrivit ensuite, dans sa prison à Pavie, son traité *De consolatione philosophiæ*, qui devint le livre de prédilection des siècles suivans. Son contemporain *Cassiodore* (1) avait aussi déposé dans ses écrits, en particulier dans son livre *De septem disciplinis*, quelques débris de la science grecque, dont les âges suivans purent profiter, et il engagea des moines à copier les anciens manuscrits. En Espagne, sous le gouvernement des Visigoths, l'archevêque de Séville, *Isidore* (*Hispalensis*), né à Carthagène, rendit un service réel aux études encyclopédiques par son utile répertoire de mots et de faits (2). En Angleterre et en Irlande, l'instruction se conserva encore plus long-temps qu'ailleurs : l'anglo-saxon *Bedè*, surnommé *le Véné-*

---

(1) Magnus Aurelius Cassiodorus, né à Squillace vers 480, mort dans un cloître en 575.

Fr. D. *de Sainte-Marthe*, La vie de Cassiodore. Paris, 1695, in-12. *Buat*, Vie de Cassiodore dans les Dissertat. de l'Acad. des Sciences de Bavière, t. 1, p. 79 (all.).

Cassiodori opera omnia op. et stud. *Garetii*. Rotomag., 1679, 2 voll. in-fol., et Venet. 1729.

(2) Il mourut en 636.

Isidori Hispalensis originum seu etymologiarum, libri xx. Aug. Vind. 1472, in-fol., c. not. Jac. *Gothofredi* in auctorib. latin, p. 811; et dans l'édit de ses Opp. ed. Jac. *Du Breul*. Paris, 1601, in-fol., col. 1617.

rable (1), y acquit une grande célébrité ; à l'aide des ouvrages que nous venons de désigner, il composa ses abrégés, dans lesquels Alcuin puisa quelque temps après. (voy. § 236 et suiv.).

§ 235.

Dans l'Orient, les ouvrages mystiques (2), faussement attribués à *Denys l'Aréopagite*, regardé comme contemporain de Jésus-Christ et des apôtres, et premier évêque d'Athènes, obtinrent beaucoup d'admirateurs, et devinrent, dans le moyen âge, une source précieuse pour les mystiques (§ 229, 230 et 246). Ils contenaient une application du platonisme et de la doctrine de l'émanation au christianisme ; on les rapporte généralement au III° ou au IV° siècle : quelques-uns, entre autres Dallæus, les placent au VI° (3). En général, dans l'empire grec, les

---

(1) Né en 673, mort en 735.

Bedae opera omnia, t. I—III. Paris, 1521 et 1544, col. 1612 et 1688. VIII voll. in-fol.

(2) De cœlesti hierarchia, de divinis nominibus, de ecclesiastica hierarchia, de mystica theologia. Ces ouvrages réunis : Dionys. Areop. opp. Gr. Bas. 1539. Ven. 1558. Paris, 1562, in-8. Gr. et lat. Paris, 1615, in-fol. Antuerp. 1634, 2 vol. in-fol. ; et avec des dissertations sur l'auteur. Paris, 1644, 2 vol. in-fol.

(3) Les recherches les plus modernes sur cette question sont : Jo. Ge. Vital. *Engelhardt*, Diss. de Dionysio Areopagita Plotinizante præmissis observationibus de historia theologiæ

belles-lettres et les études scientifiques se conservèrent plus long-temps, quoique sans vie et sans originalité, parce que la constitution de l'Église se maintint sous une forme aristocratique, et que l'usage des immortels ouvrages des Grecs n'y fut point abandonné. Là, au vi^e siècle, Jean *Stobée*, qui était attaché aux doctrines du néoplatonisme (§ 221), et plus tard, dans le ixe, le patriarche *Photius* (1) formèrent de précieuses collections et des extraits des écrivains grecs. De ce côté on donna aussi plus d'attention à Aristote : le monophysite *Jacques* d'Edesse, fit traduire en langue syriaque les traités dialectiques. L'éclectique alexandrin *Jean*, surnommé *Philoponus* (2), se distingua par ses commentaires grecs sur Aristote, dont il s'éloigne cependant sur la question de l'éternité du monde (§ 220); après lui *Jean de Damas* (3), non-seulement établit, pour la première fois en Orient, une sorte de système théologique

---

mysticæ rite tractanda, sect. I et II. Erl. 1820, in-8. L. Frid. Otto *Baumgarten-Crusius*, Progr. de Dionysio Areopagita. Jen. 1823, in-4.

(1) Né en 858, mort en 891.
Μυριοβίβλιον ed. *Hoeschel*, Aug. Vind. 1601, in-fol.
(2) Mort vers 608.
Ses Commentaires, les Analytiques pr. et post., sur la physique, la métaphysique, le de anima et autres ouvrages d'Aristote ont paru pour la plupart à Venise, dans le xvie siècle.
(3) Mort vers 754, ou bien connu plus tard sous le nom de Chrysorrhoas.

($ 229, 230$), mais entretint, par ses ouvrages (1), l'étude de la philosophie aristotélique, qui se conserva jusqu'à la chute de l'empire grec ($ 254$).

---

(1) Ἔκτισις τῆς ὀρθοδόξης πίστεος, Opera ed. *Le Quien*, Paris, 1712, 2 voll. in-fol.

SECONDE PARTIE.

DEUXIÈME PÉRIODE.

HISTOIRE DE LA PHILOSOPHIE DU MOYEN AGE OU DE LA SCHOLASTIQUE, DEPUIS LE COMMENCEMENT DU IXe SIÈCLE JUSQU'AU XVIe.

Mouvement de la raison vers la science, sous l'influence d'un principe étranger et de règles positives.

§ 236.

Dans les temps de barbarie et d'ignorance que nous allons traverser, la curiosité philosophique, qui avait dominé pendant la période précédente, ne conserva plus qu'une bien faible influence sur les esprits, et ne leur transmit qu'une légère partie de ses ressources. Parmi les rares débris de l'ancien monde intellectuel était caché le germe d'une instruction nouvelle et d'une nouvelle manière de philosopher, que l'on appelle la *Scholastique*, parce qu'elle se forma principalement dans les écoles fondées depuis le temps de Charlemagne (1). Ce grand monarque, si supérieur à son siècle, dût commencer par les ecclésiastiques son œuvre de civilisation, en établissant pour eux des écoles élémentaires, où l'on enseignait, d'après les mesquines ébauches de *Marcien Capella*, de *Cassiodore* et de *Bède*, les sept arts libéraux, ou, comme Boèce les appelle, le *Trivium* et le *Quadrivium*. Charlemagne fonda de plus une Académie attachée à sa cour, ainsi qu'une école pour l'instruction des hommes destinés aux charges publiques ; dans cette vue, il appela auprès de lui, principalement d'Angleterre, des esprits distingués. (voy. *Alcuin*, § 244). Ses successeurs donnèrent aussi leurs soins à l'établissement et à l'entretien des écoles pour les ecclésiastiques, dans les cloîtres et près des siéges épiscopaux.

§ 237.

Dans ces écoles, et plus encore dans les Universités qui se formèrent ensuite, et particulièrement dans celle de Paris, premier modèle de toutes les autres, se développa progressivement le zèle des études et une émulation d'acquérir des connaissances aussi animée que pouvaient le comporter les besoins, les lumières et la situation sociale des ecclé-

---

(1) Voyez l'ouvrage de *Launoy* ci-dessous § 243, et J. M. *Unold*, de societate litteraria a Carolo M. instituta. Jen. 1752, in-4.

siastiques, pour lesquels ces établissemens étaient principalement destinés. Là s'opéra une alliance entre la foi à la réalité objective des vérités révélées dont s'étaient composés, d'âge en âge, les dogmes de l'Église, conservés soigneusement par sa hiérarchie, et le désir de jour en jour plus vif de pénétrer jusqu'aux principes ou jusqu'à la certitude objective de ces mêmes vérités. Le moyen qu'on employa fut la logique et la métaphysique, ou la dialectique. De là naquit la philosophie scholastique, qui consiste dans l'application de la dialectique à la théologie, telle qu'elle était établie depuis St. Augustin, et dans une intime fusion de ces deux sciences.

§ 238.

On voit alors l'esprit humain sans connaissances positives, sans aucune culture préalable, vouloir saisir et s'assurer la plus haute des connaissances, celle de Dieu, et d'après une marche inverse de celle qu'avait prise la philosophie grecque, descendre de ce point si élevé pour embrasser le cercle entier de la science. Ce mouvement partait de la théologie : elle ne cessa d'en être aussi le but et le principal objet. D'abord on se proposa seulement la défense et la démonstration de certaines propositions ou dogmes isolés à l'aide des principes de l'autorité et de la raison ; on voulut ensuite établir une liaison régulière et systématique dans le recueil ou l'agrégat qui s'en était formé au hasard ; enfin on s'efforça d'étendre la sphère des connaissances que l'on possédait par une détermination plus exacte et par la combinaison des idées.

§ 239.

Déjà étaient données, quant au fond, par la révélation les hautes solutions de la science divine; ce que l'on cherchait, c'était le moyen d'y appliquer la forme de la connaissance rationnelle, la clarté et la certitude d'une science. Ce qu'on devait trouver était donc prescrit d'avance, et toute déviation hors de ces limites était châtiée par la hiérarchie; la méthode à employer, la dialectique se trouva insensiblement fixée d'une manière non moins invariable par l'habitude et ensuite par les débats sur les hérésies. Ainsi se rétrécit le cercle de l'activité intellectuelle, et se développa surtout dans les retraites séparées du commerce du monde, un esprit de subtilité et de chicane qui crut avoir trouvé de quoi satisfaire à tous les besoins de la pensée à l'aide de pures formules, et d'une sorte de jeu appliqué au maniement des idées. Le mysticisme se prêta de lui-même à l'envahissement de la dialectique.

§ 240.

La philosophie se réduisit d'abord à un squelette de logique enseigné d'après Boèce et Cassiodore, et, plus tard, d'après l'esquisse de la dialectique de Bède (§ 234), qui servit ensuite de modèle à Alcuin, enfin d'après les livres attribués à St. Augustin (§ 233). Elle prit un peu plus d'étendue lorsque l'on connut la philosophie aristotélique des Arabes à l'aide de traductions informes de l'arabe et du grec. Cette philosophie, malgré l'opposition qu'elle éprouva d'abord, ne laissa pas de faire de jour en jour des progrès, et elle devint enfin dominante par son alliance avec la théologie.

§ 241.

La durée de la philosophie scholastique ne peut être mesurée avec une précision rigoureuse. Elle commença avec le IXe siècle (1), et elle s'est en partie étendue jusqu'à nos jours : mais la restauration des études classiques et la réforme protestante lui firent perdre de plus en plus l'autorité illimitée et l'influence générale qu'elle avait acquise.

§ 242.

On peut diviser l'histoire de la philosophie scholastique en quatre époques déterminées par la marche des opinions sur la réalité des idées, et par les relations diverses de la philosophie à la théologie. *Première époque* jusqu'au XIe siècle : aveugle réalisme; essais philosophiques isolés appliqués à la théologie — *Seconde époque* de *Roscelin* jusqu'à *Alexandre de*

---

(1) On rapporte souvent le commencement de la philosophie scholastique à l'époque de Roscelin, vers la fin du XIe siècle; d'autres fois au XIIe siècle, ou bien comme Tiedemann, au commencement du XIIIe.

Hales (Alesius), au commencement du XIIIe siècle. Apparition du nominalisme. Commencement d'une manière de penser moins servile, mais bientôt comprimée par le pouvoir ecclésiastique. Victoire du réalisme. Rapprochement plus systématique entre la philosophie et la théologie. — *Troisième époque*, depuis *Alexandre* et *Albert* le grand jusqu'à *Occam*; XIIIe et XIVe siècles. Domination exclusive du réalisme; affermissement du système d'enseignement de l'Église au moyen de l'aristotélisme emprunté aux Arabes. Intime coalition de la théologie et de la philosophie. Siècle de *St. Thomas* et de *Scot*. — *Quatrième époque*, depuis *Occam* jusqu'au XVIe siècle. Lutte du nominalisme et du réalisme, dans laquelle le premier remporte des avantages partiels. Séparation progressive de la théologie et de la philosophie par le renouvellement de leurs anciens débats. Quelques autres combats accessoires sont provoqués par diverses tentatives qui sont faites pour introduire la réforme dans la philosophie et la théologie.

Remarque. Triple rapport de la philosophie à la théologie : 1° subordination de la philosophie comme *ancilla theologiæ*; 2° coordination et association de toutes deux sur le pied de l'égalité; 3° distinction et séparation entre elles.

§ 243.

Dans l'examen de cette philosophie, on doit, par une juste distinction des circonstances de temps et de lieux, ou de ce qui pouvait se faire alors d'avec ce que nous pouvons aujourd'hui, reconnaître le mérite et les travaux des esprits supérieurs sans leur imputer les défauts de leur siècle et l'aveugle routine du grand nombre : enfin, il faut savoir apprécier les bons côtés de la scholastique ainsi que ses inconvéniens. Les premiers sont : l'exercice dialectique donné à l'esprit, l'adresse et la subtilité de la pensée, le champ de la métaphysique dogmatique agrandi, une rare sagacité dans l'explication d'idées ontologiques, enfin, les efforts de plusieurs hommes de génie sous le poids de rigoureuses entraves : quant aux inconvéniens, ils consistent, d'une part, à avoir répandu un certain esprit de spéculation minutieuse et puérile, en affaiblissant le sens pratique, en fesant dédaigner les connaissances positives et négliger les sources où on eût pu les puiser, savoir : l'expérience, l'histoire, l'étude des langues; d'une autre part, à avoir amené l'empire de l'autorité et de la routine, le mauvais goût, la manie des distinctions et des divisions frivoles, en faisant oublier les hautes conditions de la science. — Conséquences ultérieures de ces longues habitudes sur la culture intellectuelle et les progrès sociaux du genre humain.

Traités généraux sur l'histoire de la scholastique.

Lud. *Vives*, De causis corruptarum artium ; dans ses œuvres. Bas. 1555, 2 vol. in-8.

Histoire de la décadence des sciences et des arts, jusqu'à leur renaissance aux XIVe et XVe siècles ; servant d'introduction à une histoire littéraire de ces deux siècles. Trad. de l'angl. Gotting. 1802, in-8 (all.).

Cæs. *Egassii Bulæi* Historia universitatis parisiensis, etc. Paris, 1665-73, 6 vol. in-fol.

J. B. L. *Crevier*, Histoire de l'université de Paris depuis son origine, etc. Paris, 1761, 7 vol. in-12.

Joh. *Launojus*, De celebrioribus scholis à Carolo M. instauratis. Par. 1672. Dans ses œuvres, et plusieurs fois réimpr. *Id.* de varia Aristotelis fortuna in Academia Parisiensi. Par. 1653, in-4; plus. édit. *Id.* ed. J. H. *ab Elswich;* accessere J. Jonsii Diss. de historia peripatetica et editoris de varia Aristotelis in scholis Protestantium fortuna schediasma. Vitemb. 1720, in-8.

Chph. *Binder*, De scholastica theologia, Tub. 1614, in-4.

Herm. *Conring*, De antiquitatibus academicis dissertt. Helmst. 1659-1673, in-4. Cura C. A. *Heumanni.* Gott. 1739, in-4.

Ad. *Tribbechovii* De doctoribus scholasticis et corrupta per eos divinarum et humanarum rerum scientia liber singularis. Giess. 1665, in-8, ed. II cum præfat. C. A. *Heumanni.* Jen. 1719, in-4.

Jac. *Thomasius*, De doctoribus scholasticis. Lips. 1676, in-4.

J. A. *Cramer*, Continuation de Bossuet, v° part. t. II et suiv. (après l'hist. littér. de la France.) (all.).

Schroeckh, Histoire ecclésiastique, partie XXII à XXXIV (all.).

Fabricii Biblioth. lat. mediæ et infr. ætatis.

Fe. *Bruckeri* De natura indole et modo philosophiæ

scholasticæ, dans son Hist. philos. cr. t. III, p. 709, et hist. de ideis p. 198.

Tiedemann, Esprit de la philosophie spéculative, IVe et V^e parties (all.).

Bühle, Manuel de l'hist. de la philosophie, t. V et VI (all.).

Tennemann, Histoire de la philosophie, t. VIII et suiv. (all.).

W. L. G. baron d'*Eberstein*, Théologie naturelle des scholastiques, avec des supplémens sur leur doctrine de la liberté, et leur idée de la vérité. Leips. 1803, in-8 (all.).

PREMIÈRE ÉPOQUE DE LA SCHOLASTIQUE.

Aveugle réalisme jusqu'au commencement du XIe siècle.

---

§ 244.

Alcuin.

Les travaux de l'esprit philosophique à cette première époque furent faibles et imparfaits; mais ils eussent pu être plus heureux sans la contrainte qu'imposait la hiérarchie. Dans cet état de choses, il n'y eut place que pour un petit nombre d'hommes distingués qui répandirent quelques lueurs douteuses parmi les ténèbres de l'ignorance, et qui posèrent les fondemens de la philosophie scholastique. A leur tête, dans l'ordre des temps, paraît l'anglais *Alcuin* ou *Albin* (1) que Charlemagne emmena d'Italie à sa cour. Ce personnage, très-savant pour son siècle, traita aussi du *trivium* et du *quadrivium* (2) (§ 240). —Son disciple *Rhabanus Maurus* (3) répandit sa dialectique en Allemagne.

§ 245.

Jean Scot.

Johannes Scotus Erigena, ou de l'origine d'une philosophie chrétienne et de sa sainte vocation, par le docteur Peder *Hjort*. Copenh. 1823, in-8 (all.).

On place dans un ordre beaucoup plus élevé *Jean Scot*, né en Irlande (de là son surnom d'*Érigène*), homme fort lettré, esprit philosophique et indépendant, dont on ignore quelles furent les ressources pour atteindre à cette supériorité. Il fut appelé d'Angleterre en France par Charles-le-Chauve, ensuite obligé de quitter cette cour par suite de persécutions pour hérésie; il passa, en 877, sur l'invitation d'Alfred-le-Grand, à Oxford, où il mourut

---

(1) Né à York en 736, mort en 804.

(2) Dans son livre De septem artibus. Voyez ses Opp. omnia de novo collecta et ed. cur. Frobenii Forster. Ratisb. 1773, 11 voll. in-foll.

(3) Né à Mayence en 776, mort archevêque de cette ville en 856.

en 886. On peut regarder comme des phénomènes singuliers pour son siècle, ses connaissances en latin et en grec (quelques-uns y joignent la langue arabe), son amour pour la philosophie d'Aristote et de Platon, sa traduction, si précieuse en Occident, de Denys l'Aréopagite (§ 235), ses opinions franches et éclairées dans les disputes de son temps sur la prédestination (1) et l'eucharistie, sa manière de considérer la philosophie comme la science des principes de toutes choses, science qui ne peut être distinguée de la religion, et son système philosophique (2), renouvelé du néoplatonisme, où domine ce principe : Dieu est la substance de toutes choses; elles découlent de la plénitude de son être, et retournent enfin à lui. Tous ces résultats si extraordinaires d'études laborieuses, et d'une pensée forte et originale eussent pu faire plus de bien, si leur influence n'eût été arrêtée par les proscriptions de l'orthodoxie.

---

(1) Voyez sur cette matière son traité De divina prædestinatione et gratia, dans la collection de Maugin. Paris, 1650. t. 1, p. 103 sqq.

(2) De divisione naturæ libri v, ed. Th. *Gale*, Oxon. 1681, in-fol. (rare). On trouve des extraits d'Erigène dans *Heumann* acta philos., t. III, p. 858; et dans *Dupin* anect. eccles., t. VII, p. 79.

§ 246.

Berenger et Lanfranc.

Oudini Diss. de vita, scriptis et doctrina Berengarii in commentatt. t. II, p. 622.

Gotthold Ephreim *Lessing*, Berengarius Turonensis. Braunschweig. 1770, in-4. Voyez mélanges d'histoire et de littérature, tirés des trésors de la biblioth. de Wolfenbudel. 5 vol. (OEuvres complètes de Lessing, t. xx) (all.).

Berengarius Turonensis, Dissert. par C. F. *Staudlin*, dans ses Archives de l'histoire ecclésiastique ancienne et moderne, (publ. avec *Tzchirner*.) t. II 1er cahier (all.). *Le même.* Progr. Annuntiatur editio libri Berengarii Turonensis adversus Lanfrancum; simul omnino de ejus scriptis agitur. Gott. 1814, in-4 (all.).

Milonis *Crispini* Vita Lanfranci, dans les Acta sanctor. ordin. Bened. sæc. VI, p. 630; et ses Opp. ed. Luc. Dacherius (d'Achery). Paris, 1648, in-fol.

Après *Gerbert*, moine à Aurillac, devenu ensuite le pape Sylvestre II (1), qui avait acquis, à Séville et à Cordoue, des connaissances peu communes dans les mathématiques et la philosophie aristotélique des Arabes, et qui les avait répandues dans les écoles ou monastères de Bobbio, Rheims, Aurillac, Tours et

---

(1) Né en Auvergne, pape en 999, mort en 1003.

Sens (1), parut *Berenger* de Tours (2), distingué par ses talens, son érudition et sa liberté de penser, par laquelle il s'attira les plus rigoureuses persécutions, au sujet de ses querelles sur la transubstantiation. Son adversaire *Lanfranc* (3) perfectionna, ainsi que le cardinal Pierre *Damien* (*Damianus*) (4), l'étude et l'usage de la dialectique appliquée à la théologie; et cet art lui donna, au jugement de ses contemporains, l'avantage sur Berenger. Au reste, ce débat, qui se ralluma par la suite entre les deux partis, ne servit qu'à resserrer plus étroitement le lien de l'autorité.

§ 247.

St. Anselme de Cantorbéry.

Anselmi Cantuariensis opp. lab. et stud. D. Gabr. *Gerberon.* Par. 1675; ed II, 1721. Venet., 1744, 2 vol. in-fol.

Eadmeri Vita S. Anselmi, dans les Acta sanctorum Antw. April. t. II p. 685, sqq. et dans l'édit. ci-dessus des œuvres de St. Anselme.

---

(1) Son traité dialectique de rationali et ratione uti, se trouve dans le Thesaur. Anecdotor. *Pezii*, t. I, 2⁰ partie, p. 146; et ses Lettres dans Duchesne, Hist. Franc. scriptt., t. II, p. 789 sq.

(2) Con. Berengarius, né vers le commencement du XI⁰ siècle, mort en 1088.

(3) Né à Pavie en 1005, mort archevêque de Cantorbery en 1089.

(4) De Ravenne, né en 1001, mort en 1072.

A. *Raineri* Istoria panegirica di. S. Anselmo. Modena, 1693-1706, 4 vol in-4; et *Ioannis Sarisberiensis* de vita Anselmi dans *Wharton* Anglia sacra. P. II, p. 149.

St. Anselme, disciple et successeur de Lanfranc, qu'il ne faut pas confondre avec le scholastique du même temps, Anselme de Laon (1), était né à Aoste en 1034; il fut prieur et abbé au monastère du Bec, et mourut en 1109, archevêque de Cantorbéry. Ce fut un second Augustin, supérieur à tous ses contemporains, par la sagacité de son esprit et ses talens en dialectique, égal aux plus éminens en vertus et en piété. En lui se manifesta vivement le besoin d'une philosophie religieuse, et il s'efforça d'y satisfaire en ramenant à une même série de raisonnemens les vérités religieuses, rédigées, pour la plupart, d'après la doctrine d'Augustin. Ce fut pour cet objet qu'il composa son *Monologium sive exemplum meditandi de ratione fidei*, dans lequel il essaie de développer systématiquement la science de Dieu et des choses divines d'après des principes rationnels, tout en présupposant la foi en avant de cette théologie naturelle; et en outre son *Proslogium*, autrement intitulé : *Fides quærens intellectum*, où il se propose de démontrer l'existence de Dieu par l'idée du très-grand (c'est-à-dire de l'Être parfait). Un moine de Marmoutier, *Gaunilon*, combattit avec habileté cette

---

(1) Mort en 1117.

preuve ontologique (1). Anselme peut être considéré comme l'inventeur de la métaphysique scholastique, par l'exemple qu'il donna le premier, bien que d'autres voies que les siennes aient été préférées, et qu'une partie de ses idées soient restées sans développement ultérieur.

§ 248.

Hildebert de Tours.

Hidelberti Turonensis opera ed. Ant. *Beaugendre.* Par. 1708, in-fol.; et dans la Bibliot. Patrum de Galland, t. XIV, p. 337 sqq.

Werner Carl Ludw. *Ziegler,* Mémoires sur l'histoire de la croyance à l'existence de Dieu dans la théologie, avec un extrait du premier système dogmatique de l'archevêque Hildebert de Tours. Gotting. 1792, in-8 (all.).

Hildebert de Lavardin, archevêque de Tours (2), et probablement disciple de Bérenger, égala St. Anselme par sa sagacité et par son habileté dialectique; il eut même sur lui l'avantage d'une clarté plus populaire, et d'une instruction plus variée. Il joignait, à la lecture des classiques et à d'autres connaissances rares, l'indépendance d'esprit, le goût et le sens pratique,

---

(1) Gaunilonis liber pro insipiente adversus Anselmi in proslogio ratiocinantem; suivi de Anselmi Apologeticus contra insipientem, dans les OEuvres ci-dessus.

(2) Né entre 1053 et 1057, mort vers 1134.

qualités qui le préservèrent des argumentations vaines et puériles. Son *Tractatus philosophicus* (1) et sa *Moralis philosophia* sont les premiers essais d'un système populaire de théologie.

DEUXIÈME ÉPOQUE DE LA SCHOLASTIQUE.

Débat du réalisme et du nominalisme, depuis Roscellin jusqu'à Alexandre de Hales.

Jac. *Thomasii* Oratio de secta nominalium; dans ses Orationes. Lips. 1683 et 86, in-8.

Chph. *Meiners*, De nominalium ac realium initiis; dans les Commentatt. Soc. Gotting., t. XII, p. 12.

Lud. Frid. Otto *Baumgarten-Crusius*, Progr. de vero scholasticorum realium et nominalium discrimine et sententia theologica. Jen. 1821, in-4.

Joh. Mart. *Chladenii* Diss. (resp. Jo. Theod. *Kunneth*) de vita et hæresi Roscellini. Erlang. 1756, in-4; et dans le thesaurus Biog. et bibliographicus de Geo. Ern. *Waldan*. Che. Mit. 1792, in-8.

§. 249.

Roscellin.

L'exercice de la dialectique, et en particulier l'ex-

---

(1) Une partie de ce traité est comprise dans les œuvres de Hugues de St.-Victor.

plication d'un passage de l'introduction de Porphyre à l'organum d'Aristote (περὶ πέντε φωνῶν), concernant les diverses opinions des écoles platonicienne et péripatéticienne sur la valeur des idées de rapport; telles furent les causes qui provoquèrent les divisions des nominaux et des réalistes, dont les uns suivirent Platon, les autres Aristote, et qui excitèrent dans les écoles de nombreuses et vives querelles, sans autre utilité que d'aiguiser encore davantage la subtilité de l'argumentation (1). Cette longue dispute fut commencée par Jean *Roscellin* (ou Roussellin), chanoine à Compiègne (2), lequel soutint, au sujet des idées générales, des genres et des espèces, qu'elles ne sont rien que des noms ou des mots (*flatus vocis*) au moyen desquels nous désignons les qualités communes que nous observons entre les divers objets individuels (3). Cette idée le conduisit à des propositions hérétiques sur le dogme de la Trinité, propositions qu'il fut obligé de rétracter en 1092, à Soissons. Ce qui est certain, c'est que Roscellin est le premier que la plupart des écrivains qualifient de *nominaliste*, et que, depuis, l'école antérieurement établie qui regardait les idées de genres et d'espèces comme des choses réelles et des types préétablis, *universalia ante rem*, disaient les scholas-

---

(1) Joh. Sarisberiensis. Metalog., c. II, 16—17.

(2) Vers 1089.

(3) Voyez le traité d'Anselme de fide trinitatis seu de incarnatione verbi, c. 2; et Johannes Sarisberiensis.

tiques), eut à combattre, pendant toute la durée de cette époque, contre le nominalisme qui voyait au contraire *universalia in re* ou *post rem*, sans que la difficulté pût jamais être définitivement vaincue.

§ 250.

Abailard.

Petr. Abœlardi et Heloïsæ opera nunc prim. edita ex Mss. codd. Fr. Ambræsii, etc. Stud. Andr. *Quercetani*. (And. Duchesne.) Paris, 1616, in-4. Id. in historia calamitatum suarum.

(*Gervaise.*) La vie de P. Abeillard. Par. 1720, 2 vol. in-12.

John. *Berington*, The history of the lives of Abeilard and Heloïse, etc. Birmingham et Lond. 1787, in-4. Trad. en all. par Sam. *Hahnemann*. Leips. 1789. in-8.

Fr. Chr. *Schlosser*, Abailard et Dulcin. Vie et opinions d'un enthousiaste et d'un philosophe. Gotha. 1807, in-8 (all.).

Une dispute célèbre eut lieu dans l'école de Paris sur la manière dont les idées générales sont contenues dans les objets, entre un professeur renommé de dialectique *Guillaume de Champeaux* (1), et *Pierre Abailard* ou Abeillard, son disciple et son adversaire. Ce dernier, par lequel certains historiens commencent la série des philosophes scholastiques, n'em-

---

(1) Guill. Campellensis; il mourut évêque de Châlons en 1120.

ploya dans ses attaques que des argumens apagogiques ou négatifs, mais il connaissait quelque chose de supérieur à cette escrime. Abailard, né à Palais, village près de Nantes, en 1079, possédait de rares talens qui avaient été cultivés par une éducation soignée : il joignait, à une habileté consommée comme dialecticien, une connaissance plus qu'ordinaire de la philosophie grecque, quoiqu'il l'eût puisée uniquement dans Cicéron et St. Augustin; la lecture des classiques avait donné à son esprit un certain caractère d'élégance, de liberté et d'ardeur pour la gloire qui relevait singulièrement sa manière d'enseigner et d'écrire, et qui avait surtout beaucoup de prix à cette époque. Ainsi que St. Anselme, il entreprit avec une grande liberté, en appliquant la dialectique aux matières de la foi, de reproduire et d'expliquer par des principes rationnels les dogmes obscurs de la religion chrétienne, et principalement celui de la Trinité (1). Ensuite il tenta, le premier après Hildebert (§ 248), d'expliquer, par la philosophie, les principales idées de la morale théologique, comme celles du péché et de la vertu (2). Son talent d'enseignement attira une foule incroyable

---

(1) Dans l'Introductio ad. theol. christian., libb. III. Seu de fide trinitatis libb. III; de ses OEuvres, p. 973 sqq.; et dans le traité plus étendu : Theologia christiana, libb. v, donné par Edm. *Martene*, Thes. nov. anecdot., t. v.

(2) Ethica, seu liber dictus Scito te ipsum, in *Pezii* thes. noviss. anecdotorum, t. III, part. II, p. 625.

de jeunes gens à Paris, ce qui donna lieu à la fondation de l'Université; mais sa gloire lui attira aussi l'envie et la persécution qui, ainsi que sa malheureuse passion pour Héloïse, et le zèle ombrageux des théologiens, attachés rigoureusement à la doctrine de l'Église, particulièrement de saint Bernard, empoisonnèrent tout le cours de sa vie, et affaiblirent l'influence de son génie. Il mourut à Clugny, en 1142.

§ 251.

Malgré l'issue malheureuse des travaux d'Abailard, un grand nombre de bons esprits voulurent suivre ses traces, et tentèrent, par divers moyens, et avec des succès divers, d'appliquer la philosophie à la doctrine religieuse. Ce furent principalement *Guill. de Conches* (1) et *Guilb. de la Porée*, né en Gascogne, et évêque de Poitiers (2); *Hugues de Saint-Victor*, de la Basse-Saxe où Flandre (3); *Robert* (*Folioth*), *de Melun* (4); l'anglais *Robert Palleyn* (5); *Pierre* dit le *Lombard*, évêque de Paris, né dans un village près

---

(1) Mort en 1150.

(2) De là surnommé Pictaviensis, mort en 1154.

(3) Né en 1096, mort en 1140.

Ejusd. opera stud. et industr. canonicorum regiorum Abbat. St.-Vict. Rothomag. 1618, 3 voll. in-fol.

Voyez C. Gfr. *Derling*, Diss. (Præs. C. Gfr. *Kenffel*) de Hugone a St.-Victore. Helmst. 1745, in-4.

(4) Melodinensis, mort en 1173, selon l'Hist. litt. de la Fr., t. XIII, p. 1164.

(5) Pullus, mort entre 1150 et 1154.

de Novare, en Lombardie, mort en 1164; ensuite son disciple *Pierre de Poitiers* (1); *Hugues d'Amiens* (2); le mystique *Richard de Saint-Victor* (3); *Alain de Ryssel* (4), etc. Celui qui obtint le plus de succès ce fut le *Lombard*, par ses *Libri sententiarum*, qui le firent surnommer *Magister sententiarum*, et où il rassembla, dans un ordre assez arbitraire, des propositions extraites des Pères de l'Église sur les dogmes, s'abstenant presque toujours de donner sa solution sur les difficultés, ce qui ouvrait une large carrière à l'esprit dialectique de son temps. Son ouvrage devint par la suite le type, la règle et l'arsenal de la théologie, ce qui n'empêcha pas quelques-uns des autres personnages que nous avons nommés de paraître mériter une plus haute admiration, tels que les deux mystiques *Hugues de Saint-Victor*, surnommé aussi le second Augustin, esprit élégant et philosophique, et son disciple *Richard de Saint-Victor*, qui joignait à son mysticisme beaucoup de sagacité d'esprit; *Palleyn*, auteur d'une comparaison claire et développée des dogmes avec les idées

---

(1) Pictaviensis, mort archevêque d'Embrun en 1205.

(2) Mort en 1164 archevêque de Rouen, de là appelé Rothomagensis.

(3) Écossais, mort en 1173.
Opera Venet. 1506, in-8. Paris, 1518.

(4) Dit aussi Alain de l'île, et Alanus ab insulis, mort en 1203.

Carl. de *Visch* oratio de Alano, dans les Œuvres d'Alain ed. de Visch, Antwerp., 1653, in-fol.

rationnelles qui s'y mêlent; enfin, *Alain de Ryssel*, qui fit à ces matières l'application d'une rigoureuse méthode mathématique.

§ 252.

La dialectique finit par être employée aussi habilement pour attaquer que pour raffermir les bases de la foi, ainsi que le prouve l'exemple de *Simon* de Tournay (*Tornacenis*), d'*Amalric* (ou Amauric de Bene, dans le district de Chartres, mort en 1209), et de son disciple *David de Dinant*. Ceux-ci enseignaient, outre un grand nombre de paradoxes, une espèce de panthéisme, emprunté vraisemblablement à J. Scot Érigène (1). Leur hérésie fit de la dialectique de l'école un objet de haine et de justes mépris. *Jean de Salisbury* (Johannes parvus Sarisberiensis) (2), disciple d'Abailard, esprit orné par l'étude des classiques, vit très-bien, malgré sa prédilection pour Aristote, les vices des études philosophiques de son temps, et les abus de la dialectique, dont il attaqua avec beaucoup de force les frivoles arguties (3). A côté de ces abus se manifestait aussi

---

(1) *Gerson*, De concordia metaphysicæ cum logica, p. IV. Thomas Aq. lib. sent. II, dist. 17. Qu. 1, a. 1. Alberti summa theol. 1, p.   , tract. IV. Qu. 20.

(2) Mort évêque de Chartres en 1180.

(3) Dans son *Policraticus* sive de nugis curialium et vestigiis philosophorum, libb. VIII, et *Metalogicus*, libb. IV, imprimés ensemble Lugd. Bat. 1639. Amst. 1664, in-8; et dans ses CCCI Epist., jointes aux lettres de Gerbert. Paris, 1611, in-4.

une certaine énergie de raison, sans doute peu réglée encore, mais disposée à lutter avec indépendance contre l'autorité magistrale; le parti contraire parvint à la comprimer par les persécutions, les interdictions et les anathèmes.

TROISIÈME ÉPOQUE DE LA SCHOLASTIQUE.

Domination exclusive du réalisme; complète alliance du système de l'Église et de la philosophie d'Aristote, depuis Alexandre de Hales jusqu'à Occam.

§ 253.

J. *Lanojus*, De varia Aristotelis fortuna. Ci-dessus en avant du §. 244.

Ce fut au moment même où tout semblait conspirer pour bannir de l'Église la dialectique d'Aristote, que sa philosophie obtint le plus haut degré d'importance. A partir de l'année 1240 environ, on commença à connaître mieux l'ensemble de ses ouvrages, par les relations avec les Grecs, qui n'avaient jamais cessé entièrement de s'en occuper (1), et surtout

---

(1). Au XIe siècle, parut dans l'empire grec, le polygraphe et historien Michel Constantin *Psellus*, né à C. P., 1020, m. vers 1100, auteur de Commentaires sur Aristote et **Porphyre**:

par l'entremise des Arabes. Les défenses mêmes qui interdisaient ces livres aux écoles, prononcées en 1209, 1215, 1231, ne firent qu'augmenter l'empressement de les lire, à tel point que les Dominicains et les Franciscains, ces défenseurs de l'orthodoxie, qui venaient de s'introduire avec autorité dans l'Université de Paris, s'adonnaient à l'envi à cette

---

Paraphrasis libri Arist. de interpretatione, gr., avec les Comment. d'Ammonius et de Magentinus, vers 1503; Compendium in quinque voces Porphyrii et Aristotelis prædicamenta, gr., Paris, 1541; et un abrégé de la logique d'Aristote σύνοψις εἰς τὴν Ἀριστοτέλους λογικήν gr. et lat. Aug. Vind. 1597, outre une Introduction à la philosophie : Introductio in sex philos. modos, etc., gr. c. lat. vers. Jac. Foscarini. Ven. 1532, Paris, 1541, in-12; et un livre sur les opinions des philosophes au sujet de l'âme : gr. et lat. avec Origenis Philocalia, Paris, 1618 et 1624, in-4, réimpr. d'autres fois. A Psellus succéda *Eustratius*, métropolitain de Nicée au commencement du XII° siècle (Fabric. Bibl. gr. l. III, c. 6, p. 151 sq., not. a.), et d'autres écrivains du XIII° siècle qui réduisirent en abrégé la logique d'Aristote, tels que Nicephor. *Blemmydes* (florissait vers 1254), et George *Aneponyme* (Nicephoræ Blemmydæ epitome logicæ doctrinæ Aristotelis gr. et lat. Aug. Vindel. 1606, in-8. Georgii *Aneponymi* compendium philos. siv. Organi, Aristot. gr. et lat. Aug. Vind. 1600); George *Pachymere* qui vécut jusqu'à 1310, auteur d'une paraphrase sur toute la philosophie d'Aristote, publiée par extraits (Gr. et lat, Oxon. 1666, in-8. Epitome philos. Bas. 1560, lat. in-fol.); et *Theodore* Metochitès, qui vécut à C. P. jusqu'en 1332, commentateur des ouvrages d'Aristote sur la physique (Fabric. Bibl. gr. vol. IX).

DEUXIÈME PÉRIODE.

étude. — Nous indiquerons ici cette question : Par quelle voie commença-t-on à connaître, en Occident, les ouvrages d'Aristote, autres que son *Organon*, qui y avait été transmis dès le temps de Charlemagne, comme un présent envoyé de Constantinople à ce monarque? Vinrent-ils de l'Orient par Constantinople, ou de l'Espagne par les Arabes (1)?

Arabes.

§ 254.

Les Arabes, nation douée de facultés fortes et actives, jadis adonnée au sabéisme, avaient puisé un enthousiasme religieux et guerrier dans la religion à la fois sensualiste et rationnelle de Mahomet (mort en 632) et dans les ardentes prédications de ses successeurs sur les prétendues révélations envoyées de Dieu à ce prophète. En peu de temps ils avaient subjugué et soumis à l'islamisme une grande partie de

---

(1) Voyez *Buhle*, Manuel de l'Histoire de la Philosophie, vᵉ partie, p. 247 (all.). *Heeren*, Histoire de l'étude de la littérature classique, t. 1, p. 183. Cette question se trouve discutée à fond et résolue en faveur de l'origine par l'Espagne dans l'ouvrage suivant, couronné à l'Académie des Inscr. et Belles-Lettres de Paris : Recherches critiques sur l'âge et l'origine des traductions latines d'Aristote, et sur les Commentaires grecs ou arabes employés par les docteurs scholastiques, etc., par M. *Jourdain*, Paris, 1819, in-8. Voyez sur cet ouvrage : Gœtting. Gelehrt. Anz. 1819, n. 142.

l'Asie, de l'Afrique et de l'Europe. Leurs rapports avec les peuples vaincus, particulièrement avec les Syriens, les Juifs et les Grecs, les progrès du luxe et tout ce qu'il amène à sa suite, le besoin de recourir à l'art des médecins et des astrologues étrangers, et l'influence de ces derniers, firent naître parmi eux une ardente émulation d'acquérir des connaissances, et ces dispositions furent favorisées de toutes les manières par les califes de la maison des Abassides : Al Mansour (1), Al Mohdi (2), Haroun al Raschid, contemporain de Charlemagne (3), Al Mamoum (4) et Motasem (5), qui firent traduire en arabe les écrivains grecs, fondèrent des écoles et rassemblèrent de riches bibliothèques (6).

---

(1) Il régna de 753 à 775.
(2) Mort en 784.
(3) Régna de 786 à 808.
(4) De 813 à 833.
(5) Mort en 841.
(6) K. E. *Oelsner*, Mahomet. Influence de sa religion sur les peuples du moyen âge. Ouvrage couronné en 1809 par l'Institut de France, traduit du français, et augmenté par E. D. M. Francf.-s.-M., 1810, in-8 (all.).

Olai *Celsii* Hist. linguæ et eruditionis Arabum, Upsal, 1694, in-8. Id. dans la Bibl. Brem. nova, Fasc. 1—3. Brem. 1764, in-8.

Richardson's, Dissertation on the languages, manners and the litteratur of the eastern nations; en tête de son Persian, Arabic and English dictionary. Oxf. 1777, in-fol.; trad. à part en all. Leips., 1779, in-8.

J. Gottl. *Buhle*, Commentatio de studii græcarum literarum

§ 255.

Chph. Chr. *Fabricii* Resp. J. Andr. *Nagel* de studio philosophiæ græcæ inter Arabes. Altd. 1745, in-8; *id.* dans les frag. hist. philos. de Windheim, p. 57.

Car. *Solandri* Diss. de logica Arabum. Ups. 1721, in-8.

Eusebii *Renaudoti* De barbaricis Aristotelis librorum versionibus disquisitio, in Fabric. Biblioth. gr. t. XII.

Tiedemann, Esprit de la philosophie spéculative, t. IV, et *Brucker*, Hist. philosophiæ t. III.

Parmi les philosophes, Aristote, avec ses commentateurs, jusqu'à J. Philoponus, fut à peu près le seul qui obtint l'attention des Arabes. Ils reçurent le corps entier des ouvrages d'Aristote, à la vérité par l'intermédiaire trompeur du Néoplatonisme, et dans des traductions fort imparfaites (1). Ils joignirent à cette étude celles des mathématiques, de

---

inter Arabes initiis et rationibus. Comment. Soc. Gotting. vol. XI, p. 216.

Jo. Leo *Africanus*, De viris quibusdam illustribus apud Arabes libellus; in Fabric. Bibl. gr., t. XIII.

Chr. Friedr. *Schnurrer*, Bibl. arabicæ specimen. P. I—V. Tub. 1799—1803, in-4; et Bibliotheca arabica. Hal. 1811, in-8.

Henrici *Middeldorpii* Commentatio de institutis literariis in Hispania, quæ Arabes auctores habuerunt. Gotting. 1811, in-4.

(1) Voyez les ouvrages de *Jourdain* et *Buhle* indiqués ci-dessus.

l'histoire naturelle et de la médecine. Mais plusieurs obstacles arrêtèrent leurs progrès en philosophie, savoir : leur texte sacré qui opposait des barrières au libre usage de la raison ; un parti puissant voué à l'orthodoxie ; l'autorité despotique qu'ils accordèrent bientôt à Aristote, jointe à la difficulté de le bien entendre ; et enfin le penchant national vers la superstition. Aussi tout ce qu'ils purent faire, sans avoir jamais été plus loin, ce fut d'interpréter, souvent aussi d'affaiblir et de dénaturer la philosophie d'Aristote, et de l'appliquer à l'exposition de leur religion qui exigeait une foi aveugle. De là naquit parmi eux une philosophie assez semblable à celle des peuples chrétiens du moyen âge, aussi préoccupée d'arguties dialectiques, et ayant pour base la religion positive. A cette science de vaines formules vint se joindre, comme un accident, le mysticisme, surtout parmi la secte panthéiste des *sofis* ou *ssoufis* (sofismus, sufismus), fondés, soit avant, soit pendant le second siècle de l'hégire par *Abou said Aboul Cheir*, secte répandue encore aujourd'hui dans la Perse et dans l'Inde (1).

---

(1) Ssufismus sive theosophia Persarum pantheistica, quam è MS. Biblioth. regiæ Berol., Persicis, Arabicis, Turcicis eruit atque illustravit Friedr. Aug. Deofidus *Tholuck*. Berlin, 1821, in-8. L'opinion de cet écrivain est que le sofisme n'est point originaire de l'Inde ni de la Perse, mais qu'il s'est formé dans le sein de l'Islamisme ; cette hypothèse est contredite par l'auteur (M. *de Hammer ?*) d'une récension de la Gazette litt.

Au reste, les monumens de la philosophie arabe ont encore été trop peu étudiés pour que nous en possédions une connaissance suffisante.

§ 256.

Les principaux philosophes arabes, la plupart attachés exclusivement aux idées d'Aristote, sont : 1° *Alkendi* ou Alkindi (1), de Basra, médecin et philosophe, possédant une instruction riche et variée, très-versé dans l'étude des sciences; il florissait en 800, encore sous le règne d'Al Mamoun. 2° *Alfarabi* (2) de Balah, dans la province Farab, mort en 954, esprit doué d'une rare sagacité, et qu'on a appelé le second instituteur de l'intelligence. Sa logique ainsi que son traité sur l'origine et la division des sciences, fut d'un grand usage parmi les scholastiques. 3° *Avicenne* (3), né vers 980 à Bochara, mort en 1036. La logique, la métaphysique, première des sciences, selon lui, ayant pour objet l'être en soi, la médecine et l'alchimie, sont les principales études auxquelles il se livra. Il fait preuve d'une ma-

---

de Leipsick (1822, n°⁵ 252—258) sur un ouvrage important, relatif au mysticisme de l'Orient, intitulé : *Reschati ainol hajat*, etc.

(1) Autrement : Abu Yusuf (Jacob) Ebn Eschak (Isaac) Al Kendi.

(2) Abu Nasr Mohammed Ebn Tarchan Al Farabi.

(3) Abu Ali Al Hosain Ebn Sina Al Schaüch Al Raüs.

nière de penser originale dans son commentaire sur la Métaphysique d'Aristote (1). Il y déclare qu'il n'y a point de définition possible de l'être en soi, non plus que du nécessaire, du possible et du réel. De l'idée du nécessaire il conclut que l'être nécessaire n'a point de cause, et qu'il n'y a qu'un seul être nécessaire. 4° *Algazel* (2), de Tus, sceptique habile qui sut combattre avec beaucoup de talent au profit du supernaturalisme le principe de l'harmonie des causes, le système de l'émanation, et la substantialité de l'âme, ainsi que beaucoup d'autres opinions des philosophes attachés à Aristote et aux néoplatoniciens; il considérait d'ailleurs les paroles du Coran comme l'infaillible vérité, et les miracles de Mahomet comme les preuves manifestes de sa mission divine. 5° *Thophail* ou *Aboubekr* (3), de Cordoue, mort à Séville en 1190 : il est célèbre par son roman philosophique *Hai Ebn Yokdan* ou l'homme de la nature (4), dans lequel il développe d'une manière originale la doctrine enthousiaste de l'intuition des Néoplatoniciens.

---

(1) Metaphysica per Bernard. Venetuni. Venet. 1493. Opera Ven. 1523, v voll. in-fol. Bas. 1556, iii voll.

(2) Abu Hamed Mohammed Eb Mohammed Ebn Achmed Al Gazali, né en 1072, mort en 1127.

(3) Abu Dsafer Ebn Thophail.

(4) Philosophus autodidactus, trad. lat. par Ed. *Pocoke*, Oxon. 1761, in-4. Trad. allem. par J. G. Eichhorn. Berl. 1783, in-8.

§ 257.

Averroes.

Commentaire d'Averroes sur la traduction arabe d'Aristote; dans plusieurs éditions des œuv. d'Arist. Ven. 1562; vol. 11. En outre son ouvrage : Destructio destructionis philosophiæ Algazelis, dans les traductions latines. Venet. 1497 et Venet. 1527, in-fol. Voyez Fabricii Bibl. gr. XIII p. 282 sq.

6° *Averroes* (1), disciple de Tophail, né à Cordoue, mort à Maroc, en 1206 ou 1217. C'est le plus célèbre de tous les savans de sa nation, le partisan le plus dévoué et presque servile d'Aristote. On l'appelle, par excellence, le *Commentateur*, et il fut un écrivain des plus féconds, malgré le grand nombre d'emplois dont il était chargé. C'est d'après l'état des idées de son époque que ses travaux sur Aristote doivent être appréciés. Quoiqu'il se proposât seulement d'interpréter ce philosophe, il lui attribua des idées qui lui sont étrangères, en rattachant sa doctrine à celle de l'émanation des Alexandrins, afin de s'élever à un premier principe vivant qui pût rendre raison de toutes les choses contingentes. Sa théorie de l'intelligence active est une conséquence nécessaire de cette manière de concevoir la doctrine d'A-

---

(1) Abul Walid Mohammed Ebn Achmed Ebn Mohamed Ebn Rashid.

ristote. L'être primitif produit à la réalité toutes les formes, non par création, parce que rien ne naît de rien, mais en réunissant la matière et la forme, ou en développant la forme enveloppée dans la matière (1). La pensée présuppose, ainsi que la représentation sensible, trois choses, savoir : une raison substantielle qui reçoit, une raison qui est reçue, autrement la forme de la pensée ou l'intelligible; enfin une raison efficace, agissante, qui fait que nous concevons les formes soit matérielles soit abstraites, ainsi que le principe même qui produit en nous la pensée. Il existe une intelligence efficace universelle, à laquelle prennent part également tous les hommes; elle vient à eux du dehors; son principe est peut-être celui qui meut la lune (2). Du reste, Averroes est un esprit clairvoyant et modéré qui croit à la vérité du Coran, mais en le considérant comme un texte populaire d'enseignement religieux, et en admettant la nécessité d'en établir la doctrine sur une base scientifique.

§ 258.

Sectes des philosophes arabes.

Il y avait, en général, chez les Arabes deux grands partis philosophiques, savoir : les philosophes pro-

---

(1) Averroes, l. xii, metaphys.
(2) Averr. de animæ beatitudine. Epitome Metaph. Tract. iv.

prement dits (idéalistes) qui, d'après le système platonique d'Alexandrie, croyaient à l'éternité du monde et cherchaient à rattacher cette idée à la religion positive; les ascétiques, les sofis (§ 256) appartenaient aussi à cette école; et en second lieu, les *Medabberins* (les parleurs, philosophes dialecticiens, raisonneurs), ou les péripatéticiens, qui partaient des doctrines positives du Coran, tâchaient d'expliquer philosophiquement l'origine du monde, et combattaient les idéalistes (1). Ces deux sectes ne nous sont pas encore bien connues. On en compte aussi une troisième, celle d'*Assaria*, composée de fatalistes, qui donnaient pour raison de tout la volonté de Dieu.

Juifs.

§ 259.

Ces doctrines des Arabes furent transmises aux chrétiens principalement par l'entremise des Juifs, qui les rapportaient de l'Espagne où les sciences étaient cultivées avec beaucoup d'ardeur. Ces derniers prirent eux-mêmes un rôle assez remarquable dans le monde savant, et plus d'un esprit philosophique se produisit parmi eux. De ce nombre fut *Mosès Maimonides* (2), né à Cordoue, en 1139, formé par les leçons de

---

(1) Averroes in Metaph. lib. xii, c. 18. Moses Maimonides More Nevochim, lib. 1, c. 71, p. 133—135.

(2) Rabbi Moses Ben Maimon.

Thophail et d'Averroes, attaché lui-même à l'étude d'Aristote, mais pour cela même suspect à ses fanatiques coreligionnaires, et persécuté par eux jusqu'à sa mort, arrivée en 1205. Dans son livre, intitulé *More nevochim* (doctor perplexorum (1)), on reconnaît un esprit judicieux et éclairé à sa manière d'expliquer les dogmes de la religion juive, et aux solides maximes de philosophie que l'on y rencontre; aussi révoque-t-il en doute, malgré son attachement pour l'aristotélisme arabe, plusieurs hypothèses de cette philosophie, par exemple celle des intelligences des sphères, et de l'intelligence efficace universelle. En général les Juifs firent, pendant les XIIe et XIIIe siècles, la fonction d'intermédiaires entre les Sarrasins et les Occidentaux, par les nombreuses traductions qu'ils donnèrent d'ouvrages arabes en hébreu : de cette langue, plus connue en Europe; ces mêmes ouvrages passèrent dans de nouvelles traductions latines, la plupart, il est vrai, fort défectueuses.

§ 260.

La conséquence de cette introduction de la philosophie arabe-aristotélique, fut d'étendre et de rehausser le crédit d'Aristote, qui bientôt fut sur le point d'être formellement canonisé comme arbitre souverain et infaillible en matière de philosophie.

---

(1) Traduit en latin par *J. Buxtorf.* Basil. 1629, in-4.

La somme des connaissances et le champ des recherches s'étendit; des idées et des rapports nouveaux se multiplièrent au profit de l'art dialectique auquel ils donnèrent un plus haut développement. La philosophie, considérée, comme formant une branche distincte parmi les sciences, fut de jour en jour moins confondue avec elles. Une cause qui contribua à ce progrès, fut l'organisation des Facultés à Paris, et des Universités formées dans d'autres villes à l'instar de celle-ci. De là, une certaine polémique établie entre la théologie et la philosophie, et par suite de la préséance donnée à la faculté théologique, la condition subordonnée de sa rivale, la distinction d'une vérité théologique et d'une vérité philosophique; enfin le désir de les rapprocher, qui amena leur alliance, et la maintint pendant un certain temps.

§ 261.

Alexandre de Hales et ses contemporains.

Le premier qui fit usage des travaux des Arabes fut *Alexandre de Hales* (1) (*Alesius*), ainsi appelé du nom d'un cloître du comté de Glocester, et surnommé *doctor irrefragabilis*. Tiedemann ne fait commencer qu'à lui l'époque des scholastiques. Il enseigna la théologie à Paris, et développa, dans sa *Summa*

---

(1) Ven. 1475, in-fol. Norimb. 1481. Ven. 1576. IV voll. in-fol.

theologiæ, le manuel de P. Lombard (§ 251), en opposant les doctrines l'une à l'autre dans toute la rigueur des formes syllogistiques.—D'un autre côté, *Guillaume d'Auvergne* (1) exposa les questions philosophiques d'une manière plus spéciale. *Vincent de Beauvais* (2) donna dans ses ouvrages encyclopédiques (*specula*) un tableau de l'état des sciences à cette époque, et en particulier de la philosophie. *Michel Scot*, qui était établi à Tolède en 1217, traduisit les livres d'Aristote *de cœlo et mundo*, et *de anima*, ainsi que l'*historia naturalis* d'après la manière dont les Arabes l'avaient disposée, travail dans lequel il fut assisté par un juif nommé André; il commenta Aristote, et se familiarisa avec sa dialectique. *Robert Grossetete* ou *Greathead*, *Robertus Capito*, qui enseigna à Paris et à Oxford, et mourut évêque de Lincoln en 1253, composa, outre divers traités, des commentaires sur Aristote.

§ 262.

Albert-le-Grand.

Rudolphus noviomagensis de vita Alberti M. libb. III.

---

(1) Guillielmus Arvernus, ou Parisiensis à cause de l'évêché de Paris qu'il occupa. Il mourut en 1249. Opera Ven. 1591, in-fol. Aurel. 1674, II voll. in-fol.

(2) Bellovacensis, mort vers 1264. Speculum universale, Argent. 1473, in-fol. Speculum quadruplex opera et stud.

DEUXIÈME PÉRIODE.

Colon, 1499 et : Alberti M. opera ed. Pet., *Jammy*. Lyon, 1651, 21 vol. in-fol.

Albert de Bollstädt ou *le Grand* fut le premier qui détermina le grand mouvement vers la philosophie aristotélique. Né à Lauingen, en Souabe, en 1193 ou 1205, il alla étudier à Pavie, entra dans l'ordre des Dominicains, et par des lectures et des travaux immenses il acquit une si grande masse de connaissances, surtout en histoire naturelle, science jusquelà fort négligée, qu'il fut regardé comme un homme prodigieux, et une sorte d'enchanteur. Il vécut principalement à Cologne et à Paris ; devint, en 1260, évêque de Ratisbonne, mais ensuite il renonça volontairement à la dignité épiscopale, pour pouvoir se livrer tout entier à l'étude. Il mourut dans son monastère à Cologne en 1280. Ce fut plutôt un érudit et un compilateur qu'un profond penseur et un critique original. Il écrivit des commentaires sur la plupart des ouvrages d'Aristote, où il a recours surtout aux écrivains arabes, et où il mêle les idées néoplatoniciennes à celles de son auteur. Par ses travaux, la logique, la métaphysique, la théologie et la morale gagnèrent plus en étendue qu'elles ne firent de véritables progrès. Avec lui commencent les subtiles discussions sur la matière et la forme, l'essence et

---

theologor. Benind. Duaci 1624, iv voll. in-fol. Voyez Vincent de Beauvais, etc., par Fr. Chph. Schlosser. Francf.-s.-M., 1819, ii voll. in-8.

l'être (*essentia* ou *quidditas* et *existentia*, d'où plus tard la distinction de l'*esse essentiæ* et de l'*existentia*). La psychologie rationnelle et la théologie lui sont redevables de plusieurs aperçus estimables; il traita cette dernière science dans sa *Summa theologiæ*, autant d'après ses propres idées que d'après celles du Lombard. En psychologie, il considéra l'âme comme un *totum potestativum* : en théologie, il s'attacha à fixer et à limiter notre connaissance rationnelle de Dieu, de laquelle il exclut la doctrine de la Trinité; il développa l'idée métaphysique de la Divinité comme être nécessaire, en qui l'essence et l'être sont identiques, et il en déduisit les attributs. A ces recherches se mêlent souvent des questions subtiles et un fratas dialectique, sous lequel est enveloppée plus d'une inconséquence; par exemple, lorsqu'il explique la création par l'émanation (*causatio univoca*), et que cependant il nie l'émanation des âmes; ailleurs, il soutient d'un côté l'intervention universelle de Dieu dans la nature, de l'autre, les causes naturelles déterminant et limitant la causalité de Dieu. Albert regarde la conscience comme la loi première de la raison; en conséquence il distingue la disposition variable (*synteresis*, συντήρησις), et le témoignage habituel (*conscientia*). La vertu théologique, la seule agréable à Dieu, est versée par Dieu même dans les âmes (*virtus infusa*). — Ses disciples s'appelèrent les Albertistes.

§ 263.

St. Bonaventure.

Histoire abrégée de la vie, des vertus, et du culte de saint Bonaventure, etc. Lyon, 1749, in-8, et : Bonaventuræ opera. Argent. 1482, in-fol. *Id.* jussu Pii v. Rom 1588-96, 7 vol. in-fol. (meill. édit.)

Contemporain d'Albert, *Jean de Fidanza* ou *Bonaventura* (1), surnommé par son siècle *doctor Seraphicus*, possédait de moins vastes connaissances, mais plus de talent, et une tournure d'esprit disposée à la piété et au mysticisme. De là ses efforts pour réunir les idées d'Aristote et des Alexandrins. Dans son commentaire sur le Lombard (2), il limite la sphère de la spéculation, s'efforçant d'employer les principes d'Aristote et des Arabes, moins à satisfaire une curiosité vaine et subtile qu'à résoudre d'importantes questions, et à rapprocher des opinions opposées, spécialement dans la doctrine de l'individualité et de la liberté. Quelquefois il tire ses conclusions plutôt de l'expérience du genre humain que de la théorie, par exemple, sur la question de l'immortalité. Le souverain bien est l'union à Dieu, dans le sein duquel seulement les hommes peuvent voir

---

(1) Né à Bagnarea en 1221, mort en 1274.
(2) Comment. in magistrum sententiarum.

la vérité, et trouver le bonheur. Ainsi il ramène (1) toute science à la lumière venue d'en haut ou à l'illuminisme, dont il distingue quatre sortes, extérieur, inférieur, intérieur et supérieur. Ailleurs (2) il décrit les six degrés par lesquels l'homme arrive à Dieu, et rapporte à ces degrés autant de facultés de l'âme ; conception assez riche et ingénieuse, mais en grande partie arbitraire et forcée. Trouvant la spéculation insuffisante pour nous faire atteindre le bien suprême, il se rejette avec ardeur dans le mysticisme.

§ 264.

St. Thomas d'Aquin.

Thomæ Aq. opera omnia stud. et cura Vinc. *Justiniani* et Thomæ *Manriquez*. Rom. 1570—71, 18 vol. in-fol. (édit. la plus soignée). *Id.* cura fratrum ord. Prædicat. Par. 1636-41, 23 vol. in-fol. (édit. contenant les ouvrages douteux, mais moins correcte). Opera theologica cura Bern. *de Rubeis*. Ven. 1745 Sqq. 20 vol. in-4.

Bern. *de Rubeis* (de Rossi), Dissertatt. criticæ et apologeticæ de gestis et scriptis ac doctrina S. Thomæ Aquinatis. Venet. 1750, in-fol. *Id.* en avant de l'édit. ci-dessus.

A. *Touron*, Vie de S. Thomas d'Aquin, avec un exposé de sa doctrine et de ses ouvrages. Par. 1731, in-4.

---

(1) Reductio artium ad theologiam.
(2) Itinerarium mentis in Deum. Voyez ses OEuvres ci-dessus.

DEUXIÈME PÉRIODE.

Lud. *Carbonis a Costaciario* Compendium absolutissimum totius summæ theologicæ S. Thomæ Aquinatis. Venet. 1587, in-8.

Thomæ Aquinatis summa philosophica per S. Cas. Alemannium. Par. 1640, in-fol.

Summa S. Thomæ hodiernis Academiarum moribus accommodata, sive cursus theologiæ opera Caroli Renati *Belluart*. Ultraj. 1769, in-8.

Placidi *Rentz*, Philosophia ad mentem D. Thomæ Aquinatis explicata. Colon. 1723, 3 vol. in-8.

Pet. *Zorn*, De varia fortuna philosophiæ Thom. Aquinatis. Opusc. Sacr. t. 1.

A peu près du même âge que St. Bonaventure, St. Thomas d'Aquin (1) obtint une immense célébrité par laquelle furent effacées toutes les autres réputations de son siècle. Né, en 1225, au château de Rocca-Sicca, dans l'état de Naples, d'une grande famille seigneuriale, il se détermina, par amour pour l'étude, à entrer dans l'ordre des Dominicains, malgré le vœu de ses parens (1243). La même ardeur de s'instruire, après l'avoir conduit à Cologne et à Paris pour y suivre les leçons d'Albert, lui fit refuser dans son ordre toute autre dignité que celle de *definitor*, mais elle lui valut en même temps la réputation du plus grand théologien philosophe de son temps, et les surnoms de docteur universel, angélique. Il mourut en 1274, et fut canonisé ainsi que Bonaventure. St. Thomas possédait un véritable esprit philoso-

---

(1) *Thomas ab Aquino* ou *Aquinas*.

phique, une immense lecture, des connaissances étendues, avec un zèle véritable pour les progrès de la science rationnelle. Il rendit d'utiles services à la philosophie d'Aristote par le soin qu'il mit à la faire traduire et à l'expliquer. Il était idéaliste, et considérait l'objet de l'intelligence ou la forme abstraite des choses comme leur essence originelle. Il s'appliqua à donner à ce système une meilleure assiette en développant la théorie de la pensée donnée par Aristote, théorie à laquelle se mêlait aussi une partie des idées de Platon et des Alexandrins. A ce travail se rattache le développement des notions de la forme et de la matière, comme parties constitutives des substances complexes et du principe de l'individualisation. Mais le but principal de ses méditations était la théologie, à laquelle il s'efforça de donner une forme philosophique en approfondissant davantage les principes de cette science dans l'esprit des écoles d'Aristote et d'Alexandrie. Tel est l'objet de son livre contre les payens (1) et de sa *Summa theologiæ*. Ce dernier ouvrage est le premier essai complet d'un système théologique, comprenant aussi la morale, où l'on trouve, sans un ordre rigoureur dans les détails, beaucoup de sens et de solidité; mais les principes n'en sont peut-être pas fixés avec assez de précision, et les diverses sources de la connaissance n'y sont point distinguées. On y

---

(1) Summa catholicæ fidei adversus gentiles; impr. à part Burdig. 1664, in-8.

trouve déjà tracés, d'après St. Augustin, les principaux traits de la théodicée de Leibnitz. La morale, divisée en générale et spéciale, est traitée en partie d'après des idées théologiques, en partie d'après celles d'Aristote; et cette science est redevable au livre de St. Thomas, bien que ses notions fondamentales n'y soient pas encore, à beaucoup près, déterminées avec assez de profondeur et de précision. Par la suite, il resta long-temps encore le principal guide pour la théologie et la philosophie, et sa doctrine rallia un très-grand nombre de partisans appelés *Thomistes*, particulièrement chez les dominicains et les jésuites. Dans ce nombre on distingue *OEgidius Colonna*, romain, *Hervœus*, *Thomas de Vio Cajetanus*, Gabr. *Velasques*, Pedro *Hurtado de Mendoza*, P. *Fonseca*, *Dominique de Flandre* (mort en 1500) et Fr. *Suarez* (mort en 1617.)

Contemporains de St. Thomas d'Aquin.

§ 265.

Parmi les contemporains de St. Thomas d'Aquin, plusieurs encore méritent d'être rappelés brièvement, savoir : *Petrus Hispanus*, de Lisbonne, devenu pape sous le nom de Jean XXI, et mort en 1277; il se fit connaître par ses *Summulæ logicales*, abrégé de la logique de l'école; et c'est à lui aussi qu'appartient sans doute l'ingénieux tableau des diverses espèces d'argumens, reproduit fréquemment depuis (1) : *Henri Goethals* de Muda, près de Gand, plus connu sous le nom de *Henricus Gandavensis*, surnommé *Doctor solemnis*, professeur à Paris, mort archidiacre de Tournay en 1293. Ce fut un esprit d'une rare pénétration : attaché à l'école réaliste, il associa aux formes aristotéliques les idées de Platon, auxquelles il attribua une existence réelle, indépendante de l'intelligence divine. Ce principe le conduisit à déclarer douteuse toute connaissance obtenue seulement par la voie naturelle. Il présenta quelques vues nouvelles, particulièrement en psychologie, et aperçut sur plusieurs points les erreurs de la spéculation ; mais sans y apporter un remède, parce que le vice essentiel se cachait dans la méthode même employée alors par la philosophie. Il est souvent en contradiction avec St. Thomas d'Aquin. Enfin, *Richard de Middleton*, (*Richardus de Media villa*) surnommé *Doctor solidus*, *fundatissimus*, *copiosus*, mort en 1300, professeur à Oxford, où il avait étudié, fut un habile interprète du Lombard.

§ 266.

Duns Scot.

Joh. Duns Scoti opera omnia collecta recognita notis

---

(1) Joh. Tob. *Kœhler*, Notice complète sur le pape Jean XXI, célèbre comme médecin et philosophe, sous le nom de *Petrus Hispanus*. Gotting. 1760, in-4.

et scholiis et commentariis illustrata (ed. Ludov. *Wadding.*). Lugd. 1639, 12 vol. in-fol.

Hugo Cavelli Vita Joh. Duns Scoti; en avant de ses quæstiones in sententias. Antwerp. 1620. — Apologia pro Joh. D. Scoto adversus opprobria calumnias et injurias quibus P. Abr. Bzovius eum onerat. Par. 1634, in-12.

Lud. *Wadding*, Vita Joh. Duns Scoti. Mont. 1644, in-8. *Id.* dans son édition ci-dessus.

Mathæi *Veglensis* Vita Joh. Dunsii Scoti. Patav. 1671, in 8. *Id.* dans le Thesaurus Biog. Bibliographicus de Waldau, 1re part. p. 75 suiv.

J. G. *Boyvin*, Philosophia Scoti. Par. 1690, in-8. *Le même*; philosophia quadripartita Scoti. Par. 1668, iv t. in-fol.

Joh. *Santacrucii* Dialectica ad mentem eximii magistri Johannis Scoti. Lond. 1672, in-8.

Fr. Eleuth. *Abergoni* Resolutio doctrinæ scoticæ, in qua quid doctor subtilis circa singulas, quas exagitat, quæstiones sentiat, etsi oppositum alii opinentur, brevibus ostenditur, in subtilium studiosorum gratiam. Lugd. 1643, in-8.

Joh. Duns. Scotus doctor subtilis per universam philosophiam, logicam, physicam, metaphysicam, ethicam contra adversantes defensus, quæstionum novitate amplificatus, ac in tres tomos divisus. Autor *Bonaventura Baro*. Colon. Agr. 1664, in-fol.

Joh. *Arada*, Controversiæ theologicæ inter S. Thomam et Scotum super quatuor libros sententiarum, in quibus pugnantes sententiæ referuntur, potiores difficultates elucidantur, et responsiones et argumenta Scoti rejiciuntur. Colon. 1620, in-4.

Joh. *Lalemandet*, Decisiones philosophicæ. Monach. 1644-1645, in-fol.

Crisper, Philosophia scholæ scotisticæ. Aug. Vindel. 1735; et Theologia scholæ scotisticæ. 4 vol. ibid. 1748, in-fol.

Jean Duns Scot, né à Dunston, en Northumberland, vers 1275, franciscain, surnommé *Doctor subtilis*, parce qu'il fut l'un des esprits les plus subtils qui aient brillé à cette époque, étudia à Oxford et à Paris, et mourut prématurément en 1308. Son opposition célèbre à la doctrine de St. Thomas d'Aquin engagea souvent cet habile raisonneur dans de vaines distinctions, mais il joignait habituellement à ses disputes dialectiques une intention sérieuse de pénétrer jusqu'aux fondemens de la vérité. Il chercha donc un principe de certitude et de connaissance, soit rationnelle, soit sensible, et s'appliqua à démontrer la vérité et la nécessité de la révélation divine. Comme réaliste, il s'écarta de St. Thomas, en soutenant que l'universel n'est point contenu seulement en puissance (*posse*), mais en réalité (*actu*) dans les objets; qu'il n'est point créé par l'intelligence, mais donné à celle-ci comme une réalité, qu'il est la réalité même, indifférente en soi à telle ou telle détermination de l'être, soit comme universel, soit comme individuel. Il devait cependant y avoir un principe qui fît cesser cette indifférence, et ce principe c'est une autre unité plus haute; intimement unie avec la première réalité, le principe de l'individualisation, nommé plus tard, par les successeurs de Duns Scot, l'*Hæccéité*. En psychologie, il combattit l'opinion de la distinction essentielle des facultés de l'âme, et soutint la liberté d'indifférence. En théologie, il tâcha de donner plus de rigueur à la preuve cosmologique de l'existence de Dieu, et de démontrer les attributs divins. Il attribue à Dieu la liberté de contingence, et de là il déduit la volonté subjective de Dieu, comme principe de toute moralité. Quelquefois il exprima des doutes sur la possibilité d'une théologie rationnelle. Duns Scot fut le chef d'une école, celle des *Scotistes,* qui se distingua par un esprit de dispute et de subtilité, et qui fut constamment en lutte avec les thomistes; mais les passions qui se mêlèrent à ces querelles empêchèrent la science d'en retirer beaucoup de profit; et plus d'une fois les questions, au lieu d'être éclaircies, furent à dessein enveloppées d'obscurité.

§ 267.

Disciples de saint Thomas.

Parmi les thomistes de la fin du XIIIe siècle, nous remarquerons, 1° *Egidio Colonna* de Rome (1), réaliste conséquent, suivant lequel la vérité réside dans l'intelligence ainsi que dans l'objet. Son principal mérite est d'avoir développé avec clarté des problèmes et des difficultés métaphysiques, et d'a-

---

(1) Ægidius Columna, Romanus, surnommé doctor fundatissimus s. theologorum princeps, né en 1247, mort 1316.

voir tenté de concilier les opinions opposées sur l'être, la forme, la matière et l'individualité. 2°. *Hervæus* (1), dont la dialectique savante mais abstruse, fut encore plus obscure que celle de ses devanciers.

§ 268.

Scotistes.

Les plus célèbres partisans de Scot, à la même époque, furent le frère Mineur François *Mayronis* (2), qui donna l'exemple des disputes en Sorbonne (*actus Sorbonici*), et fit des commentaires fort estimés de son temps sur Aristote, St. Augustin, St. Anselme et le Lombard, etc. ; *Hieron. de Ferrariis, Antonius Andreæ* (3), *Walter Burleig* (§ 272.).

Vers la fin de cette période, un homme d'un grand sens, commença à apercevoir la futilité de l'escrime dialectique, résolut diverses difficultés par des comparaisons d'idées plus nettes et mieux déterminées, enfin prépara la chute du réalisme par une distinction plus exacte du subjectif et de l'objectif

---

(1) Herve Noel ou Hervæus Natalis, né en Bretagne, d'abord moine, ensuite général de l'ordre des Prédicans, professeur de théologie, et recteur de l'Université de Paris, mort à Narbonne en 1323.

(2) Franciscus de Mayronis, *doctor illuminatus et acutus, magister abstracticrum*. Mort à Plaisance en 1325.

(3) *Doctor dulcifluus*, né en Aragon, mort vers 1320.

dans la connaissance. Ce fut l'évêque *Guillaume Durand de Saint-Pourçain* (1). Après avoir été d'abord thomiste, il devint l'adversaire le plus déterminé de cette école (2).

§ 269.

Il parut encore à cette époque deux hommes très-remarquables par les projets de réforme qu'ils conçurent sans pouvoir les mettre à exécution. *Roger Bacon*, religieux de Saint-François, né à Ilchester en 1214, excita une grande admiration par ses connaissances dans les mathématiques, la physique, la chimie et les langues, par ses idées originales et ses inventions ; aussi fut-il surnommé *Doctor mirabilis*, accusé de sorcellerie, et enfermé par ordre du général des franciscains. Démêlant avec une grande pénétration les vices des études de son temps, il avait conçu le plan hardi de donner à la science une direction plus franche, et de renverser l'art des frivoles distinctions, en s'attachant davantage à l'étude de la nature et des langues. Il est à regretter que l'esprit monacal ait mis un obstacle à son influence

---

(1) Durandus de Sancto Porciano, *doctor resolutissimus*, né en Auvergne, évêque de Meaux, mort en 1332.

(2) *Launoii* Syllabus rationum quibus Durandi causa defenditur, in opp., t. 1, p. 1.

Pour compléter la série des docteurs de l'école scotiste, nous ajouterons ici le franciscain P. *Tartaretus*, qui vécut au xv⁰ siècle, J. B. *Montorius* et *Major*, tous deux du xvi⁰ siècle.

et à ses recherches. Il enseignait à Oxford en 1240, et mourut en 1292 ou 1294 (1). *Raymond Lulle* (*Lullus*, ou *Lullius*, né à Palma dans l'île de Majorque, en 1234), esprit ardent livré dans sa jeunesse à tous les plaisirs, et plus tard à une piété exaltée, qu'il consacrait à la conversion des mahométans et des païens, prétendait avoir reçu du ciel, pour cette mission, des lumières révélées et le don du grand art (*ars magna*). (2). Comme, malgré ses efforts réitérés, il obtenait peu de succès dans ses entreprises de prosélytisme, il appliqua son grand art à une réforme de la philosophie et des sciences. Cet art n'était autre chose qu'un mécanisme logique pour combiner certaines classes d'idées, et résoudre, par ce moyen, toutes les questions scientifiques, ou plutôt pour raisonner de tout sans étude ni réflexion. Il avait assorti à ce système quelques idées empruntées à la philosophie des Arabes et à la cabbale, science qu'il paraît avoir connue le premier parmi les chrétiens. On voit de temps en temps briller dans ses nombreux écrits et dans ceux

---

(1) Voyez son *Opus majus ad Clementem* IV, Sam. *Jebb*. Lond. 1733, in-fol.; et la Biographie de la Grande-Bretagne, IV, 666 (all.).

(2) Jacobi *Custerer*, De Raimundo Lullio dissertatio in Actis SS. Antwerp., t. v, p. 697.—*Perroquet*, Vie de Raymond Lulle. Vendôme, 1667, in-8.

Raymundi Lulli Opera omnia, ed. *Salzinger*. Mogunt. 1721. —42. x voll. in-fol. Et: Opera ea quæ ad inventam ab ipso artem universalem pertinent. Argent. 1598, in-8.

de son école des vues claires et élevées sur la morale, mais il ne put éviter les censures canoniques dans cette partie. Il mourut en 1315. Ses partisans (*Lullistes*) propagèrent son enthousiasme superstitieux, et sa croyance à l'art de produire de l'or, et ne laissèrent pas de rencontrer quelquefois des idées neuves et fécondes. Long-temps après Raymond Lulle, son *Ars magna* trouva des esprits distingués qui l'admirèrent (Giordano Bruno). — A cette époque appartiennent enfin *Pierre d'Apono* ou *Abano*, près de Padoue, né en 1250, mort en 1315 ou 1320, médecin et astrologue attaché aux doctrines des Arabes, auteur d'un livre intitulé : *Conciliator differentiarum philosophicarum et præcipue medicorum*. (1). — Et *Arnold de Villanova*, mort en 1312, actif collaborateur de P. d'Abano, attaché aux idées de Raymond Lulle (2).

---

(1) Mant. 1742. Ven. 1483, in-fol. Sa Vie (en all.) dans le *Quartalschrift* (ouvr. périodique trimestriel) de *Canzler* et *Meisner*. Seconde année, n° 4, 1er cahier.

(2) Opera omnia cum Nic. *Taurellii* annotatt. Bas. 1585, in-fol.

QUATRIÈME ÉPOQUE DE LA SCHOLASTIQUE.

Lutte renouvelée par Occam entre les nominalistes et les réalistes, dans laquelle les premiers ont l'avantage. Depuis Occam ou le XIVe siècle jusqu'à la fin du XVe.

§ 270.

Occam.

Joh. *Salaberti* Philosophia nominalium vindicata, ou logica in nominalium via. Lut. Par. 1651, in-8, (très-rare). Quelques extraits dans *Cramer*, continuation de Bossuet VII, p. 867 (all.).

Ars rationis ad mentem nominalium. Oxf. 1673, in-12.
Guil. *Occam*, Quæstiones et discusiones in IV libb. sententiar. Lugd. 1495, in-fol. Centiloquium theologicum. Ibid. 1496, in-fol. Summa totius logicæ. Par. 1488.

Guillaume d'Occam (ou *Ocham*), du comté de Surrey, surnommé *Doctor singularis, invincibilis, et venerabilis inceptor*, disciple de Scot, et franciscain comme lui, a fait époque dans la philosophie et dans l'histoire par ses talens ainsi que par le courage qu'il mit à combattre de toutes ses forces l'arbitraire et le despotisme des doctrines dominantes. Au commencement du XIVe siècle, il enseigna à Paris, défendit les droits du roi de France et de l'empereur contre les usurpations du pape, et mourut persécuté, mais non dompté, à Munich en 1343 ou 1347. En se faisant une loi de ne prétendre dans ses recherches qu'à une démonstration plus approfondie des notions les plus habituelles, sans vouloir s'en rapporter exclusivement à l'autorité, et en suivant avec rigueur les règles d'une logique raisonnable, entre autres celle-ci : *entia non sunt multiplicanda præter necessitatem*, il se convainquit de la fausseté du rationalisme, le combattit dans tous les sens, et ramena l'attention vers le point de vue des nominalistes. Les idées générales, prétendit-il, ne sauraient avoir aucune réalité objective hors de l'intelligence, parce que ni le jugement ni la science n'ont un besoin absolu de cette hypothèse, et qu'elle conduit à des conséquences extravagantes; ces idées générales n'ont d'existence objective que dans l'âme, elles sont un produit de l'abstraction, et sont ou des images (*figmenta*) qu'elle se crée à elle-même, ou des qualités subjectives propres à l'âme, et qui sont de nature à devenir les signes des objets extérieurs. D'après cette doctrine, ébauchée seulement, le problème du principe de l'individualisation perdit tout intérêt, et la question de la connaissance occupa davantage les esprits. Dans la théorie de la connaissance, Occam s'écarta encore davantage de l'opinion réaliste, et en soutenant la subjectivité de la pensée, il donna peut-être plus de prise au scepticisme et à l'empirisme qu'il ne l'eût voulu lui-même. Il se trouva néanmoins que dans de telles circonstances, cette idée, quoique trop exclusive, rendit à la science un service important. Guillaume Occam, soit par sa polémique contre les propositions admises jusqu'alors, soit par son scepticisme, ou par un enseignement nouveau, affaiblit l'autorité de la philosophie dominante, et rendit nécessaires des recherches plus approfondies. Suivant le même esprit, il chercha, en théologie, à circonscrire le champ de la connaissance susceptible de démonstration, et rejeta les preuves adoptées précédemment pour l'existence, l'unité, l'immensité de Dieu, ainsi que pour son intelligence, et sa puissance comme cause libre du monde, déclarant que toutes ces idées ne sont données que par la foi. Il ne laisse pas cependant d'apporter, en contradiction avec cette doctrine, une preuve de l'existence de Dieu, qu'il fonde sur ce que tout être qui dure doit être conservé par quelque cause, que par conséquent il doit exister une première cause conservatrice. Il donne plusieurs bonnes réflexions, mais non entièrement satisfaisante, sur la possibilité de se former une notion de Dieu. Dans sa morale, il jeta quelques vues ingénieuses sur l'âme, ses facultés, et le rapport de ces facultés avec leur sujet. Il réfuta très au long les images objectives (*species*), considérées jusqu'alors comme les conditions nécessaires des perceptions et de la pensée. Occam resta attaché aux doctrines de son maître Scot sur beaucoup de questions, telles que celles de la liberté d'indifférence, et de la volonté subjective de Dieu, comme principe de l'ordre moral.

§ 271.

Adversaires du nominalisme.

Occam trouva à son tour des antagonistes qui combattirent le nominalisme, bien qu'avec de faibles argumens, entre autres son compagnon d'études *Walter Burleigh* (1), *Burlœus, doctor planus et perspicuus*, né en 1275, professeur en Angleterre, puis à Paris, et de nouveau à Oxford, mort vers 1337. — Il paraît que le débat des deux écoles se renferma de préférence dans les discussions orales; quant aux ouvrages des deux réalistes, *Thomas de Bradwardine* (2) et *Thomas de Strasbourg* (3), nous remarquerons seulement que le premier combat les propensions de la doctrine de Scot vers le pélagianisme, et que le second reproduit un fond déjà ancien, d'après Ægidius Colonna. — *Marsile d'In-*

---

(1) Il composa des Commentaires sur Aristote et une Biographie des philosophes : De vita et moribus philosophorum et poetarum. Colon. 1427, in-4. Nuremb. 1777, réimpr. d'autres fois. Voy. *Heumann*, Acta philos., n° 14; p. 282 sq.

(2) De Hertfield, mort archevêque de Cantorbéry en 1339; auteur de : De causa Dei contra Pelagium et de virtute causarum lib. III ed. Henr. *Savile*. Lond. 1618, in-fol. — Thomas de Bradwardine est aussi célèbre pour ses ouvrages de mathématiques.

(3) Thomas Argentinensis, mort prieur-général de l'ordre des Ermites de Saint-Augustin en 1357, auteur d'un Comment. in Magistr. sententiarum. Argent. 1490, in-fol.

ghen (1) paraît avoir été un réaliste modéré, suivant Scot et Occam, dans la théorie de la volonté.

§ 272.

Nominalistes.

Les plus célèbres nominalistes, furent ensuite Jean *Buridan* et Pierre d'*Ailly*. Jean Buridan de Béthune, professeur de philosophie et de théologie à Paris (2), fut considéré de son temps comme l'un des plus forts adversaires du réalisme, et se rendit célèbre par ses règles pour faire trouver les idées moyennes dans l'opération logique, espèce de ressource que l'on a appelée aussi le *Pont-aux-ânes*, et par ses recherches sur le libre arbitre, dans lesquelles il se rapproche de la théorie du déterminisme (3).

---

(1) Dit *Ingenuus*; enseigna à Paris et à Heidelberg, dont il organisa l'Université. Mort en 1396. Auteur de Commentt. in IV libb. sententiarum, Hagen 1497, in-fol.

Dan. Lud. *Wundt*, commentatio historica de Marsilio ab Inghen, primo universitatis Heidelberg. Rectore et Professore. Heidelb. 1775, in-8.—Même dissert. dans le Thesaurus Biog. et Bibliographicus de *Waldau*.

(2) Il vivait encore en 1358 à Paris.

(3) Voyez ses Quæstiones in X libr. Ethicorum Aristot. Paris, 1489, in-fol. Oxf. 1637, in-4. Quæst. in polit. Arist. Ibid. 1500, in-fol. Compendium logicæ. Ven. 1499, in-fol. Summula de dialectica. Paris, 1487, in-fol. Voyez Bayle. Dict.

Au reste, ce fameux exemple, attaché à son nom, de l'âne mourant de faim entre deux bottes de foin, ne se rencontre point dans ses écrits. *Pierre d'Ailly*, cardinal, mort en 1425 (1), commença à marquer davantage la séparation entre la théologie et la philosophie, et fit la guerre aux abus de la scholastique. Ses idées sur la certitude de la connaissance humaine, et son examen des raisons employées pour démontrer l'existence et l'unité de Dieu méritent une considération particulière (2). — Les autres partisans et défenseurs du nominalisme furent : l'anglais *Robert Holcot*, mort en 1349, théologien distingué et général de l'ordre des Augustins, *Grégoire de Rimini* (3), *Henri d'Oyta* et *Henri de Hesse* (4), *Nicolas Oramus* (5), *Mathieu de Cracovie* (6), *Gabriel Biel*, mort en 1495, auteur d'une exposition abrégée et éclaircie d'Occam (7). Presque

---

(1) Petrus de Alliaco, dit *Aquila Galliæ*, né en 1350 à Compiègne; chancelier de l'Université de Paris en 1389, évêque du Puy et de Cambrai, enfin cardinal.

(2) Petri de Alliaco cardinalis, Cameracensis vita, par *Dupin*, dans le t. 1 des Opp. Gersoni, p. 37.

Petri de Alliaco Quæstiones super IV libb. sententiarum. Argent. 1490, in-fol.

(3) Gregorius Ariminiensis, mort à Vienne en 1358.

(4) Tous deux Allemands; le dernier mourut en 1397.

(5) Ou Oresmius, mort évêque de Lisieux en 1382.

(6) Plus exactement de Chrochove en Poméranie, mort en 1410.

(7) Né à Spire, prévôt d'Aurach, professeur de théologie et de philos. à Tubingue.

tous furent des professeurs célèbres et des esprits éclairés, mais sans un véritable talent philosophique; toutefois *Henri de Hesse* se distingua par des vues nouvelles en mathématique et en astronomie.

§ 273.

L'histoire du débat entre les deux partis n'a pas encore été complètement éclaircie. Fréquemment la passion et l'animosité s'y mêlèrent. Malgré de fréquentes persécutions que le nominalisme éprouva à Paris (1), malgré les défenses d'enseigner et d'écrire faites à ses adhérens, ce parti ne laissa pas de se maintenir, et de gagner de jour en jour plus de suffrages; souvent même il reprit le dessus à Paris et dans beaucoup d'universités de l'Allemagne, mais sans parvenir à renverser entièrement le parti contraire. Des scènes analogues à celles qui se passaient à Paris avaient lieu en même temps dans les écoles allemandes. Le problème métaphysique des idées générales n'était pas le seul sujet de la division des esprits et de ces discordes extérieures; c'était d'une

---

Epitome et collectarium super IV libb. sententiar. Tub. 1495, II voll., in-fol. Epitome Scripti Guil. Occam circa duos priores sententiarum.

Hieron. Wiegand Biel, Diss. (præs. Gottlieb *Wernsdorf*) de *Gabriele Biel* Celeberrimo papista antipapista. Viteb. 1719, in-4.

(1) En 1339, 1340, 1409, 1473.

opposition complète dans les opinions qu'il s'agissait. Il s'élevait en effet, du côté des nominalistes, un esprit d'indépendance qui tendait à rejeter le joug de l'habitude et de l'autorité, et à se porter vers des doctrines plus libres et plus approfondies, bien qu'assez faibles de méthode. Cet esprit qui se manifesta particulièrement dans la lutte au sujet des thèses de l'idéaliste Nicolas *Autricuria* (bachelier de théologie à Paris en 1348), et de Jean *de Mercuria* (même année environ (1)), finit cependant par s'épuiser et par reprendre le cours habituel des idées de l'époque.

§ 274.

Les dernières conséquences de ce conflit si animé furent de faire baisser le crédit de la scholastique, d'inspirer l'indifférence pour la philosophie, et en particulier pour la logique, ce dont le célèbre Gerson se plaignait déjà de son temps, enfin, de déterminer un penchant pour le mysticisme, par un mouvement de dépit et de dégoût contre les vaines disputes de mots. Le mysticisme fut prêché avec chaleur par Jean *Tauler*, mort à Strasbourg en 1361, et surtout par l'illustre *Jean Charlier de Gerson*, du district de Reims, né en 1363, disciple de Pierre d'Ailly, et son successeur en 1395, comme chancelier de l'Université de Paris, mort presque en exil en 1429,

---

(1) Voyez *Boulay*, Hist. univ. Paris, t. IV, p. 308 sq.

à Lyon. Le christianisme pratique fut le principal objet de ses travaux, ce qui le fit nommer *Doctor christianissimus*, et il fit consister la vraie philosophie dans la théologie mystique, fondée sur l'expérience intérieure des sentimens de piété qui viennent de Dieu, et sur l'intuition de l'âme appliquée aux choses célestes (1). Gerson combat néanmoins les excès d'un enthousiasme déréglé par la manière toute nouvelle dont il traite de la logique (2). Auprès de lui se place *Nicolas de Clémange* (*de Clemangis*), penseur hardi, qui se déclara contre la scholastique captieuse et subtile (3). Il fut recteur de l'Université de Paris en 1393, et mourut vers 1440. Mais un mystique ascétiste qui eut une plus grande influence sur son époque et sur les suivantes, ce fut Thomas *Hameken* (Malleolen), appelé *Thomas a Kempis* (4), du nom d'un village, Kempen, dans l'archevêché de Cologne, où il était né; il mourut en 1471. Un autre champion du mysticisme, fut *Jean Wessel*,

---

(1) De mystica. theol. consideratt. II.

(2) Centilogium de conceptibus, liber de modis significandi et de concordia metaphys. cum logica.

J. G. *Engelhardti* Commentationes de Gersonio mystico, p. I. Erl. 1822, in-4.

Gersonii opera Bas. 1488, voll. III, in-fol.; ed. Edm. *Richer*, Paris, 1606, in-fol., et Lud. Ellies *Dupin*. Antuerp. 1756, v voll. in-fol.

(3) Opera ed. Jo. Mart. *Lydius*, Lugd. Bat. 1613, in-4.

(4) Surtout par son livre si répandu : De imitatione Christi. Bonne édit. de ses Œuvres, par *Sommel*. Antuerp. 1600 — 1607, in-4, etc.

dit Gansfort ou Gœsevôt (Patte d'oie) (1), surnommé par ses contemporains *Lux mundi et magister contradictionum*, d'abord nominaliste, et adversaire du dogmatisme des scholastiques. On retrouve encore le même mécontentement de la scholastique dans la théologie naturelle *de Raymond de Sæbonde* (ou Sebunde), qui enseignait à Toulouse dans la première moitié du xve siècle, vers l'an 1436. Il prétendait que l'homme a reçu de Dieu deux livres, où il peut puiser les notions les plus importantes sur son auteur et sur ses propres relations avec lui, savoir, la nature et la révélation; la première lui paraît l'emporter sur l'autre par son universalité et sa clarté. Par des raisonnemens plus éblouissans que propres à convaincre, il s'efforça de déduire toute la théologie de son temps, même les dogmes les plus spéciaux, de l'observation de la nature et de l'homme en particulier. Cet essai méritait, par un grand nombre de vues fort justes, surtout en morale, plus de succès qu'il n'en obtint jusqu'au moment où Montaigne crut devoir attirer sur lui l'attention de ses contemporains (2).

---

(1) Il ne faut pas le confondre avec le nominaliste *Jean Burchard de Wesel*, son contemporain. — Voyez C. Henri *Gætze*, Comment. de J. Wesselo. Lut. 1719, in-4. J. Weselii opera ed. *Lydius*. Amst. 1617, in-4.

(2) Montaigne a traduit sous le titre de Théologie naturelle son Liber creaturarum sive naturæ. Éditions latines : Francof. 1635, et Amstel. 1761. — Voyez dans les *Essais* les réflexions de Montaigne au sujet de cet ouvrage, l. II, c. 12.

Remarque. Il serait superflu, et même impossible, dans un tableau abrégé de la marche de la philosophie, de rappeler d'une manière plus complète, les opinions propres à chaque scholastique, attendu qu'elles consistent dans une variété infinie de combinaisons dialectiques et de distinctions, souvent frivoles sur des questions constamment les mêmes, tout ce travail se rapportant à des commentaires sur les sentences du Lombard et les livres d'Aristote, qui en sont le texte ordinaire depuis l'époque d'Albert le Grand.

FIN DU TOME PREMIER.

www.ingramcontent.com/pod-product-compliance
Lightning Source LLC
Chambersburg PA
CBHW051837230426
43671CB00008B/994